SPANISH
305.40972
GRITOS

W9-BSD-997

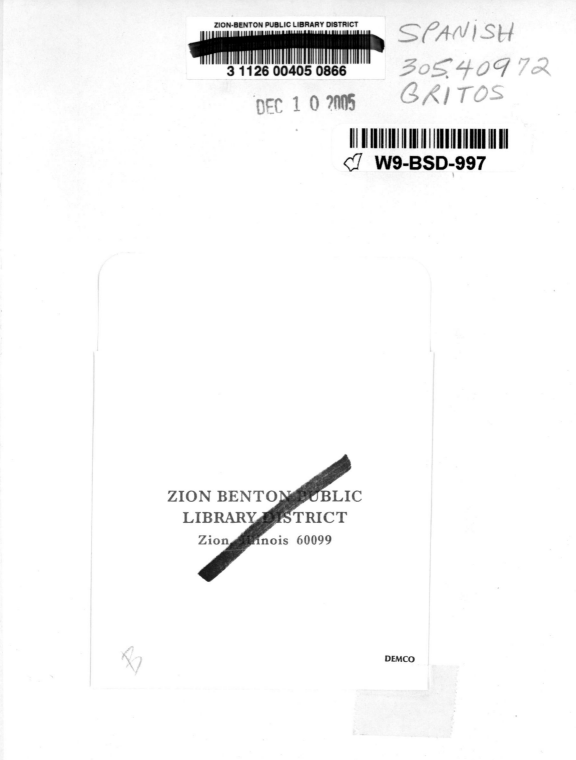

DEMCO

Gritos y susurros

EXPERIENCIAS INTEMPESTIVAS DE 38 MUJERES

Gritos y susurros

EXPERIENCIAS INTEMPESTIVAS DE 38 MUJERES

Denise Dresser

COORDINADORA

RAYA
EN EL
AGUA

Grijalbo

GRITOS Y SUSURROS
Experiencias intempestivas de 38 mujeres

© 2004, Denise Dresser Guerra

7a. reimpresión, 2005

Diseño de portada: Víctor Santos Gally
Foto de portada: © Guillermo Güémez Sarre

D.R. 2004, por RANDOM HOUSE MONDADORI, S.A. DE C.V.
            Av. Homero núm. 544
            Col. Chapultepec Morales, C.P. 11570
            Miguel Hidalgo, México D.F.
www.randomhousemondadori.com.mx

D.R. 2004, por HOJA CASA EDITORIAL, S.A. DE C.V.
            Av. Cuauhtémoc núm. 1430
            Sta. Cruz Atoyac, C.P. 11230
            Benito Juárez, México, D.F.
hojacasaeditorial@mx.inter.net

ISBN 968-59-56-11-1

IMPRESO EN MÉXICO

Índice

Agradecimientos

A 37 mujeres por acoger la idea
A Julia de la Fuente por hacerla realidad
A Andrea Huerta por cuidar sus pasos
A Frida Castillo y Karla Domínguez por andar con ella
A Fátima Fernández Christlieb por aplaudirla
A Guillermo Güémez por darle portada
A Rogelio Cuéllar por darle cara
A Nina Menocal por darle casa
A Ingmar Bergman por inspirar su título
A John Fleming por todo, para siempre.

Prólogo

Decía la escritora Iris Murdoch que ser mujer es como ser irlandés: todos dicen que eres importante y agradable, pero siempre te colocan en el asiento de atrás y te piden que cierres la boca. Pero las mujeres que escriben en este libro no están sentadas allí ni quieren quedarse calladas. Los textos que escriben aquí representan un reto al silencio. Son una alternativa al secreto. Invitan a un viaje en la cabina de primera clase. Dan palabra y voz a 37 mujeres mexicanas de mundos diversos y trayectorias diferentes: escritoras, artistas, políticas, académicas, periodistas, publicistas, actrices, activistas, dramaturgas, funcionarias públicas, una restaurantera, una cantante.

Las convocadas en este libro escriben sobre momentos que las han sacudido; reflexionan sobre eventos que las han interrumpido; vierten verdades aleccionadoras al contestar las siguientes preguntas:

- ¿Qué te ha tomado por sorpresa?
- ¿En qué momentos y frente a qué circunstancias te has sentido poco preparada?
- ¿Qué ha sido aquello que ha constituido un reto inusual y desconcertante para ti?

Sus respuestas revelan una rica veta de historias y de experiencias definitorias en la vida privada de mujeres públicas. Todas asumen el reto y exploran temas sobre los cuales han querido hablar durante mucho tiempo. Escriben sobre hombres que han amado y por qué han dejado de hacerlo. Reviven momentos de dolor ante una muerte inesperada o de placer frente a una pasión arrebatadora. Relatan lo que es ser confrontada por "la otra mujer", lo que es desear a un hombre casado, lo que entraña desnudarse frente a la cámara a los 40 años, lo que sacude un diagnóstico de cáncer, lo que cuesta criar un hijo sin padre, lo que implica padecer dislexia y superarla. Meditan sobre sorpresas que han alterado sus vidas y las han transformado. Identifican áreas de sorpresa y silencio que las hacen ser quienes son. Y lo hacen con perplejidad, honestidad, enojo, amor, añoranza, tristeza, pasión. Las suyas son voces distintas pero conectadas por la experiencia compartida de ser mujer y de ser mujer en México.

El criterio de selección fue personal, visceral, intuitivo. Invité a mujeres que conocía y quería de cerca, o mujeres que no conocía pero admiraba de lejos. Invité a mujeres cuyas vidas y decisiones me parecían un enigma o un acertijo o una ventana al mundo. Y el resultado final es lo que quería y esperaba: una visión de la vida a través de los ojos de 37 mujeres que pisan fuerte, que dejan huella, que escriben porque no podrían respirar sin hacerlo, que cambian al mundo o lo hacen más bello, que cargan con demonios adentro pero también los combaten

A todas les pedí que escribieran con honestidad, con valor, con agudeza. Y todas lo hacen, aun reconociendo que hay reductos privados más allá del alcance de las palabras. De diversas maneras y de diferentes modos cuentan la historia que quieren y pueden contar. Algunas hablan del dragón al que había que matar, de la montaña que tuvieron que escalar, de la guerra que era necesario pelear. Otras hablan del acto heroico que constituye la cotidianidad misma, de los días sin dragones ni montañas ni guerras.

Algunos textos iluminan rincones oscuros, revelan una verdad, incluyen una confesión, excavan un hoyo. Otros nadan sobre la superficie, invitando al lector a preguntarse qué hay debajo de ella. Algunas de las colaboradoras se miran de frente y otras de soslayo. Algunas revelan momentos profundamente personales con un gran arrojo y otras los relatan con un poco de cautela. La gran mayoría se vuelca sobre las preguntas y las responde con ese músculo terco que es el corazón. El resultado final es un libro con frecuencia revelador, a ratos estremecedor, siempre fascinante.

En textos eclécticos y heterogéneos, mis compañeras de viaje hablan de romances bienvenidos y pasiones malavenidas, del placer de los libros, del temor a la vejez, de la sociedad que intenta colocarlas en un cajón, de la muerte de las personas a las cuales más han amado y no dejan de extrañar. Escriben sobre los hombres que las ayudan y los hombres que las sabotean, sobre el dolor gozoso de la maternidad y el reto inescapable que conlleva, sobre los amores aire y los amores huracán. Recuerdan su primera película, su primer libro, su primer amor, su primer concierto, su última desilusión. Describen lo que ha sido trabajar para "el gobierno del cambio" y el reto que representa. Hablan de temores y recelos y triunfos y fracasos, de las veces que traicionaron y las veces que fueron traicionadas, del sabor del alma y cuando se parte en dos. Escriben sobre la monotonía de la felicidad o cómo parece inalcanzable.

Aunque algunas no lo sepan, hay temas que las unen. En muchos casos comparten la percepción del éxito como algo accidental e inmerecido, que proviene de la suerte pero no del talento. A varias las vincula el anhelo por una formación más rigurosa o una educación mejor, y resienten no haberla tenido. A muchas las marca una madre escéptica que esperaba poco o un padre neurótico que esperaba demasiado. A algunas las define su trabajo y otras ni siquiera lo mencionan. Tienen más preguntas que respuestas, más dudas que certezas. A algunas les desconcierta la necesidad de ser tan duras cuando no lo son, de parecer fuertes cuando se sienten frágiles.

Pero son dueñas de su destino y lo miran sin parpadear. No se conforman con el segundo lugar. No desean sentarse en el asiento de atrás. No quieren ser relegadas a la cabina de segunda clase. No buscan vivir en la retaguardia de la historia. Y con su pluma combaten el silencio, la vida amortajada, la voz amordazada. Si tienen miedo, deciden enfrentarlo. Si se han caído, deciden volver a levantarse. Juntas tejen un tapiz de muchos colores, de muchas texturas. Juntas pintan un retrato frontal de sí mismas para el mundo.

Juntas también abren puertas y ojalá que este libro provea de llaves con qué hacerlo. Ojalá contribuya a que otras mujeres se protejan menos y hablen más, a que rompan el silencio y alcen la voz. Ojalá ayude a que seamos menos reticentes, más sabias, más valientes, más dispuestas a afrontar en lugar de esconder. Queda todavía mucho por decir y espero que esta colección sirva para iniciar una conversación colectiva, para entablar nuevas amistades y reanudar viejos lazos, para entender que uno no está tan solo en el mundo como a veces parece.

Porque aunque esté escrito por mujeres, este libro no es exclusivamente para mujeres. Las historias que cuenta y las interrupciones que describe no son una cuestión de género, sino parte de lo que es ser de carne y hueso. Las sorpresas y las experiencias intempestivas forman parte de la vida misma, al margen del género, la edad, el camino andado. ¿Quién no ha vivido la duda, temido a la muerte, gozado el placer, amado a la persona equivocada, aspirado al poder, sucumbido a la pasión, padecido la soledad, presenciado la violencia, enfrentado una enfermedad, resentido a sus hermanos, peleado con un jefe, perdido a un padre, amado a un hijo, batallado con un texto, preguntado cómo llegué aquí? Este libro invita al lector a explorar sus propias interrupciones, a visitar sus propios momentos de desconcierto y descubrimiento.

Escribir requiere valor y escribir sobre uno mismo lo requiere aún más. Las mujeres que decidieron hacerlo cuentan con mi reconocimiento. Cuentan con mi admiración. Cuentan con mi deseo de estar a su lado en las experiencias intempestivas por venir.

DENISE DRESSER
Ciudad de México, abril de 2004

ME DESPERTÉ CINCUENTONA

Patricia Reyes Spíndola

El paso del tiempo, ¡50 años! ¡Gulp! Tengo la sensación de que me acosté anteayer de 25, ¡y me desperté cincuentona! La rapidez con la que pasa la vida es una de las cosas que me ha tomado por sorpresa. Nunca imaginé llegar tan pronto a la edad en que te la pasas diciendo "te lo dije", "ya lo sabía", "¿no te habías dado cuenta?", "pero si jamás me había pasado", "nunca me había hecho daño la sal", "pero si yo antes…" Ahora que conozco el implacable ritmo de Cronos, me he vuelto consciente de la responsabilidad que significa VIVIR; como quien dice ¡"me cayó el veinte" junto a los 25 años mássssssss! ¡Ay!, es tan placentero y a la vez tan doloroso el viajecito.

Me descubro a mí misma mucho más preocupada por la vida espiritual, que por mantener el trote en la carrera material de mi vidita profesional. A 30 años de oficio, ya no me interesan tanto los personajes y papeles que se me ofrecen, sino la gente involucrada en los proyectos, las personas que me invitan a participar en ellos. Dado lo valioso del tiempo, prefiero escoger con quién pasar mis jornadas laborales. Actualmente cambio crédito o buenos roles por relaciones sanas y condiciones agradables de crecimiento y aprendizaje.

Debo confesar de una vez, antes de que se haga más tarde —al fin que ya les platiqué lo rápido que se me va el tiempo— que lo más reciente que me ha tomado por sorpresa ha sido la invitación a formar parte de este grupo de brillantes mujeres. Yo estoy paralizada frente a la computadora y las horas pasan y pasan, sin percatarse de mi angustia por escribir algo interesante o por lo menos coherente.

Click, click, click, la tecnología que no entiendo, algo tan sencillo para un niño de hoy, como enviar un *mail*, a mí me rebasa, aunque para que no se note que soy del siglo pasado, me aplico a la internet, viajo por el ciberespacio, filmo películas en digital, sin entender qué es el digital . Me pregunto: ¿será que la supercarretera de la información te lleva al mar?

Yo siento luego escribo.

Seguramente a diferencia de muchas de las mujeres que escriben en este libro "yo siento luego pienso" y ellas "piensan luego escriben". En todo este tiempo no les he dicho que soy disléxica: ¿escribir yo un texto?, ¿se imaginan cuánta inseguridad puede despertar eso en una actriz disléxica? No puedo leer de corridito porque confundo la *pe* con la *erre*, la *be* con la *de*, la *erre* con la *te*.

El secreto para poder leer y sobre todo memorizar, que es parte de mi profesión, es que marco y remarco las letras en los libretos. Cuando termino parecen un juego de serpientes y escaleras lleno de claves tanto para las letras como lo que es más importante para mí, la interpretación. A pesar de mi condición antes no diagnosticada, simplemente pensando que era una burra, me he desarrollado en un medio intelectual, de mujeres y hombres universitarios. He estado en casi todas las universidades de la República. Incluso, he dado talleres de actuación en algunas de ellas. Con entrega he recorrido sus pasillos, con prisa torpemente he tropezado con algún estudiante y, mientras por el suelo rodaban sus libros, a mí se me caía mi cajita de maquillajes, el polvo de arroz indispensable para mi personaje de la obra que iba a escenificar. La falta de preparación académica y el estar siempre rodeada de sabias mujeres laureadas (la menos preparada tiene dos maestrías) han hecho que la estúpida inseguridad se obstine en hacerse presente. La neta tampoco me imaginé jamás haciendo una maestría en Yale, pero ya que el destino se empeña en poner en mi camino doctoras y doctores que no llevan batas blancas ni estetoscopios, sino unas mentes cultas y sofisticadas, he tenido que patear la perra inseguridad en muchísimas circunstancias con mis mejores armas: la espontaneidad y el sentido del humor.

Londres, 1980. *Let it be, let it be, let it be*

¡Ah qué difícil para una actriz sobrevivir con oído de artillero! Pero eso no me ha impedido enamorarme en Do Mayor, como decía mi amiga Pita Amor. Hace 20 años me fui a vivir a Londres con la ilusión de regresar manejando la lengua de Shakespeare como la propia Julieta, ¡oh decepción! No aprendí inglés, el frío, la humedad, lo gris del paisaje y la nostalgia de sol me orillaron a tomar un avión a Nueva Delhi, donde entendí el sentido de la palabra DESTINO, supe que era poseedora de un ALMA propia, descubrí que tenía un espíritu juguetón y que la reencarnación existe.

Perdón por haberme ido volando a la India. Estaba con lo de la inseguridad que puede provocar trabajar con Anthony Queen o en *Frida* con July Taymor y un "equipo en inglés" y yo con mi cara de ¡*what*!, pensando ¡*Oh my god*, soy monolingüe!, tengo que hacer las escenas con *very careful*. Con toda entrega estudié mis escenas: "*I'am Fridas'mother*", "*it´s like the marriage of an elephant and a dove*", etcétera, etcétera. Llevaba mis parlamentos dominados en todos los tonos. Al llegar al foro, mientras me caracterizaban, me esmeré en los *yes, great, good*, el *set* estaba listo, ensayamos la escena y aunque sólo entendía la mitad de lo que me indicaban, traía tan claro mi personaje, que estaba segura de que la perra inseguridad dormía placenteramente en mi cama al lado de mis gatos: María Bonita, Pancho Malacara y Lucha Bicha Reyes. Cuál va siendo mi sorpresa cuando en lugar de escuchar el tradicional ACTION, logré entender que July, la directora, nos pedía una improvisación. Con un hilito de temblorosa voz, la inseguridad bien despierta y paradita junto a mí, pude articular un *July, y o u r e m e m b e r I d o n t s p e a k e n g l i s h* pero *no p r o b l e m*.

Como ven el día menos pensado viene y me muerde la perra de la inseguridad. Toda mi vida me ha acompañado la sensación de No Estar Preparada, de que no me doy tiempo para profundizar en las cosas, me siento presa de una dispersión que nace de mi carácter hiperactivo; casi siempre me encuentro metida en varios proyectos y aunque como en el teatro a la tercera llamada todo está listo, me complico durante los procesos con el prejuicio y la creencia de que no van a resultar como yo lo pretendo. Pero esto, aunque parezca de diván, es mi realidad cotidiana y me ha obligado a resolver las cosas de una manera muy personal, a partir de conocer mis limitaciones, las cuales siempre he compensado con la intuición de entablar relaciones apasionantes y productivas.

Mucha preocupación espiritual, pero demasiado ajetreo material. Sin poder regalarme ese tiempo real que tanto necesita el alma, esa almita que sé que está ahí diciéndome "hola no te hagas pato, aquí estoy esperando ser atendida como dices que deseas". Encontrar el camino para poder mirar más hacia adentro que hacia fuera.

Echar un vistazo al interior en este momento de la cincuentena es mi prioridad, comienzo a entender que el alma y el espíritu que por cierto son primos hermanos, es de donde proviene la fuerza para realizar la travesía. Además me encuentro en la edad en que se palpa la omnipresencia de la muerte, de la parca, de la huesuda. Ya la he visto, llevándose a mis amigos y rondando a mis parientes.

No canto bien las rancheras

Así como no hablo inglés, tampoco canto bien las rancheras pero con lo suertuda que soy no sólo he hecho películas en inglés, hasta tengo de *La reina de la noche* un *CD* de la banda sonora de la película con mi foto en la portada

La dicha de que, junto con un buen guión me llegue la oferta de un personaje interesante, despierta mi imaginación, me seduce y echa andar mi parte creativa, que ve los retos como oportunidades. Les platico un ejemplo concreto: la película *La reina de la noche*, del director Arturo Ripstein. Es la historia de una cantante de ranchero, Lucha Reyes, y yo incapaz de entonar una nota, pero bueno, la magia del cine permitió que Betsy Pecanins nos prestara su voz a Lucha y a mí.

Para la preparación del personaje, aquella que se hace en solitario, mi tiempo y mi espacio estaban dedicados al cien por cien a Lucha; a las tres de la mañana ponía sus discos y cantaba junto con ella, sin ningún pudor, intentaba robarme su esencia, acariciar su febrilidad. Desobedeciendo al director veía la única película que conseguí de Lucha Reyes en que aparece cantando en un palenque *Borrachita de tequila*. Arturo me había indicado que no viera nada de Lucha pues su película no pretendía ser reflejo fiel de su vida sino una biografía imaginaria con el magnífico guión de Paz Alicia Garciadiego.

Pues ahí tienen que en el rodaje hay una escena donde precisamente Lucha canta *Borrachita de tequila*, esta vez en un cabaret de los años cuarenta. En un impulso aprendido y a esas alturas, mecanizado y condicionado como perrito de Pavlov, ya que lo había visto y estudiado muchas veces en la película de la verdadera Lucha Reyes, ¡ay, no voy y me pongo con los brazos en jarras!

Aunque desafinaba, estaba segura de que el espíritu de Lucha Reyes me poseía. Cuando oigo la voz profunda de Ripstein gritando "¡CORTE!, baja esos brazos, ¡carajo, quita las manos de la cintura! ACCIÓN"; se entonan Los Tarzanes (el trío) y otra vez los brazos en jarras. ¡CORTE!, grita otra vez Arturo, y mi Lucha se convirtió en la otra Lucha, la lucha contra la inseguridad de la actriz, el director tenía una razón clara para pedir que no subiera los brazos: el movimiento de la cámara rodeaba en una media luna al personaje y si me ponía en jarras tapaba a Blanca Guerra. Los directores de cine son unos personajes muy extraños que quieren que todo salga como ellos se lo imaginaron. Un buen director, como Arturo, tiene su película filmada en la cabeza antes de comenzar a filmarla, así que para hacer cine y permanecer en él tienes que convencer antes que a nadie al director.

Interpretar a Lucha, que fue una mujer no convencional y llena de pasión, que establecía relaciones atrevidas tanto con hombres, como con mujeres, me llevó a realizar mi primer desnudo cinematográfico: el primer día de filmación la escena consistía en que el personaje interpretado por Alberto Estrella, amante de Lucha Reyes, le hace el amor sobre un piano. Yo estaba con una bata verde de seda japonesa, preciosa, desnuda del torso y con unos calzones de satín de los años cuarenta, sintiéndome Rita Hayworth, y esperaba el momento —que jamás imaginé tan traumático— en que a la voz de ACCIÓN debía quitarme la bata y los calzones.

El set estaba en completo silencio. El director había pedido que salieran todos los que no tuvieran nada que hacer en la escena, que se quedaran sólo los indispensables: el sonidista, el camarógrafo, el director de fotografía, los del *dolly* —que es como un carrito de golf donde suben la cámara—, el foquista quien como su nombre lo indica es el que hace el foco en la cámara, el del *boom* —micrófono largo como caña de pescar—, el que jala los cables del micrófono y por supuesto el mismísimo señor director; vamos, una muchedumbre en la que para mí sólo faltaba Beto, el señor del café. Yo estaba congelada, no sólo por ser pleno diciembre —mi termostato es de bajo perfil así que yo todo el año me visto como cebollita— y un café me hubiera venido de perlas a las 3:30 de la madrugada. ¡Acción!

¡Mi primer desnudo integral a los 44 años! Yo en mi cabecita preguntándome todo el tiempo ¿por qué no me lo pidieron a los 25? Me esforzaba por concentrarme sólo en el diálogo, pero entre la temperatura y la pena de estar encuerada no se me ocurrió nada más que encomendarme al Santo Niño de Atocha, a Guru Mai, a la Virgencita de Guadalupe, y lo único que hubiera querido que sacaran del set era a mi inseguridad que al igual que yo, se encontraba desnuda y congelada. En realidad en momentos como ésos, no hay nadie junto a ti, más que la decisión de hacer las cosas bien y con el cuero chinito como de gallina, echándome el clavado, me desnudé. Me quise morir cuando vi el cuerpazo del galán: torso cuidadosamente trabajado, las hermosas pompis de Alberto, sus musculosas piernas, y yo parada como lámpara tratando de disimular lo delgado de mis piernas, pero mi inseguridad, en un gesto teatral, se puso la bata verde del cinismo y pasé una vez más la prueba .

Toda esa película se filmó de noche. Durante el día mal dormía, intranquila al pensar en las cantadas, los desnudos y el pinche frío. Así que al recordar las siete semanas que duró la filmación puedo afirmar que han sido de las más estresantes en toda mi carrera como actriz de cine.

El ultimátum

Pero qué les cuento, en estos momentos me llega el ultimátum para entregar este texto y yo debatiéndome entre el espíritu y la torta de jamón que me acabo de hacer para cenar. Retomo el rollo de la inseguridad: si suponemos que nuestras vidas son como las películas, entonces se necesita un buen principio y en los últimos rollos un buen final, ya lo que pase en medio, como quiera se deja ver, pero el arranque y el final son fundamentales. Hoy por hoy estoy a la mitad de mi película y no sé si el papel que me asigné es el que más me gusta.

Me di el rol de la mujer fuerte que resuelve su vida de una manera práctica y tal como un personaje de ficción muestro mis sentimientos, siempre a flor de piel, aunque lo que más trabajo me cuesta es mostrar mi parte vulnerable. Prefiero mostrar mi parte emprendedora, luchona, y perseverante, tan perseverante como para intentar seguir escribiendo de mí, que es bastante incómodo, expresarme a través de la palabra escrita peleándome con la *erre*, la *te*, y llegar a la recta final de este texto del que, ¡oh maldición, también estoy a la mitad!

1985. *Los motivos de Luz*

Mi profesión es como la rueda de la fortuna: a veces estás arriba y a veces abajo. A la mitad de la década de los ochenta me tocaba estar abajo, tenía que conformarme con un trabajo en televisión educativa, no me quejo, me gustaba mucho. Pero, paradójicamente en ese sexenio en especial, mis posibilidades en el cine estaban a la baja, fue la época del cine llamado "de las ficheras". Las que filmaban eran más bien actrices como Sasha Montenegro, Rosa Gloria Chagoyán y la misma Isela Vega. Frente a ese panorama profesional, yo pensaba que mi destino se encontraba en la comedia —a decir verdad aún lo sigo pensando—; bueno, pues ahí estaba trabajando cuando recibo una llamada telefónica de ¿¿quién?? ¿¿quién?? Felipe Cazals, el director de *Canoa* y de *Las Poquianchis* —una película que me fascina y donde hice un papelito de un día—; el señor Cazals, que me pedía pasar a recoger una escena para un "*casting*", lo que significa una prueba actoral, de su nueva película. Felipe me explicó que la escena consistía en una toma de siete minutos con la cámara fija en un *close up*, una toma de acercamiento. El interlocutor estaría fuera de cuadro, interrogando, en los separos de una delegación, a una mujer despechada, acorralada, semilinchada por su comunidad, acusada de haber matado a sus cuatro hijos, golpeada por el marido, y que no se supiera si era culpable o inocente, loca o cuerda.

Todo eso se tiene que proyectar en ese primer *shot*, me dice el director con mirada de águila. El miedo y "la inse" paraditos oyendo todo, y yo por supuesto con la boca seca escuché eso como una sentencia. Lo primero que se me ocurrió fue decirle que yo no podía hacer ese papel, que no tenía la sensibilidad de una Carmen Montejo, que por qué no llamaba a María Rojo, que era una de sus actrices favoritas y de las mías.

Felipe no me dijo nada, sólo sentí su mirada y por suerte me citó hasta cinco días después para darme tiempo de estudiar. La metiche inseguridad quiso sentarse conmigo a leer la escena, pero por suerte se me ocurrió llamar a una querida amiga y estupenda actriz Dunia Zaldívar y le conté que el personaje era fantástico y la oportunidad magnífica, pero que yo no me sentía lo suficientemente preparada, que era para una actriz más dotada. "No seas pendeja", me dijo la Dunia, "yo te ayudo a montar el personaje para la prueba".

Otra vez no se cómo, pero la vencí. Con *Los motivos de Luz* gané mi segundo Ariel y en el festival de cine de San Sebastián, la Concha de Plata.

Cuchillito no: 2003

La mayoría de los personajes que he interpretado durante mi carrera han sido de "mujer: pobre, vieja y fea" y muchos los he hecho a cara lavada. En la pantalla grande donde la boca y la ojera y la arruga se vuelven de cinco metros, se hace mucho más evidente el paso del tiempo. Sin embargo si hace 20 años en la telenovela *El maleficio* salí de mamá de Sergio Jiménez, un compañero 12 años mayor que yo, y en *La antorcha encendida*, cuando fui la madre de todas las razas de la Nueva España, se tardaban una hora en hacerme vieja, ahora, que cada vez se tardan menos en maquillarme, he decidido no meterme cuchillito en la cara. Dejar que mis arrugas, las naturales, las que he ido acumulando en estas cinco décadas, se vean tal cual.

No me importa que la mayoría de mis compañeras me recomienden a su hojalatero con cierta condescendencia, quiero cobrar mis arrugas caras a los productores para ser efectivamente vieja pero no pobre y espero que cultivando el alma nunca sea fea.

Así, de muchas formas, he ido sorteando mis limitaciones: mi hiperactividad, mi dislexia, y sobre todo mi inseguridad. Lo que no he logrado aún y lo que es el verdadero reto para la segunda mitad de mi película personal, es cultivar el ALMA. Necesito tiempo para apaciguar, consentir y apapachar al ESPÍRITU. Ahora que sé que hoy en la noche me voy a dormir de 50 y a despertar de 75.

Fin.

REDUCTOS PRIVADOS

Elena Poniatowska Amor

Vivo encandilada, cada día del año la vida me toma por sorpresa. Pero lo que ahora me angustia más es no saber de lo que escribo, no conocer los temas que pretendo tratar. Días enteros investigo y sufro porque no entiendo. Así me sucedió, por ejemplo, con *Tinísima*, novela sobre Tina Modotti: ignoraba los pormenores de la Guerra Civil de España y lo poco que conocía estaba relacionado con mi madre, porque la enamoró uno de los Primo de Rivera. Cuando escribí *Hasta no verte Jesús mío* tuve que saltar la barrera. Tampoco sabía nada de la Revolución Mexicana. Nada. Nada, nada salvo que Zapata, el caballerango de Nacho de la Torre, le reventaba los ojos a los caballos, información que me dio mi madre que perdió en Morelos la hacienda de los Amor: San Gabriel.

Y ahora también sufro con la novela que escribo sobre sindicalismo porque no sé qué es una revisión de contrato o un contrato colectivo, tampoco un escalafón y me resulta casi imposible meterme en la piel de un obrero. Largos días en persecución del tema sobre el que pretendo escribir son días áridos, de examen de escuela, mañanas frías frente a la pared blanca, días de cárcel en los que no retengo lo que leo porque no lo entiendo o porque finalmente carezco de bases, de la disciplina intelectual que hace falta. Rondo los libros y me digo ¿para qué? ¿Por qué no escribo sobre mis estados de ánimo o sobre uno que otro incidente en vez de esta tortura? ¿Por qué tengo que hacer libros como mandas? Haz de cuenta, Denise, que camino a ciegas y de rodillas a la Villa con un nopal colgado sobre el pecho y una venda sobre los ojos. *"I'm blindfolded"*. Este aprendizaje dura muchos meses. Me tasajeo. Imagino que salgo, que hay muchas películas en cartelera, que a pocas cuadras está el Club España donde puedo hacer ejercicio: pienso en mis nietos, en mis amigos, busco el cielo azul... pero sigo de masoquista, atornillada frente a la máquina, condenada.

Claro que podría hablar de la realidad del amor, la sorpresa del amor para responder a tu pregunta pero sería trampa, inventaría a una Elena que no es o a una que sigue siendo y quiero desaparecerla en el fondo de mi memoria. Más que tomarme por sorpresa, el amor me tomó a fuerzas. A lo mejor ni quería amar, ni sé amar, ni me amaron.

Tus preguntas, Denise, piden confesión o al menos suscitan en mí una confesión. De joven decía todo. Recuerdo que en casa de Carito y Raoul Fournier en San Jerónimo a la que iban Salvador Novo, Clementina Díaz de Ovando, Inés y Pita Amor, los Sepúlveda, Juan Soriano y Diego de Mesa (entre otros) sentados sobre la alfombra jugábamos a la botella, es decir, a la verdad. Una tarde cuando me tocó a mí la confesión-botella, la tía Carito (Amor) exclamó alarmada: "no necesitas decir TODO".

Mi capacidad de entrega linda un poco en la locura. Recuerda que en mi familia hay locos. Pita Amor y otra tía muy bella, Adelaida Amor. Adelaida, de ojos grandes como interrogaciones, murió en el Sanatorio Floresta atada con una camisa de fuerza, preguntando si ya se podía ir.

También yo pregunto. La vida entera he preguntado porque no encuentro respuestas. Pregunto al primero que pasa, al que sabe y al que no y, es el que no sabe el que me da la respuesta que se me graba. Así me lleno de respuestas que no necesito y guardo una infinidad de imágenes que me estorban, rostros en el Metro de gente que jamás volveré a ver, la señora en la cola del súper, la mesera, el mordelón. Así voy por la vida saludando a los que no conozco y olvido a quienes debería saludar Nunca, creo, he quedado bien. Quizá sea una forma de esnobismo.

¿Qué ha resultado un reto desconcertante para mí? De nuevo te contestaría que escribir, aunque no es un reto inusual sino cotidiano. Dices que a todas nos has pedido que escribamos con valor, honestidad, agudeza sobre áreas de sorpresa y silencio en la vida. Escribir te pide mucho silencio, te enseña a guardar silencio. Si puedes "decir" en tu escritura ¿para qué hablar? Como entrevistadora, pronto aprendí porque me enseñé a escuchar. Las palabras de los demás son mi dicha. Me gusta escuchar, me resulta fácil, quizá lo más fácil, porque intervenir cuesta trabajo y más frente al público. Carlos Monsiváis ahora improvisa conferencias, interviene en foros públicos, construye su texto de principio a fin y me deja asombrada porque hace 40 años él leía como yo, que no me atrevo a improvisar. Ya sé, es inseguridad.

De adolescente y por mi educación religiosa, participaba en retiros espirituales de la colonia francesa, en los que la primera exigencia era guardar silencio. Comíamos mirándonos la cara sin emitir palabra mientras nos leían alguna vida de santo o la explicación de un evangelio. Nos fijábamos en cómo comían las compañeras de retiro. Desarrollé desde niña una gran capacidad de observación un tanto inútil porque solamente podía hacerlo a partir de los parámetros aprendidos en mi casa. Me tomó tiempo despojarme de las formas que asfixian y quedarme, como diría Rulfo, en un puro arbolito sin hojas.

Creo que habría sido una mujer mucho más libre sin tantas formas que pretendo haber abolido. Mi hermana tenía un carácter más fuerte, más decidido. Entré a todas partes tras de ella porque era más alta y lo hacía como quien inaugura el baile, segura, encantadora. A los calvos les besaba la calva, a los tímidos los sacaba de las paredes al centro de la pista de baile, se sentaba al lado de los solitarios y de las quedadas, hacía sonreír con sus improvisaciones y bailaba como los meros ángeles.

Mi madre me asombró, muchos años más tarde cuando yo ya tenía más de cincuenta años al decirme: "no te das cuenta, Elena. Tú eras un rayo de sol". ¿Era yo el rayo de sol? ¿Por qué no me lo dijo antes? A veces pienso que los que me precedieron no nos revelaron las cosas que necesitábamos oír a tiempo y que no debo cometer el mismo error con mis hijos y nietos, amigos y amigas, que debo apoyarlos a tiempo. Tiempo, darles tiempo, quitarle tiempo a mi tiempo, lo único que puedo ofrecerles de mí es tiempo, el que me queda (suena a soneto de Renato Leduc). Quizá no les di suficiente tiempo por andar de escribiente cuando lo que más me importa son ellos, sus deseos, sus fracasos, sus embarazos, sus alegrías, su vida.

De joven cantaba como Lily Pons, puros gritos agudos, así como de rata coloratura. Después grabé un disco que si no se perdió se rompió. En mi casa decían: "¡qué bonita voz!" También toqué el piano. Mi hermana y yo tomamos clases de ballet e hicimos gimnasia. Pertenecimos al Club Hípico Francés en el que destacaba la alta figura de Luis Barragán. Esquiamos en Acapulco, nos enamoraron los lancheros con el pelo desteñido por los rayos de sol, fuimos a la ópera a oír a una María Callas gorda y poderosa, tuvimos sesiones quincenales con el sastre y la modista, ¡qué importante era que la bolsa y los zapatos hicieran juego! En los *scouts* canté con guitarra *La feria de las flores* y lamenté no tener un lunar. Los Gómez Morín, Juan Manuel y Mauricio nos cantaban:

Pero qué bonito y sabroso bailan el mambo las Poniatowska,
mueven la cintura y los hombros, igualito que las D'Orcasberro.

Lo único que no aprendí fue *bridge* o canasta porque prefería leer, aunque la lectura hizo que Carito Amor de Fournier exclamara enojada en el Convento de Santa María Auxiliadora en Roma:

—Muchachita, te vamos a dejar escribir novelas pero no vivirlas.

¡Qué chistoso todo lo que uno iba a ser! En realidad lo que más ambicioné fue parecerme a Rita Hayworth, tener el pelo rojo y cantar en un cabaret con un *strapless* negro: "*Put the blame on me, boys, put the blame on me*", pero me quedé nomás con *the blame*, la pura culpa, ese sentimiento que me ha perseguido toda la vida, desde la infancia. Cuando en el Liceo la maestra preguntaba amenazante: "¿quién hizo esto?", yo estaba segura de no haberlo hecho pero sentía la culpa completa. También ahora, cuando veo una patrulla, creo que viene por mí.

Debo terminar, Denise. Me pones en un brete, me cuesta hablar de mi persona, me quedo en lo anecdótico, me invade un temblor interno, me excito, es un examen. Te escribo sin corregir para que no haya en esto nada literario, es casi escritura automática, el fluir de una conciencia.

Para Navidad, Gaby Vargas, a quien conocí en un avión y me conquistó, me envió un libro verde clarito que se llama *Eneagrama* en el que descubres en forma complicadísima cuál es tu carácter y qué debes hacer para que te vaya mejor en la vida, el socorrido: "conócete a ti mismo". Son pruebas que te descubren tres tipos de personalidad pero finalmente no sacas nada en claro porque soy, somos una mezcla. No he terminado el libro que tal vez me salvaría la vida, a decir verdad, se me cae de las manos. ¿Todavía podré encontrar dentro de mí misma todo lo que falta y quitarme todo lo que sobra? Tu cuestionario es ya un primer paso. En la esquina del monitor de mi Samsung reconstruida aparece un pequeño Einstein que se limpia la nariz, cierra los ojos, pone sus bracitos tras de su espalda, me acompaña y me espera. Ahora mismo me dice adiós como te lo digo a ti, preguntona Denise. Y perdona que sólo sean siete páginas de respuesta y no diez como tú pediste pero siete es mi número de buena suerte, porque mi hijo Mane nació el 7 de julio y no doy para más. No voy a releer este texto para que reúna otro de los requisitos que solicitas, el de la honestidad que en mi caso tiene que ver con la ingenuidad. ¡Mira, hasta rima!

EL SABOR DEL ALMA

Martha Ortiz Chapa

Siempre me gustó ser mexicana. A partir del despertar de mi conciencia, cuando en un delicado y tenue duermevela comencé a tomar conocimiento del mundo, advertí que me gustaba tener el pelo oscuro, como las indias mexicanas; vestir de negro, al igual que las mujeres del pueblo; usar grandes aretes de un oro que no pesa y que tiene palomas labradas dispuestas continuamente al vuelo. Es el oro que alumbra, sol de las juchitecas que adorna y distingue sus vestidos. En el jade verdiazul de los nahuas encontré la inspiración que me seduce para crear matices en los olores, colores y sabores. En la melancolía de lo mexicano aprendí que habitamos en un tiempo circular y quedé convencida de que si nuestro pasado fue de grandeza, nuestro futuro también lo será.

Desde niña adoraba a mi bandera, sus colores son presagios al viento. El verde me trasmitía paz y esperanza, tantas que bauticé la fecha de mi nacimiento con ese color. En el blanco veía nubes preñadas de gozo y también la nieve de los volcanes que anuncia la elevación del espíritu; éste es un espectáculo que solamente se ve en nuestras tierras. En el rojo, admiraba la pasión de una tierra que permanentemente lucha por ser, sangre derramada desde tiempos inmemoriales; con ese fluido vital hemos abonado nuestra cultura. En el centro de ese universo radica un águila, símbolo cósmico, que devora una serpiente, emblema de la astucia. Eso me hizo pensar que la grandeza todo lo domina. Cuando los aztecas fundaron México-Tenochtitlán, el águila al verlos bajó la cabeza hacia donde ellos estaban en señal de reconocimiento. Sobre un nopal con tunas rojas estaba instalada la dignidad.

Sorprendida me dije: esa águila, "bien comida", en su infinita realeza, soledad y supremacía, está tranquila y satisfecha. Reflexioné: la patria "sabe" y es sensual a los sentidos todos en sinestesias sabias: los olores se ven, los colores se degustan, los sonidos se tocan. Pensé que el azul sabe frío y el chile lo vemos rojo y sabe a pasión. Recordé que ése no es un hecho aislado ya que en nuestras leyendas estamos hechos de maíz amarillo y blanco como nos dice el Popol Vuh. Así, fantaseaba e imaginaba a Hernán Cortés enamorado del sabor de la Malinche, él se la quería "comer", porque sabía a sal y a sol. Me propuse combinar estos sabores, olores y colores, que son los del cuerpo y del espíritu, en un sabio sincretismo capaz de resolver nuestras contradicciones.

El ímpetu de eternidad que llevó a los antiguos mexicanos a comer insectos: hueva de hormiga, convertida en escamoles; gusanos de maguey, enriquecidos con guacamole; chapulines, con chile morita, estimuló mi inventiva. Tal frenesí por la vida hizo que concibiera el huauzontle con queso de cabra, el atún estrella de mar, los tacos de pato al pastor y muchos guisos más. La invención en mí es hija de una necesidad psicológica que me representa en el hecho de ser mujer, es una afirmación de libertad.

Construí una historia nacional muy personal, con sabores, olores, texturas y colores, de todas sus épocas, con la expresión culinaria de sus distintos guisos. Muy pronto me di cuenta de la pesada carga que al paladar llegaba, por un exceso de especias, frutas, chiles y otras viandas, podía ser superada con delicadeza en la sazón. Manjares que finalmente se resaltaban creando lo que siempre he llamado los "platillos que nos dieron patria" y con ello unidad, identidad, sabor. Por eso agrego música a la comida: los recuerdos agradecidos a Agustín Lara, a Consuelo Velázquez y a tantos músicos que están presentes cuando los llamo con gratitud, memoria del corazón, para que me ayuden en la estufa.

Fue así como desarrollé una utopía culinaria basada no solamente en el acto de comer, sino en el de saborear poquito a poco la historia de mi país. Conjeturo que los grandes héroes, personajes, poetas y artistas mexicanos, no tienen sangre en las venas sino que llevan mole en sus arterias, porque esta salsa es más pesada y perfumada y da más vida al corazón y a los sentidos, a la creatividad y a la valentía. La cocina barroca —mole poblano, chiles en nogada, pollo a la nata, capirotada y suspiros— acompañó mis ilusiones, los héroes patrios personificaron mis sazones.

Siempre preferí cocinar que comer, el sólo ayudar a preparar platillos me permitió elaborar una suave comunión gastronómica ayudada por la alquimia de nuestros artesanos para llevar a la mesa guisos bien adornados. Platos recamados con oro y granate, bordados con gritos coloridos y sabor a humo. Imaginaba los sabores, sus efectos, y primero los dibujé en la mente para después transformarlos en una realidad gastronómica. Eso fue cimentando una segunda naturaleza que me llevó a inventar primero para crear después. Crecí al lado de un padre inteligente y de una madre amorosa, de un hombre difícil y de una mujer sólo para sí, pero unidos por el amor a la comida, la vida, la creación. Herederos de familias mexicanas avecindadas en San Luis Potosí, Oaxaca y Nuevo León, aprendí desde muy chica la historia y la cocina de mi país. Pronto reparé en la riqueza cultural y culinaria de la nación.

Me desarrollé con pasión por el sabor pensando que me comería a un hombre como a una tortilla recién salida del comal. Me encanté de uno, con profundo respeto, porque dibujaba lo que yo no alcanzaba a ver pues él probaba la belleza, la cataba, la desmenuzaba. Atributo del artista es ser capaz de percibir por los sentidos todos. Pero… como cualquier gran comida algún día se acaba, la fiesta se termina, el salón se cierra y quedé, no con rencor, sino agradecida por el sabor, por la oportunidad que me dio la vida. Se me acabó el antojo, con el corazón triste y con nada en el fogón, seguí adelante inspirada en ese pasado que me fortalece siempre. Nosotros somos lo que hemos sido.

Cuando me pregunté: ¿qué hacer con la vida? decidí seguir cocinándola con pasión, reinventando lo que siempre fui. Una vez más fantaseé con los colores y los sabores, con gran miedo del sabor de mi alma y del trabajo que cuesta digerir el entusiasmo, "el santo olor de la panadería… que en tu lengua de amor prueben de ti la picadura del ajonjolí", como dejó dicho Ramón López Velarde. También observé que el miedo no se acaba, que está entre las brasas, justo por debajo del comal, dentro de nosotros mismos, para recordarnos que las tortillas se pueden quemar y que es necesario voltearlas de vez en vez, ser conscientes de que existen y de que tienen un tiempo preciso y precioso como es la vida, como somos nosotros. Por ese reconocimiento advertí que, al ser uno lo que hace, uno mismo se cocina al cocinar —pues el animal se alimenta y el hombre come— y mediante ese sencillo y elaborado, mágico y complejo, humano y técnico arte de cocinar fui cocinándome, que es una forma de decir: fui construyendo mi intimidad.

Así que, firme en mi compromiso de seguir de frente, solamente miré dentro de mi corazón al tiempo que hacía el inventario de la cocina mexicana. De tal modo que, de Baja California a Yucatán, de Tamaulipas a Guerrero, fui recogiendo recetas a las que incorporaba elementos producto de mi creación. Eso me permitió hacer lo que sé hacer, fue como decidí ser quien soy. No hay valiente sin miedo, recuero la invención de mi historia nacional y personal, muy personal. Por eso, venciendo el miedo, luché por tener un gran comedor —lo que ahora llamamos restaurante— e invité a personas que conocen de probar la belleza, oler los colores, ver los sonidos, en fin, a que me ayudaran. Me llenó de dicha edificar una gastronomía nacional donde no hay evidencia de una mexicanidad brutal sino de una sutil y sublime, enamorada y femenina. Me apoyé en la historia, las bondades de los otros, de mi familia y de mi sangre, en grandes amigos que creyeron en la autenticidad de mi pasión. Me acerque al fogón que es el hogar, día tras día y con la llama viva cociné mi sentido de patria.

Abrí las puertas de mi casa, sin fiesta de por medio, con dificultad, con angustia, solamente con la fuerza de mis creencias, volteando muchas veces las tortillas, a punto de quemarse, pero afanosa por seguir luchando contra mis propios miedos consciente de su mal sabor. Nombré, en las cartas, los platillos como son añadiéndoles una pizca de humor y mucho romanticismo. Finalmente, es una propuesta femenina la concepción del alimentarse con sabor a patria y con sabor sensual pues el arte culinario comparte créditos con el erotismo. Me atormentaba reconocer, a veces, el egoísmo circundante pero reconforta pensar que el acto de cocinar es generosidad encarnada pues la comida se da, se comparte, se sirve. Como consecuencia nombré el comedor de mis ensueños con mis palabras predilectas *Águila y Sol*, no como concepción erudita, sino más bien sentimental. Abrí mi corazón, el cual no es más delicado ahora pues siempre lo ha sido ya que estoy consciente de lo mucho que cuesta saber el sabor del alma.

Ahora, el reto mío, mi desafío, son mis propias limitaciones, el espacio interior del alma, eso es lo que me empacha cotidianamente. Para resolver tal desazón, creo que no existe una receta mágica, sino que se debe tener la adecuada proporción culinaria para transformar, poco a poco, la hiel en miel. Me he dado cuenta de que así somos todos y por eso debemos aprender a cocinarnos, todos los días, a fuego lento mientras efectuamos miríadas de combinaciones. La verdadera alquimia es la transformación del yo. En cada servicio que doy, con todas las personas que trato, con aquellos que acuden todos los días, escucho historias, cuentos, palabras, lamentos, propuestas, mil y una conversaciones. A ratos me gustaría opinar… pero no puedo, existe la limitación de observar y callar, de aprender de la naturaleza humana en todo su esplendor. Me deleita ver a hombres y mujeres danzando alrededor del cosmos que es el fuego primordial, el hogar. No cabe duda, en el fogón está Dios. Al tiempo que cocino y observo, sirvo y aconsejo, mi ser se transforma pues bien sé que quien no sabe servir no sirve para vivir.

Mi propuesta gastronómica consiste en sumar, el sabor al saber, el pasado con el futuro, el metate con la moda, pues advierto que México llega, una vez más, a su cita con el destino. Hoy día, frente a un mundo que intenta desintegrar lo tradicional, debemos acudir al rescate de nuestros valores, no anclándonos en el pasado sino asumirlos superándolos. Debemos, creo yo, reconstruirnos con fórmulas novedosas —una de ellas es el arte de la cocina— que apoyadas en la historia nos permitan acceder al mañana pues a través de la flama del hornillo, cuando me acerco y bien me fijo, veo cómo el futuro nos habla desde hace siglos y expresa con elocuencia la grandeza de la nación. Por eso a todos, al mismo tiempo que les propongo que luchen por la mexicanidad, les deseo muy buen provecho y les pido que recuerden a su propia águila —símbolo de su grandeza— y a su propio sol convertido en manifestación de su luz.

© Rogelio Cuéllar

ATREVERSE A SER

Marie-Pierre Colle Corcuera

A mí me toma por sorpresa la noticia del 23 de julio de 2003: tengo cáncer del páncreas. Ése es un drama que no tiene dimensión, porque de un minuto al otro tu vida cambia completamente. Ésa es la gran, gran sorpresa de mi vida. Cuando era niña también tuve un dolor nunca superado, perder a mi padre a los siete años. Pero, ahora descubro que soy vulnerable, que soy mortal. Amo demasiado la vida, tengo tanta energía y proyectos que la posibilidad de una muerte anunciada me agarra fuerte, feo.

Yo tenía un punto del lado derecho del costado, todos los doctores que vi —cuatro con diferentes especialidades— me diagnosticaron mal. Detectaron que tenía colitis. Les parecía normal que teniendo tanto trabajo, siendo nerviosa y acelerada, tuviera colitis. No parecía más grave que eso: era simplemente un dolorcito del lado derecho. Tuve que cerrar ese año la edición de *Guadalupe en mi cuerpo como en mi alma*, y tenía una tensión editorial fuerte para que todo saliera como yo quería. Luego vino la exposición: "Guadalupe en la cultura popular" con las fotos del libro en las Rejas de Chapultepec, estas fotos dieron tanto gusto a la gente que acudía durante sus paseos de fin de semana, que permanecieron ahí cuatro meses.

El punzón del lado derecho seguía presente, "desde luego es la colitis". Hasta un día que me fui de vacaciones a Puerto Vallarta. Y allí ¿cuáles nervios, cuál tensión? Era mar, caminatas, puestas de sol y arena fina en los pies. Con cada ola, esperaba el regreso de mi energía, salud, armonía. Volví con el malestar, y desde el aeropuerto, llamé a un doctor para otro examen médico. Ese dolor me salvó la vida. Supimos a tiempo que se trata de un tumor encapsulado. Aun así, con el diagnóstico perdí totalmente mi centro, perdí el norte, se me movió el piso. El doctor amenazó con operarme al día siguiente a las siete de la mañana y, gracias a Dios, una intuición me dijo: "no te vas a dejar operar, porque no es tiempo todavía, primero hay que investigar un poco más". Es importante saber que un tumor toma años en desarrollarse, entonces no hay ese estrés de "ahorita para fuera". La operación del páncreas es larga (nueve horas) y la recuperación de meses.

Entonces me fui a Houston a obtener otro diagnóstico y después de eso quedé mucho más tranquila.

Aprendí a escuchar a mi ser interno. Sentí que no era el momento para la operación, sino que simplemente, era tiempo de respirar hondo, de hecho, tuve una doble intuición: la primera, ir al máximo centro de lucha contra del cáncer, que es el hospital MD Anderson de Houston; la segunda, escucharme a mí misma, entender cómo me siento realmente, qué puedo arreglar y qué es lo que no debo hacer.

Por eso decidí no darle gusto a los doctores. Con claridad les dije: "miren, no voy a hacer parte de sus *Guinness Book of Records*. No necesito que digan: "Marie-Pierre se curó cien por ciento". ¿Por qué? Puedo perfectamente vivir con un tumor controlado; incluso, tengo más energía que nunca, más proyectos que nunca y más alegría que nunca.

Esta época, sin duda, ha sido la más difícil pero también la mejor, porque una noticia así te obliga a vivir tu presente. Te fuerza a salirte de ti misma o a meterte dentro de ti, en mi caso, a veces, tenía yo el *blues* y otras me sentía envuelta en una nube de nostalgia, de vez en cuando con depresión ligera. Ya no tenía tiempo para melancolías o distracciones, me era necesario agarrar el tumor para desaparecerlo.

Eso que te dicen todos los maestros espirituales de vivir el *aquí y ahora,* una enfermedad grave también te lo avisa. Sueltas el pasado, porque un tumor quiere decir que hay algo en tu vida que está mal resuelto. Y el futuro no te pertenece.

Yo no había tomado conciencia de todo lo que estaba tragando, superando, escondiendo para vivir. En mi caso hubo traición que traté de tapar, de arreglar, de olvidar, y de perdonar. La enfermedad está allí para decirte: "ojo, hay algo que estás haciendo en contra de tu camino real, de tu esencia". Eso fue útil, porque ahora he soltado consciente, los amarres del pasado que me hacían sufrir. Y al casi lograrlo me siento más ligera. Una enfermedad agresiva es una invitación a vivir tu presente. Tomo esta gran enfermedad como una prueba. Estoy en ese proceso de entender qué me está avisando.

Mi recorrido por la vida ha sido inmensamente rico, en todos los sentidos de la palabra. Me nutría del pasado, justamente para los libros, para el trabajo editorial, para el conocimiento, para la cultura, vivía en el futuro por los tiempos marcados de las publicaciones. Tal vez, hice todo eso de una forma equivocada, nostálgica, no me enfoqué en la vivencia del hoy.

El pasado de México y el mío son muy ricos, pero ahora estoy en proceso de averiguar para qué es el presente y poder vivir más intenso.

A veces me siento desconcertada. Nadie está preparado para la muerte, nadie está preparado para una enfermedad que puede ser complicada. Pero mi entusiasmo, mi amor hacia la vida, todos mis proyectos me ayudan. Todos tenemos la posibilidad de curarnos. Está en uno lograrlo. Si eres un ser profundamente depresivo, si en un accidente de coche se murieron tu marido y tus dos hijos, pues claro que te vas para abajo. O si, de repente, has perdido una chamba o una responsabilidad fuerte, tu cuerpo duele y llora. Pero si no es eso, creo que uno realmente puede salir del hoyo. Nuestra mente es infinitamente más fuerte que nuestro cuerpo, aunque éste es de gran nobleza y se renueva constantemente, y ahora más que nunca, porque estamos en la punta de toda la investigación prodigiosa del siglo XXI. La medicina paralela, la acupuntura, las armonizaciones, el reiki, el yoga, el tai chi, aligeraron la vida ayudándome a tolerar los efectos secundarios de la quimio y de la radiación. El encuentro de Oriente y el Occidente a mí me salva.

Mi presente se ha vuelto más rico por el inmenso testimonio de amor que recibo de varias partes, de mis amigos. No sabía que era tan popular. Les juro que no lo sabía. Eso me ha fortalecido mucho. Realmente creo en el apoyo del pensamiento positivo, de la oración, del amor.

Creo que en sólo cuatro meses mi hijo Eric agarró diez años de madurez, se volvió como un hermano mayor. Ha cambiado su vida. Toma responsabilidades que antes no asumía. Nuestra relación, que siempre había sido muy cálida y muy fuerte, se ha vuelto aún más: indestructible.

En mis libros hay un profundo amor a México. El hecho de haber nacido en Francia me da otra perspectiva, como la que tiene Elena Poniatowska, que por haber nacido en París también ve y siente México a su manera, distinta de la mía, pero similar en que ambas elegimos nuestras raíces mexicanas.

Por medio de mis libros exploro, quiero y comparto a México. Con este último todo el mundo me dijo: "ay, cómo no se nos ocurrió escribir antes sobre la Guadalupana". Quizás para hacerlo era necesario ese distanciamiento.

Quisiera compartir con quienes lean este texto, con la gente enferma, la idea de que tienen la posibilidad de curarse si quieren hacerlo. Una cosa es depender de la cirugía, de los tratamientos y del avance de la ciencia. Otra es decidir en tu alma, en tu corazón, en tu ser profundo, que tienes que vivir porque te gusta la vida, porque la enfermedad es sólo una prueba en el camino. Juro que sales para adelante. Sí se puede.

A mí me gustaría ser recordada por la alegría de vivir, por el entusiasmo. Siento a través de la visión de México que he compartido con mis libros, que he ayudado a otras personas a ver la inmensa riqueza del país de manera distinta. Después de *Casa mexicana, Casa poblana, México, Casas del Pacífico*, han salido una cantidad de libros de arquitectura que antes no existían y siento que son hijos, nietos y primos de esos primeros libros. Eso me hace feliz. Ahora me acaban de decir que robaron la tienda en las Rejas de Chapultepec en donde estaban nuestros libros, objetos, pósters. Me llamaron apenadísimos, pensando "¡Qué horror!, ¿cómo se lo vamos a decir?" Yo lo tomé como un elogio. Siento que estoy dejando semillas, una cierta sensibilidad, y sensualidad. En los libros nuestros sale el humo en el platillo y en la sopa. En los libros de arquitectura creo que puedes acariciar las páginas. En el libro sobre la Virgen de Guadalupe, la sientes por dentro en lo más profundo de tu cuerpo y se te enchina la piel.

Publicar *Guadalupe* y la exposición de sus fotos en las Rejas de Chapultepec justo en el momento en el que me descubrieron el cáncer, fue un milagro guadalupano, un ancla que me ayudó a luchar y a vivir; ha sido una suerte increíble, un gran apoyo, una bendición.

Somos mucho más de lo que parecemos ser. Quiero invitarlos para que a partir de la experiencia de mi cáncer, en los libros que he publicado, en donde plasmé mi esencia, se atrevan a ser, se arriesguen a crecer hasta su verdadera dimensión. No le tengan miedo al miedo. Ahora mismo me estoy descubriendo una dimensión que desconocía y aún no he terminado. Está en nosotros la curación de un mal físico, de un mal mental, de un mal espiritual. No me cabe duda. Como Nietzsche decía: "somos escultores de nuestro propio ser". Y hay que hacerlo. La vida es demasiado corta para ser pequeña.

CUANDO ME MORÍ

Laura Esquivel

Yo creo que una de las cosas que me ha tomado por sorpresa fue mi muerte. Estábamos filmando *Como agua para chocolate*. Esto fue en el año 1991, un 18 de marzo. Ese día era un domingo, estábamos trabajando en la película y a mí me dio un dolor de cabeza, como de gripe. El domingo habíamos descansado, nos fuimos al cine, cruzamos la frontera a Estados Unidos, cruzamos el río, vimos una película y al regresar, me tomé una aspirina porque me dolía mucho la cabeza y me fui a dormir. En ese momento estábamos filmando en el desierto en condiciones tremendas de estrés, de todo tipo de preocupaciones y el dolor de cabeza parecía ser sólo un reflejo de ellas.

Me acosté a dormir y esa noche, gracias a mi hija me salvé. Ella estaba en la habitación, y se dio cuenta de que yo hacía ruidos extraños. Dice que encendió la luz y me vio con espuma en la boca. Dice que yo tenía los ojos abiertos pero la mirada vacía como si no estuviera allí. Se asustó mucho y corrió, avisó. Yo le estoy agradecida además a Alfonso Arau, quien en ese momento era mi esposo, porque reaccionó de inmediato. Dicen que me cargó, me metió en una combi que teníamos y me llevó 20 kilómetros a un pueblito, a la población más cercana que era Ciudad Acuña. Todo el trayecto me fui convulsionando y cuando llegamos allá, no había médico. Era en la madrugada y el enfermero que estaba de guardia, no sabía qué hacer. En ese momento tuve un paro cardiaco y me resucitaron por medido de *shocks* eléctricos. Alfonso, desesperado, se trató de comunicar con mi hermano quien es un médico excelente que vive en Miami. No sabes todo lo que Alfonso hizo para hablar con la operadora, pero nada más le daban el teléfono del hospital donde trabajaba mi hermano, porque el número de su casa era privado. No sé qué habrá dicho Alfonso para que la operadora norteamericana le diera el teléfono que necesitaba. Finalmente lo localizó y mi hermano le dio instrucciones: qué me tenían que inyectar, cómo me tenían que tratar. Al día siguiente, Alfonso me mandó a San Antonio con mi hija de 15 años, quien se hizo responsable de mí. Con todos los problemas que teníamos de dinero hubiera sido desastroso suspender la filmación.

Alfonso Arau y yo estábamos casados en esa época y él ayudó con todos los trámites del seguro médico. En medio de todo eso, abro los ojos y veo allí en la cara de mi hija, una angustia reflejada, un miedo terrible. Y yo pedí ayuda. Dije: "Dios mío, ayúdame. No me quiero morir". Y juro que oí; oí algo como dentro de mi cabeza. Oí una voz que me decía: "tranquilízate. Tú no estás sola, estamos contigo y no te va a pasar nada". Y sentí una paz tan grande que cerré los ojos, empecé a ver negro, me dejé ir y desperté hasta el otro día.

Yo no había recuperado el conocimiento y no me acuerdo de nada hasta el momento en el que pedí un baño. Yo soy una persona que llega hasta la neurosis con la limpieza. El día que no me puedo bañar, sufro. Para mi el agua es fundamental; tengo una relación muy bella con ella. Cuando me baño es cuando surgen mis ideas más creativas. Estábamos allí en el hospital y abrí los ojos y dije: "me quiero bañar".

Después de esa experiencia quedé convencida de que no estamos tan solos como creemos; que sí hay entidades y seres, guías espirituales, ángeles de la guarda, el nombre que les quieras dar. Están allí y puedes establecer cierta conexión con ellos. La idea que yo tengo de Dios es algo que no tiene voz, que no tiene forma, que es energía pura, que es una energía amorosísima que lo abarca todo. Esa voz creo que provino de allí. Y a partir de entonces surgió mi recuperación. Primero no sabían si tenía un derrame cerebral. Por las radiografías no sabían si tenía un tumor, o de qué se trataba. Hasta después se dieron cuenta de que era un coágulo del tamaño de un limón. Y bueno, los médicos dijeron que tenía que esperar unos seis meses para recuperarme, dijeron que se tenía que reabsorber solo, que tenía que tomar anticonvulsivos, que tenía que estar en reposo y ta, ta, ta, ta, ta.

Pues estuve allí como 15 días y luego regresé a la película. Fue tan bello ese regreso. Estábamos en el desierto, estaba empezando la primavera. Me acuerdo que cuando yo me fui, estaba todo seco y cuando regresé, milagrosamente 15 días después los cactus tenían flores. Iba en la combi llegando a la casa donde se filmó la película y me conmovió ver la vida, ver las flores. Dije: "¡pero, ¿qué es esto?!" Y en ese momento empezó a caer una lluvia muy leve y se formó un arcoiris. Lloré y lloré y Alfonso lloró y fue un regreso a la vida muy bello. Fue un regalo que nunca voy a olvidar y, además, correspondió con un momento muy bello: el proyecto de *Como agua para chocolate*, que era un proyecto de amor, un proyecto casi casi familiar, donde habíamos puesto todos nuestros esfuerzos, toda nuestra energía.

Y bueno, allí me quedé. Tenía que estar en reposo, pero claro que no estaba en reposo. Iba diario, si podía, a la filmación y finalmente se acabó la película, regresamos a México y ya aquí, uno de los amigos cercanos que aprecio —Antonio Velasco Piña— llegó y me dijo: "oye, Laura, estoy muy preocupado por lo de tu enfermedad. Me encantaría que te viera mi curandera, si tú me lo permites". Y le dije: "por supuesto". Y entonces, no sabes cómo se portó. Diario traía a su curandera a mi casa y ella fue impresionante. No sabes lo que le agradezco, lo que aprendí. De pronto un evento doloroso se vuelve maravilloso. Cuando uno está sufriendo emocional o físicamente —por lo general, las enfermedades tienen que ver con problemas emocionales no resueltos en el pasado— uno no alcanza a entender lo que está pasando y conforme va pasando el tiempo, te das cuenta de la maravilla que fue esa experiencia y lo que aprendiste. Para mí el contacto con esta curandera fue determinante.

Empecé a mirarme a mí misma de una manera más profunda, a conocer más nuestra tradición sagrada, a ver más los mecanismos que utilizaba mi cuerpo para decirme cosas, A partir de ahí se inició un proceso muy bello de conocimiento, de viaje interior. Comenzó una terapia no sólo física, sino también emocional y espiritual, porque todas las enfermedades siempre son llamadas de atención.

Aunque yo tenía una relación con Alfonso y realizaba un trabajo que sentía que era muy real, muy verdadero y que era lo que tenía que hacer, mi enfermedad me indicaba que algo andaba mal y de pronto empecé a darme cuenta de que tal vez ésa no era la forma de vivir, de hacer las cosas. Y eso lo puedo decir hasta ahora; hasta ahora puedo hablar de ese pasado con plena conciencia, después de que han pasado 11 años.

Puedo decir, por ejemplo, que sí, por supuesto que yo quise mucho a Alfonso y que fue una relación determinante en mi vida. Pero ahora, después de haber hecho una labor muy bella de trabajar conmigo misma, de recuperarme, de crecer espiritualmente, puedo entender que esa enfermedad correspondía a un pensamiento equivocado de mí y a un pensamiento equivocado sobre la relación amorosa que yo vivía. Uno generalmente cree que el amor es algo que está afuera, que alguien te lo va a dar. En esa relación había muchas afinidades; fue una relación intensa, que agradezco, que me hizo crecer, pero, de pronto había también cosas que yo no entendía, que yo no aceptaba y que no tenían que ver con mi manera de percibir el mundo y que no formaban parte de mi proyecto de vida.

Y precisamente en ese momento se dio todo el cambio. Vino el éxito de la película y allí fue donde se hizo más evidente que mi proyecto de vida era uno y el de Alfonso era otro. Muy respetable, pero era otro. Y que lo que necesitaba, más que volcarme hacia el exterior, era volver a mi interior, encontrar una armonía que se había perdido con *Como agua para chocolate*. Mi enfermedad ha sido una maestra maravillosa porque me enseñó mucho. Yo soy una persona que siempre se ha movido más en los ambientes íntimos; creo que allí es de donde vienen los verdaderos cambios. He venido hablando de eso en toda mi obra. Pues de pronto se me viene el mundo encima y yo tengo que salir a lidiar con ese mundo y se rompe mi equilibrio interno. Yo creo que eso es lo que me estaba pasando. Eso es lo que me quería decir la enfermedad: mi equilibrio interno estaba roto, mi mundo de creencias, mi armonía interna no tenía forma de expresarse ni de conectarse ni de estar en silencio.

Para mí es muy importante el silencio, para mí es muy importante en determinado momento la soledad. Durante el silencio y la soledad realmente escuchas; son los momentos en que realmente no estás solo; son los momentos en que te conectas con esa mente que somos todos. Descubres esa mente y esa energía amorosa que están allí a tu alcance, descubres que esa energía está dentro de ti. La forma de darte cuenta de que la energía amorosa está dentro de ti es cuando eres capaz de darla. Cuando tú le das amor a alguien, te das cuenta de que lo tienes. Y dices: "ay, entonces, lo tenía adentro, no es que alguien me lo va a dar. Yo lo tengo y yo lo extiendo a otra persona al momento de amarla, al momento de aceptarla, al momento de verla". Pero para ver y aceptar la verdad, tienes primero que deshacerte de todo un mundo de ilusiones que tú mismo te has fabricado y que no existe. Y ese proceso es doloroso.

Para mí, el único verdadero valor es el amor y generalmente no lo vemos porque nos da miedo. Nos da miedo ser parte de él. Preferimos negarlo y buscar relaciones y buscar actividades que nos confirman que el amor no existe y que el mundo es una mierda y que el mundo es una porquería y que no puedes confiar en nadie y que te van a traicionar. Y el miedo a que te traicionen finalmente provoca que te traicionen. Entonces, cuando me llegó la enfermedad, en ese momento me doy cuenta de lo que ha estado pasando entre Alfono y yo porque lo veo reflejado en mi cuerpo.

Yo creo que soy una persona distinta después de aquella muerte, aunque la energía que yo soy en esencia no cambió. Como percibo la realidad, sí; cómo trabajo con mis percepciones, sí; cómo se manifiesta el amor sí. De repente me doy cuenta de lo absurdo que es el tiempo que perdemos y el empeño que ponemos en desconectarnos del amor. Me doy cuenta de las distracciones que podemos tener. A mi me gusta tener un mundo ordenado para trabajar, pero eso me quita el tiempo. De pronto me di cuenta de eso. Me acuerdo que cuando estaba en cama, dije: "ay, ¡cuánto tiempo he perdido arreglando mis fólders!" Y no importan, finalmente no importan. En el momento en que te vas a morir, tomas conciencia. Esto lo confirmé el 11 de septiembre cuando se cayeron las torres gemelas.

Me tocó también vivirlo en Nueva York. Fue otra experiencia fuerte para mí. Cuando las personas saben que van a dejar su cuerpo, cuando saben que en ese momento se van a morir —que es lo que sucedió a quienes iban en los aviones que se estrellaron— lo único que se les ocurre es decirle a alguien: "te quiero". Es lo único que se les ocurrió: tomar el teléfono, que fue lo que hicieron los que tenían celular, hablarle a sus hijos, a sus esposas. Decir: "te quiero", porque ésa es nuestra verdadera naturaleza. Los que están más llenos de ego, los que creen que su seguridad está basada en el dinero, ésos son los que hablan de ataque, los que hablan de venganza, los que hablan de muerte. Ese lenguaje es el del odio. Ése es el gran aprendizaje de la muerte o la casi-muerte en mi caso.

A partir de entonces no me preocupa lo que la gente piensa. Me gusta expresarle mi cariño, decirle que la quiero, aunque apenas la conozca. Yo me acuerdo el día que estaba con Consuelo Sáizar y me dijo: "oye, Denise Dresser está en la línea, por favor habla con ella". Y, ¿tú crees que yo iba e perderme la oportunidad de hacerte saber lo que te admiro, lo que te he leído, lo que te he gozado? Ésas son las cosas que ahora para mí tienen mucho más valor.

También le he perdido totalmente el miedo a la muerte. A mi muerte. Yo sé qué es ese tránsito. Ya tuve la experiencia. Yo creo que hay conceptos que de pronto nos hacen daño. Por ejemplo, cuando dicen: "uno llega a este mundo solo y solo se va a ir". Pero ni llegas solo, ni te vas solo. Yo sigo maravillándome de un nacimiento. Sigue conmoviéndome el misterio de dónde venimos y a dónde vamos. El cuerpo en sí no existe sin el espíritu que lo está animando y, por eso, el tránsito no es tan solitario. Esta idea de la separación, esta idea de la desconexión, esta idea de la soledad, hace mucho daño. Para mí es muy importante conectarme fuera del tiempo y del espacio, con todo el mundo. Para mí es muy importante reconocer lo que soy en verdad. Eso me ha ido sanando mucho y a partir de entonces trato de monitorear —cuando estoy enferma— todo aquello que no he querido solucionar. Trato de preguntar qué es lo que no he querido ver, por qué lo estoy reflejando así, qué es lo que estoy pensando. Entiendo que ese miedo lo estoy fabricando yo. Sé que ese miedo proviene de mí misma, y que si sigo viviendo en el miedo, me voy a enfermar. NO quiero estar enferma, yo quiero estar bien y la cura reside en recordar lo que soy. Y yo creo que ése es el sentido de lo que me quería decir mi enfermedad. Me quería recordar lo que soy. Ahora soy una mujer que goza mucho la vida, una mujer que mientras esté aquí, procura hacer las cosas que más placer le dan. Me gusta mucho bailar, me gusta mucho cocinar. Últimamente, he descubierto la pasión de hacer collares, hacer mi ropa, bordar, hacer telas, diseñar. Escribir me gusta muchísimo. Escribir es una parte muy importante de mi vida. Me permite expresarme, imaginar, crear, disfrutar. Sin embargo, es parte de la vida, pero no es mi vida. Si dejara de escribir lo lamentaría, pero no dejaría de vivir, de gozar, de expresarme. Yo creo que encuentro una forma de expresarme en todo lo que hago. No nada más a través de las palabras, incluso a través de un collar. Un collar está hablando de mi pasado, está hablando de mil cosas, de por qué escogí esa piedra y no otra, de dónde vino. Hay otras formas, otros lenguajes, aun en el silencio. El pensamiento es el acto creativo más poderoso. El pensamiento lleva color, forma, vibración y allí va. Ya creó una realidad.

De hecho, fue mi pensamiento el que me salvó. Hubo un deseo mío de vida, un enorme reconocimiento de que yo podía y necesitaba pedir ayuda. Claro que esa ayuda —como estoy convencida de que somos parte de un todo— es en realidad tu propia ayuda. Tal vez esa voz es la propia voz de uno, la verdadera, la que te ayuda en esos momentos.

A̲NALFABETA Y̲ MUJER

Rossana Fuentes-Berain

La semana en que Luis Donaldo Colosio fue designado candidato a la Presidencia de la República Mexicana por parte del omnipresente Partido Revolucionario Institucional (PRI), justo cuando los mexicanos nos preparábamos para entrar sin escala alguna al primer mundo, descubrí lo que significa ser analfabeta y mujer.

Editora de la sección de negocios del periódico financiero más importante de mi país antes de cumplir los 35 años, como tantas otras profesionales de mi generación egresadas de las universidades en la década de los ochenta, siempre di por hecho dos conquistas básicas para mi género cuando éstas, en realidad, fueron logradas por nuestras madres y hermanas mayores en la segunda mitad del siglo XX: el derecho a la educación y la equidad entre hombres y mujeres.

Primera caída: el reino de las letras

A finales del sexenio de Salinas, México se preparaba para ingresar al primer mundo. La vía sería la puesta en marcha del Tratado de Libre Comercio de América del Norte. El mundillo político era un hervidero de rumores sobre quién sería "destapado" por el PRI para conducir la locomotora nacional hacia la prosperidad anunciada. Éste era el juego misterioso del poder cuando yo viajé a Asia para escribir un reportaje sobre las diferencias entre los métodos japoneses de administración de empresas y los aplicados por firmas estadounidenses. No era la primera vez que cubría temas de política económica comparada ni era la primera vez que visitaba Japón. Así que la cobertura me pareció del todo predecible.

En mi trabajo anterior, como corresponsal financiera de una agencia de noticias adscrita a la oficina en Nueva York, cuando menos cada año, desde que salí de la maestría en 1989, había cubierto una o dos reuniones de banqueros internacionales, muchas de ellas en Tokio y Osaka.

Miembro de la tribu de hombres y mujeres de la variedad del traje sastre, adornado la mayoría del tiempo con un conspicuo e indispensable pase de identificación, circulé segura por el artificial mundo de los centros de convenciones japoneses diciendo *arigato* o gracias cada vez que una edecán vestida en quimono pulsaba el timbre del elevador o abría la puerta para darnos paso a los *gaijin* o extranjeros.

Caminé, libreta y grabadora en mano, por enormes pasillos alfombrados en colores neutros, flanqueados por múltiples hoteles donde la lengua franca es el inglés. Tomé los tragos del final del día con el *sushi* respectivo en los restaurantes de las cercanías. Aquéllos, no más lejos de unos trastabillantes pasos del hotel, a los que acudíamos los sospechosos comunes: otros corresponsales mexicanos, pero también brasileños, colombianos y hasta argentinos. Así salíamos, todos juntos, para dejar la competencia atrás y sacar la presión de la jornada, mal hablando principalmente de los editores de nuestros periódicos. Pero, sobre todo, de los funcionarios, banqueros y publirrelacionistas sentados en las mesas al lado de las nuestras. Ellos también conviviendo con los suyos, en una tímida búsqueda del sabor y la aventura local.

En noviembre de 1993 estaba sola en Japón. Llegué con mi computadora Toshiba, mi agenda de citas planeada desde la Ciudad de México y el apoyo del Ministerio de Relaciones Exteriores local que me facilitaba un traductor para las entrevistas en que lo requiriese. Pensé, insisto, que esa cobertura sería como cualquier otra. Nada sería más falso.

La comodidad artificiosa de las salas de prensa y los alojamientos preparados para las comunicaciones internacionales se evidenció cuando llegué a un hotel japonés común y corriente. Ni el conserje ni yo teníamos idea de cómo configurar la computadora para pasar por su conmutador y conectarme a la red internacional de telecomunicación (Internet) que, en ese momento, contaba con apenas unos cuantos servidores.

Finalmente, me desesperé de nuestra mutua torpeza electrónica y pedí que me anotaran la dirección del algún centro de atención a clientes de Toshiba. Ellos, pensé, solucionarían el bochinche. Después de todo, era su máquina y me pareció que ponerme en sus manos resultaba lo más cercano a consultar a alguien con las capacidades del equipo de sistemas de los centros de prensa internacional que lo resuelven todo para los malcriados y dependientes reporteros.

El conserje del hotel me entregó un papelito en blanco con la dirección exacta. En el idioma común a ambos, me explicó cuántas paradas de Metro tenía que recorrer y cómo, al llegar a la estación específica, bastaría con caminar una cuadra a la derecha, mostrar a algún transeúnte lo escrito y ¡listo! Se me indicaría cómo llegar al espacio en el que me resolverían la configuración del cordón umbilical que nos mantiene a los "enviados especiales" unidos a la madre redacción.

Tal cual, llegué al Metro. Conté meticulosamente 12 estaciones. Bajé, caminé una cuadra, enseñé mi papelito y nada. Uno y otro transeúnte trataban de darme indicaciones que yo no comprendía. Volví a la estación y caminé otra cuadra, esta vez en dirección contraria. Tampoco resultó. Regresé a la salida del Metro. Bajé nuevamente al andén y traté de leer los nombres de las estaciones. Imposible.

Decidí desandar el camino. Subí al tren nuevamente y conté 12 estaciones. Me bajé tratando de reconocer el camino para enfilarme de regreso al hotel. Fue peor. No tenía idea de dónde estaba. No podía leer las indicaciones, porque los señalamientos estaban en caracteres japoneses y no había iconos reconocibles en mi mapa en inglés. Vamos, ¡no entendía ni una palabra! Nada. Súbitamente estaba convertida en una analfabeta.

El miedo empezó a invadirme. Había abandonado ya el propósito inicial de componer la computadora, pero ahora ni siquiera sabía cómo regresar al mundo del alfabeto. Mi seguridad, basada desde la infancia en la palabra escrita, desapareció. ¿Dónde demonios estaba? ¿Cómo había llegado hasta ahí? Y lo más importante. ¿cómo regresaba a territorio conocido?

Era evidente ya que no podría hacerlo sola, que mi analfabetismo súbito me forzaría a depender de la buena voluntad de algún extraño. Claro que pensé que podía marcar por teléfono a la Embajada de México. Traía el número en mi agenda y podía acogerme, como tantos otros compatriotas, a la noble función de la protección consular. Ni hablar de lo estúpida que me parecía la escena de la presunta Luisa Lane teniendo que pedir auxilio de esa manera. El problema era peor. ¡No podía ni siquiera decir dónde estaba!

Decidí sentarme un rato en un café para pensar en mis opciones y descansar el hombro de la infernal máquina que me había llevado a ese trance. Sin la desorientación del movimiento, desplegué nuevamente el mapa turístico para buscar referentes que pudieran ayudarme a encontrar el camino de vuelta. Ubiqué, más o menos, en que área de la ciudad podía estar. La clave fue un enorme almacén, una tienda departamental, cuyo nombre reconocí en los caracteres romanos con los que los occidentales nos comunicamos. No sabía si habría muchas o pocas sucursales de ese gran almacén en la ciudad ni frente a cuál de ellas estaba, pero, cuando menos, la universalidad del consumo me había regresado al predecible mundo de las letras.

Con el alivio vino la sorpresa de darme cuenta del pánico que me había producido la sensación de no poder leer. Nunca había habido una circunstancia en mi vida que me forzara a asomarme, de manera personal, a ver cuán dependiente somos del lenguaje y en qué estado se coloca, en una sociedad urbana, a quienes no pueden leer o escribir. Aquéllos a quienes por cuestiones económicas o políticas, como ha sucedido tantas veces con las mujeres, se les niega la posibilidad de estudiar, siendo confinados a un estado de vulnerabilidad perpetua.

"En un principio fue el verbo", dicen las Escrituras que he estudiado con enorme curiosidad, como la obra literaria que son. Sólo que para mí resulta que el verbo es en un principio, en el medio y al final. ¡Leo, escribo y luego soy!

Segunda caída: el género

Al día siguiente de mi regreso en taxi al hotel, el mismo que me llevó de la tienda departamental a la dirección anhelada para componer la computadora, empecé la agenda de entrevistas en el Ministerio de Industria y Comercio. Me condujeron hasta un salón especial dentro del edificio –los japoneses nunca reciben en sus oficinas personales– donde una muchacha en uniforme, una *office lady*, como se les llama, me sirvió té mientras esperaba el arribo del subsecretario en cuestión.

Tenía media hora programada, el estándar internacional para entrevistas de alto nivel. Quería que me explicara el papel de la política industrial y de algunos de los incentivos gubernamentales en la planeación de inversiones en la capacitación continua y otros elementos que fomentan la formación del capital humano por parte de las empresas de su país.

El funcionario llegó cinco minutos después de la hora convenida, rodeado de un grupo de jóvenes funcionarios para auxiliarlo, si lo necesitaba, con información adicional. A mí me acompañaba también un intérprete. Después del saludo, el intercambio de tarjetas y la prueba indispensable de que la grabadora funcionaba, factores todos que se llevan siempre un par de minutos, se me indicó que sólo tendríamos el tiempo acordado previamente.

Cuando estaba ya lista para entrar en materia con la sustancia del encuentro, el traductor del ministerio se me adelantó y planteó la primera pregunta: fulanito de tal *san*, como se les dice a los señores importantes en Japón, quiere saber cuántos años tiene usted. Siempre he parecido más joven de lo que soy y aunque no me quito ni me pongo años a conveniencia me pareció peculiar la pregunta. Respondí rápidamente para poder dar paso al cuestionario que había cronometrado la noche anterior con precisión, temiendo que el tiempo se reduciría necesariamente por el proceso de traducción simultánea. —"¡*Ok*! *Understand* ¡*Ok*!", dijo el funcionario en inglés. Antes de que yo pudiera abrir la boca volvió a interrogarme a través del intérprete. Quería saber:

—¿Es la primera vez que visita Japón?

—No, ya había estado aquí antes cubriendo algunas conferencias internacionales.

—¿Qué había estudiado y en dónde?

—Periodismo y economía política internacional en universidades de México y Estados Unidos.

—¿Cuál era mi cargo dentro de la organización y a quién le reportaba?

—Reportera. Al editor de finanzas y negocios del periódico.

—¿Por qué habla "tan bien" inglés?

—Gracias. Tuve una educación bilingüe.

A cada nueva pregunta me iba poniendo más nerviosa por el factor tiempo. ¡Se suponía que el entrevistado era él, no yo! Contesté todo, pero mi paciencia por el *small talk* —esa plática de cortesía que muchas veces precede una entrevista formal— realmente se agotó cuando llegó a: ¿es usted casada, tiene hijos?

Eso sí que me descolocó. No porque no tenga elaboradísima, no sólo en el discurso sino en la práctica, la respuesta a por qué no tengo una relación convencional y por qué opté por no tener hijos (por ser eso, porque es una opción). Sino porque, además de que esa respuesta no se resuelve con monosílabos, entre presentaciones, cortesías y vaguedades ya íbamos en el minuto número 14 del tiempo acordado.

Entrenada en la escuela del periodismo, pero también del feminismo anglosajón, brinqué y le contesté que mi estatus civil no tenía relación con el trabajo que tenía que desempeñar. Por lo que le agradecería que nos concentráramos en los efectos de la política industrial japonesa relacionada con los métodos de administración de las empresas de su país.

Sobra decir que los restantes 16 minutos de la entrevista no fueron particularmente felices. Sin embargo, lo peor fue que, con variantes, la misma escena se repitió varias veces en el curso de las entrevistas de investigación para el reportaje. Pronto empecé a sentir una extraña conciencia de mi género y una necesidad desconocida de explicar, casi de justificar, a manera de preámbulo, por qué es que siendo mujer mi capacitación y experiencia me permitirían realizar ese trabajo en particular. Dado que la ecuación reportera de negocios y mujer les provocaba una enorme curiosidad a las fuentes de información, cuando no desconfianza, mi estrategia fue preparar un pequeño discurso de introducción con información personal y profesional que atendiera a las preguntas más recurrentes y acortar así el margen de error.

El punto más álgido del asunto llegó un mediodía en una planta de la armadora Nissan. Una mujer del departamento de Relaciones Públicas, egresada de las mejores escuelas en Japón y con maestría en comunicación internacional, me acompañó toda la mañana por las líneas de producción. Respondió a mis dudas y describió los procesos industriales. Subrayó con agudeza la vertiente cultural y organizacional entre los diferentes métodos de trabajo de su país y los que había observado en su paso por Estados Unidos. Era la primera mujer, fuera de las *office ladies*, que me sirvieron té durante todo el viaje, con la que había hablado. Evidentemente, bajé la guardia y me olvidé del cuidado que debía tener en cuanto al tema del género.

Al mediodía nos sentamos a comer con el vicepresidente de la automotora. Yo seguí hablando de lo que había observado en la planta y lo que me parecían los diferentes acercamientos a la solución de un problema entre la ingeniería japonesa y la estadounidense. En un ambiente relajado, sin zapatos, sentados en el piso porque estábamos en una mesa casi a ras del suelo, a la que la indispensable *geisha* nos traía todo tipo de manjares, hablábamos de un asunto trivial, pero representativo: las diferencias entre las cerraduras de las puertas en modelos de automóviles de lujo. Divagando sobre cómo se lograba sellar la cabina de un Lincoln Town y cómo la de un Máxima, sin mayor conciencia recordé un comentario de mi guía matutina y le pregunté algo al respecto. "Yo no tengo opinión", contestó.

Me quedé atónita. ¡Claro que tenía opinión! ¡Claro que podía contestar! Pero no lo haría frente a un hombre. Me miró un momento directamente a los ojos y entendí el tamaño de mi estupidez y mi insensibilidad para con ella. La puerta del privado se descorrió y una delicada figura en quimono deslizó el *tempura* helado frente a cada comensal. El ingeniero me contestó la pregunta y yo sentí, literalmente sentí, por primera vez en mi vida, sin matiz alguno, el peso de ser mujer en una cultura patriarcal. Aquí no había corrección política que lo disimulara, ni hipocresía y buenas maneras. No importaba qué tan profesional pudieras ser o cuánto te hubieras preparado para tu trabajo. Al final del día las tres éramos simplemente eso: mujeres.

Tercera caída: extranjera en mi patria

Varios años después, de regreso en mi casa, México, experimenté doloro-samente las mismas sensaciones que había conocido en Japón. Sensaciones de las que no había vuelto a acordarme mayormente. Del periódico finan-ciero había pasado a uno de información general, en esa diáspora que tanto ha mermado la profesionalización y la institucionalidad de la prensa mexi-cana. Mis nuevas responsabilidades incluían el área de investigaciones es-peciales en una época convulsa de la historia nacional.

Entre Colosio y la Presidencia se había interpuesto un magnicidio. No sólo eso, 1994 había sido para México un *anus horribilis*, poblado con demonios sueltos y culminado con la violenta devaluación del peso y la resultante pos-tergación de nuestros sueños primermundistas. Y ya para la mitad del sexenio de Zedillo, el Congreso, por primera vez en las siete décadas de hegemonía priista, no era dominado por el partido del presidente.

Ante este panorama, la lucha por los centímetros cuadrados en los perió-dicos, siempre intensa, cobraba un dramatismo aún mayor. El equipo que yo encabezaba logró ir colando, poco a poco, un tema que me había llama-do mucho la atención y al cual la prensa del Distrito Federal le había otor-gado una cobertura episódica y nada destacada: las decenas de mujeres asesinadas en Ciudad Juárez.

Recuerdo muy bien los primeros textos de Sergio González Rodríguez y las pláticas en las que ambos nos sorprendíamos a cada vuelta de la tuerca de sus investigaciones por lo que significaban esos *Huesos en el desierto*, como después tituló Sergio el libro que reúne su acucioso y muy controver-tido trabajo reporteril. Fue en mi oficina de paredes de cristal donde habla-mos por primera vez con Robert K. Reesler, ex agente del FBI especializado en asesinos seriales, y así conoció él del caso para el cual, meses después, sería buscado por el gobierno estatal como consultor.

De ahí salimos al Hospital de Xoco, en el que por primera vez me encon-tré con el ácido olor de una morgue, camino al escritorio del doctor David Trejo, unos metros atrás de las gavetas y las planchas. Trejo, un notable mé-dico forense mexicano, desplegó frente a mí las primeras fotografías de los levantamientos de cadáveres. Su registro hizo evidente la falta de pericia, pero también la negligencia, de las autoridades por resolver los asesinatos de esas "señoritas extraviadas", esas mujeres jóvenes, morenas, de pelo largo.

Una a una las notas que formaban parte de la serie de reportajes sobre las mujeres de Ciudad Juárez, de pluma de varios de los reporteros que trabajan en investigaciones especiales, fueron armando un rompecabezas que, a diez años de la aparición del primer cadáver, sigue sin resolverse del todo. Además, desde el principio, los poderes locales trataron de minimizarlo mostrando su desprecio, no sólo por la muerte sino por la vida de las víctimas. Pero los funcionarios no estaban solos. También hubo compañeros periodistas dispuestos a avalar la versión oficial de que la historia se sobredimensionaba.

Un jueves de marzo de 1998, en la junta editorial del fin de semana, se anunció que otro de los equipos del periódico presentaría un reportaje sobre los asesinatos de Ciudad Juárez. Las noticias no son coto privado. Nadie puede o debe pretender monopolizarlas. Es una regla clara en el periodismo profesional y se había ejercido a cabalidad en el tema de las mujeres de Juárez. Pero también es regla el que, en el espacio del intercambio previo a la publicación, se vale, es más, se debe presentar en la redacción lo que pueda enriquecer el material que finalmente llegará a los lectores. En ese espíritu, pregunté la fuente de la información. Un reporte de la Procuraduría del Estado, se me respondió, con evidente molestia, porque el trabajo ya se daba por concluido.

Discutí la contradicción de los números que ellos registraban, 87 casos con 30 clasificados como resueltos *versus* los de las organizaciones no gubernamentales y propuse que, en la nota de la primera plana, se abordara la diferencia en los registros. La respuesta fue negativa. Venía de los mismos a los que les parecía "hembrista" que se realizara una cobertura con notas alusivas al Día Internacional de la Mujer; de quienes, cuando subrayé lo que a mí me parecía el "machismo" de un pie de foto publicado en nuestro diario, respondían tan extrañados a mis señalamientos como si les hablara en otro idioma, en japonés, a lo mejor.

Los tonos de voz subieron. La fuente, me dijo un colega impaciente, era el propio procurador estatal y había un documento que avalaba su dicho. Las autoridades, argumentaba ya sulfurado el responsable del área que traía el reportaje, restaban, adecuadamente, por ejemplo, los casos de asesinatos de travestis y los de violencia intrafamiliar usados por algunas mujeres para "abultar" las cifras y "exagerar" el problema.

Me quedé fría al escucharlo. Más, al comprobar que estaba en minoría y que mi visión respecto a la trascendencia de lo que implicaban estos crímenes de odio no era compartida; no habría vuelta atrás: se publicaba el reportaje tal como se había planeado, sin contexto alguno.

Ese domingo no supe cómo leer el periódico y definitivamente sí supe lo que significaba ser mujer en mi país, pues según las autoridades gubernamentales y mis compañeros periodistas la alarma con la que se empezaba a presentar el caso (de la que yo me hacía eco) y la incipiente atención internacional "no encontraba sustento en la realidad".

Mi vida como consejera electoral

Jacqueline Peschard

Hablar de mi vida como consejera del Instituto Federal Electoral, IFE, es relatar una experiencia que estuvo marcada sobre todo por la fortuna. La fortuna de coincidir con colegas que compartíamos principios y convicciones básicos; la fortuna de trabajar en una institución pública, con un diseño moderno, en la que no había lugar para decisiones unipersonales, sino siempre surgidas de la construcción de acuerdos; la fortuna también de ocupar ese cargo en una coyuntura marcada por grandes expectativas sociales sobre la democratización del país. El IFE preparó el terreno para que el voto contara y se contara, los ciudadanos decidieron los resultados que, por fortuna, también ayudaron a afianzar la confianza en la autoridad electoral. Ése fue el periodo en el que fui consejera electoral.

Cuando el 29 de octubre de 1996 recibí una llamada del entonces secretario de Gobernación, Emilio Chuayffet, para preguntarme si estaba dispuesta a ser consejera electoral del IFE, en la medida en que los cuatro partidos con representación en el Congreso apoyaban mi candidatura, no tuve realmente tiempo para meditar mi respuesta. La oferta era clara y la decisión tenía que ser inmediata porque el 31 de octubre había que tomar posesión del cargo, debido a que el proceso electoral de 1997 había ya iniciado.

Yo sabía, por la prensa, que mi nombre se manejaba dentro de las listas de candidatos, compuestas sobre todo de académicos, porque ése era el perfil que ofrecía credibilidad a los distintos grupos políticos en ese momento. Empero, carecía de cualquier otra información sobre las negociaciones que se estaban llevando a cabo entre los partidos políticos y el gobierno, respecto de la selección de los futuros consejeros electorales. Sabía, sí que el IFE era una institución que había nacido para responder a la terrible desconfianza que existía sobre la organización electoral y que las elecciones presidenciales previas, de 1994, habían sido reconocidas, tanto por externos como por nacionales, como limpias y transparentes, pero como profundamente inequitativas. Es decir, había un camino andado, pero existían rutas nuevas por transitar.

En esta coyuntura, unas semanas antes del nombramiento, platiqué con José Woldenberg, consejero ciudadano saliente, sobre la posibilidad de que fuera nombrada consejera, y su entusiasta relato sobre su experiencia en el IFE jugó un papel importante en mi decisión cuando finalmente fui propuesta.

Estaba al tanto, también, de que en el mes de agosto se había aprobado una reforma constitucional en materia electoral que, por primera vez, había contado con el aval de todos los partidos, y que había restructurado a los órganos electorales para privilegiar su autonomía y su función técnica, especializada, y para poner en el centro de la organización electoral el tema de la equidad. Dicho de otra manera, la oportunidad que se me presentaba era la de incorporarme como miembro del máximo órgano de dirección de una institución que estaba ya jurídicamente proyectada para ser un ancla de la democratización electoral en nuestro país. Era una coyuntura excitante, porque prácticamente todas las apuestas para el avance democrático estaban puestas en los cambios en el IFE.

Mi experiencia profesional anterior había sido sólo académica, aunque participaba como analista política y con mucha frecuencia ello me permitió tener algún contacto con líderes de los distintos partidos políticos. Sin embargo, nunca antes había aceptado propuestas para trabajar en el sector público. El trabajo de funcionario público no había estado en el horizonte de mis aspiraciones, pero el caso del IFE era distinto por tratarse de una institución de Estado, pero no de gobierno, por la misión que tenía encomendada y por los avances que en términos de confianza ciudadana había alcanzado gracias, en buena medida, a que la convulsionada coyuntura política de 1994 había colocado al gobierno ante la urgencia de garantizar elecciones limpias y confiables.

Debo reconocer que en ese momento, no sabía quiénes serían mis compañeros de trabajo y, además, el nombramiento del consejero presidente no se resolvió sino hasta el día siguiente. Mi decisión estuvo cifrada, entonces, esencialmente en el perfil de la institución a la que me incorporaría y en el hecho de que nuestro nombramiento contaba con el consenso de todos los partidos. Era como ser el producto de un amplio pacto político, lo cual no es un dato frecuente en nuestro país.

Haber sido seleccionada significó para mí una gran distinción y eso me provocó más ilusión que angustia, porque lo que tenía enfrente era la posibilidad de ver de cerca y en la práctica, procesos electorales que habían sido durante cerca de diez años uno de mis objetos consentidos de estudio.

Además, la posibilidad de que mis reflexiones y consideraciones pudieran tener consecuencias prácticas e inmediatas era otro de los grandes atractivos del cargo de consejera. Finalmente, el cargo era de dirección institucional y no conllevaba la responsabilidad de manejar recursos, es decir, la carga administrativa era cercana a cero.

Quizás todo el conjunto de expectativas positivas, y desde luego, la precipitación con la que tuvimos que responder a la oferta actuaron en contra de la posibilidad de meditar detenidamente sobre la responsabilidad que estaba asumiendo. Ahora sé que una reflexión más acuciosa me hubiera conducido a la misma decisión.

Cuando el día previo a nuestra toma de posesión tuve ya el panorama completo de quiénes conformaríamos el Consejo General, caí en la cuenta de que la gran mayoría de los consejeros —ocho de nueve— proveníamos de la academia y, aunque casi todos eran más jóvenes que yo, todos teníamos un cierto reconocimiento universitario. Ciertamente, el hecho de que el consejero presidente fuera José Woldenberg, antiguo colega mío de la Facultad de Ciencias Políticas y Sociales de la UNAM, reconocido por su militancia previa en las filas sindicales y partidarias de la izquierda, y, además, ex consejero ciudadano del IFE, me dio una enorme tranquilidad y seguridad, por la experiencia que tenía, pero sobre todo porque sabía muy bien que ese cargo significaba para él un objetivo en sí mismo y no un escalón para acceder a futuras posiciones políticas. Sé que no me equivoqué.

Una vez tomada mi decisión, lo que resultó sorprendente fue la respuesta de mis colegas de El Colegio de México a la solicitud de licencia que hicimos los cuatro investigadores que habíamos sido nombrado consejeros electorales. El claustro de directores nos señaló sus reservas sobre nuestra salida de la vida académica y la posibilidad de que nuestro regreso estuviera marcado por el fracaso político. Había ejemplos anteriores en ese sentido. En todo caso, mientras algunos de mis colegas renunciaron en ese momento, yo reclamé mi derecho a una licencia por los dos años a que estatutariamente teníamos derecho. Vencido ese plazo, y después de dos años en el IFE, no dudé en presentar mi renuncia a dicha institución académica, para así poder concluir mi compromiso como consejera electoral.

Un reto intelectual y político

El hecho de que nuestro ingreso al IFE se diera con un proceso electoral ya en marcha, nos obligó a adentrarnos de lleno en las tareas de organización de los comicios que, gracias a sus plazos fatales, dejan poco lugar para ocurrencias, o distracciones. Los calendarios de un proceso electoral son un incentivo para la adecuada programación del trabajo, y para dejar postergadas posibles desavenencias o fricciones entre los consejeros, o entre nosotros y el cuerpo directivo.

Justamente por el origen común de los consejeros electorales, las deliberaciones tanto públicas como privadas estaban siempre motivadas por un reto intelectual, es decir, por ver quién hacía las mejores propuestas, las intervenciones más inteligentes y atinadas, a partir de la lectura e interpretación de una ley nueva que, además, dotaba de facultades directivas adicionales a los consejeros electorales, entre otras, las de tener el derecho exclusivo al voto en el Consejo General del instituto y de tener la encomienda no sólo de vigilar, sino de determinar las directrices para todas las tareas que desarrolla el IFE, a través del trabajo en comisiones del Consejo General.

Dicho de otra manera, a pesar de que los representantes de los partidos políticos nacionales concurren al Consejo General, sólo tienen derecho a voz, por lo que toda la responsabilidad de las decisiones recae en los consejeros electorales. Así, aunque la opinión de los partidos es muy importante y un referente indispensable, la elaboración de los proyectos de acuerdo y de los dictámenes que las comisiones de trabajo elevaban al Consejo General, dependían fundamentalmente de la solidez de los argumentos jurídicos en los que se fundaran y las orientaciones al respecto las determinábamos los consejeros electorales. Digamos que la mecánica era, primero, trabajar los acuerdos entre nosotros a partir del análisis jurídico y sólo después tratar de convencer a los partidos de nuestra interpretación legal.

Estoy convencida de que aunque yo conocía la evolución de la legislación electoral en México y, por lo tanto, me sentía preparada para trabajar con ella, hay un abismo entre conocerla y aplicarla, porque las normas siempre ofrecen varias interpretaciones posibles, y si uno se equivoca al estudiarlas en el caso de una función pública, la falla no sólo le afecta al autor, sino que tiene repercusiones políticas inmediatas. De ahí que se requirieran conocimientos de ramas afines al derecho, de sus principios fundamentales, e incluso del lenguaje técnico específico de la disciplina.

Esto no lo tenía claro al llegar al IFE, porque entendía que íbamos a conformar un órgano básicamente vigilante y garante de transparencia e imparcialidad. Fue por esa razón que, al contratar a los cuatro asesores a que teníamos derecho los consejeros electorales, opté por dos politólogos, un historiador y sólo un abogado de formación. Un año después incorporé a mi equipo a otro abogado en lugar de uno de los politólogos, porque ya tenía claro que mi mayor debilidad era mi falta de formación jurídica.

A pesar de que la dirección colegiada del IFE permite el intercambio de puntos de vista y experiencias, mi falta de formación jurídica, que en la vida académica no había significado una desventaja, sí lo fue en las primeras etapas como consejera electoral. Requería mucho más tiempo que mis colegas, que sí contaban con alguna formación jurídica, para comprender los alcances de las diferentes normas, y las consecuencias de optar por uno u otro significado del contenido de la ley. A veces no alcanzaba a cubrir las lagunas de conocimiento antes de las reuniones públicas del Consejo en las que dichos asuntos debían discutirse. No contar con un conocimiento bien asimilado me producía una gran inseguridad, sobre todo en un órgano colegiado en donde no se pueden prever todos los distintos planteamientos que se presentan. Además, los argumentos de los partidos políticos, siempre en defensa de sus propios intereses, pero planteados desde lecturas jurídicas, hacían doblemente necesario contar con dicha preparación técnica.

Con el tiempo fui aprendiendo las bondades de no tener una formación jurídica, sino una sociológica, para desde ahí leer y analizar la legislación. Ello me permitía acercarme a los temas con una perspectiva distinta a la estrictamente formalista del derecho, es decir, con una suerte de mirada más fresca, y por lo tanto menos rígida. Sin embargo, nuestra formación académica hacía, en todo momento, que todas las discusiones tuvieran un buen nivel argumentativo.

Debo reconocer que ya en los últimos años en el IFE, el aprendizaje que alcancé sobre el lenguaje y el significado de las disposiciones jurídicas hizo que mi trabajo como consejera fuera cada vez más placentero y relajado, sin que nunca perdiera el interés, debido al reto que cada día, en proceso electoral y fuera de él, se nos planteaba. A lo largo de los siete años en el IFE, el trabajo nunca se hizo rutinario debido a que siempre se presentaron problemas o asuntos nuevos que reclamaban nuestra atención y máximo ingenio.

El reto más importante al que me enfrenté durante el primer año de mi trabajo en el IFE fue cómo defender, y al mismo tiempo fortalecer su estructura y operación, tratándose de una institución joven, con escasos seis años de vida, que se había confeccionado desde el gobierno, con el objetivo claro de lograr que la organización de las elecciones fuera transparente. Para dar credibilidad al padrón electoral existían complicadas medidas de seguridad y lo mismo sucedía con la logística para la jornada electoral y para operar todo ello existía un incipiente cuerpo de profesionales que ya se había probado en dos elecciones anteriores, pero que debía ser reencauzado para que respondiera, ya no a la dirección del gobierno, sino a la de una institución plenamente autónoma.

La disyuntiva estaba entre aprovechar la experiencia acumulada y asegurar mecanismos y procedimientos para poco a poco ir afianzando la adhesión del personal directivo del IFE a los nuevos principios rectores de la institución, o bien, impulsar una más o menos drástica restructuración de la planta directiva en las 32 entidades federativas y 300 distritos electorales, sometiéndola a una evaluación que partiera de las opiniones de los partidos políticos. Muy pronto me percaté de que una parte de mis colegas desconfiaba de entrada de la estructura operativa y estaban dispuestos a denunciar y destituir a aquellos funcionarios sobre los que tuvieran cualquier tipo de dudas, derivadas del hecho de haber tenido vínculos con el gobierno. Tal afirmación me parecía absurda y desproporcionada, porque en lo personal no participaba de las fobias hacia funcionarios surgidos del viejo esquema de selección burocrática. Yo sólo desconfiaría de quienes en el curso de su desempeño no se ciñeran a las nuevas reglas de la institución. Finalmente, resolvimos darnos un plazo para analizar con detenimiento las trayectorias de los funcionarios impugnados por los partidos de oposición, y sólo entonces buscaríamos su separación del IFE.

Debo reconocer que mi natural confianza en la buena fe de las personas y, sobre todo, en la racionalidad de los argumentos hizo que necesitara tiempo para tomar conciencia de que el hecho de que nuestra función pública fuera además de técnico-jurídica, política, la convertía de hecho en un terreno fértil para el despliegue de ambiciones personales de poder. Pequé de cierta ingenuidad, es cierto, porque en mi opinión, al ser casi todos académicos, lo que estaba en juego en el ejercicio público era nuestro prestigio profesional y nuestra autoridad moral, no el acomodo dentro de alguna de las fuerzas políticas. Mi error fue pensar que porque teníamos trayectorias semejantes, compartiríamos aspiraciones y móviles políticos.

El hecho de que el activo más fuerte de los consejeros electorales fuera su autoridad intelectual, me daba una relativa tranquilidad, sin embargo, al poco tiempo me di cuenta de que un órgano colegiado de pares, en el que cada uno vale un voto, y en el que las decisiones se toman por consenso o por mayoría, obliga a que, en cada caso, se trabaje para forjar los acuerdos necesarios. En esas situaciones, ser extrovertido, agresivo, arrojado, y hasta beligerante ofrece mejores rendimientos. De nueva cuenta, mi carácter poco efusivo y, en cierta medida, mi timidez, sirvieron más para equilibrar, para tender puentes, para acercar posiciones extremas, que para erigirme en cabeza de un grupo o para "liderear". Desde luego que me hubiera gustado tener esas dotes, pero sé que no son las mías.

Aunque mi experiencia política se reducía a mi participación en asambleas y órganos colegiados universitarios, siempre he tenido gran respeto por la actividad política, en la medida que permite elaborar fórmulas de entendimiento entre posiciones diversas, e incluso, contrapuestas, y porque reclama de la mayor creatividad y sensibilidad, que en mi opinión son de las expresiones más nítidas de la inteligencia humana. Por ello mismo, cuando en privado llegábamos a algún acuerdo, yo consideraba que había palabra empeñada, y además, en un órgano de dirección de una institución tan compleja como el IFE, ese tipo de principios se convertían en elementos de certeza y de eficiencia en la conducción.

No siempre encontré retroalimentación en este terreno, porque las cartas bajo la manga suelen verse más que como un engaño, como un signo de audacia política, lo cual no sólo es altamente valorado en nuestro país, sino que con frecuencia tiene resultados positivos para quienes juegan así, porque les da un espacio adicional de maniobra.

Otro factor que marcó mi ejercicio y mis relaciones dentro del grupo de consejeros electorales fue, sin duda, mi natural coincidencia con las posiciones del consejero presidente, fincadas no solamente en experiencias anteriores compartidas, y en una relación amistosa, sino en una convicción recreada sobre lo equilibrado y pertinente de su visión institucional.

Esta circunstancia hizo que dentro del IFE se me identificara como aliada de Woldenberg, lo cual para mí tenía consecuencias no siempre positivas. Por un lado, se me consideraba como prácticamente un voto cautivo, por lo que ya no había que esperar a que explicara mi posición y presentara mis argumentos, pero, por otro, eso significaba que yo asumía una posición nítida frente a los problemas que enfrentaba la institución. En situaciones de fuerte polarización de las opiniones, mi postura fue siempre la de mayor seguridad jurídica. El temor a tener una posición desdibujada se fue despejando con el tiempo. La pluralidad dentro del Consejo General requería que cada posición contara con los mejores argumentos para reforzar las decisiones que ahí se tomaran. Si mi posición podía adivinarse, el reto era aportar argumentos sólidos y creativos para defenderla.

Mucho se me ha preguntado sobre mi experiencia como la única mujer del grupo de consejeros electorales y siempre he dicho que ello me colocaba inevitablemente en desventaja, aunque de ninguna manera en situación incómoda; es más, en ocasiones lo vivía como un privilegio, como una exclusividad, por ser la diferente. Ahora pienso que pude haber explotado más esa circunstancia, desplegando esa capacidad de manipulación que se nos atribuye a las mujeres, pero tampoco es mi estilo.

Puedo afirmar que siempre estuve donde tenía que estar, nunca permití que se me presionara para votar en cierto sentido por estar en situación de franca minoría de género, pero muchos encuentros y acercamientos se desarrollaban en clave masculina, es decir, en lugares, tiempos y formas definidos por dichos códigos, a los que no era convocada.

Debo agregar que experimenté formas muy sofisticadas del machismo, o sea aquellas que no tienen una intencionalidad, o de las que no se está consciente, ni mucho menos se presume, pero que no por ello son menos evidentes. Mi broma recurrente en el IFE era que para que se me oyera tenía que repetir las cosas varias veces, o tener la fortuna de que alguno de mis colegas retomara mi asunto, por supuesto sin reconocer que era de mi autoría, para que se tomara en consideración. Me queda claro que, sin necesidad de forzar mi carácter, un número más equilibrado, en cuanto a género, en la composición de los consejeros electorales, habría neutralizado ese tipo de inclinaciones culturalmente establecidas. Esa consideración se ha socializado y hoy el actual grupo de consejeros electorales cuenta con una tercera parte de mujeres.

No puedo negar que todo esto de la singularidad de género tenía fuertes compensaciones, pues en los momentos de mayor tensión o de máximo júbilo, que fueron siempre los de mayor cohesión interna, yo era invariablemente la que mayores muestras de afecto recibía. El sentimiento de pertenencia y de solidaridad que aflora en esas ocasiones suele expresarse en la piel, y en ese campo, siempre estuve en situación ventajosa.

Un relevo accidentado

El último año de trabajo en el IFE fue particularmente intenso, lleno de tensiones, pero sobre todo de satisfacciones. En medio de la organización de un proceso electoral complicado en vista de lo que estaba en juego para los partidos, pero muy poco atractivo para los ciudadanos, el Consejo General tuvo que resolver los casos de los dos escándalos sobre recursos ilegales de campaña, los popularmente llamados "Pemexgate" y "Amigos de Fox". Estos asuntos fueron sin duda los que nos enfrentaron a un mayor número de presiones, tanto de parte de las propias representaciones de los partidos políticos involucrados, como del tribunal de la opinión pública siempre dispuesto a buscar intenciones políticas detrás de cada circunstancia por la que atravesaban los procesos de investigación.

El propósito común de resolver ambos casos durante nuestra gestión, en la medida de lo posible, fue un factor enormemente cohesionador para el grupo de consejeros, aunque con honrosas excepciones. Pelear frente a los obstáculos que se nos presentaron en todos los espacios jurídicos posibles y defender incluso públicamente nuestro derecho a contar con los instrumentos necesarios para poder identificar las infracciones cometidas, nos permitió experimentar un auténtico sentimiento de cuerpo, de fuerte identificación con el IFE, que al final nos dio la fortaleza para enfrentar las críticas de uno y otro lado, de quienes consideraban que las sanciones eran demasiado elevadas, así como de quienes reclamaban penalidades mayores.

Aunque nuestro relevo fue un tanto accidentado, producto de un proceso de negociación apegado a la ley, pero políticamente inadecuado porque se resolvió en el último momento, con bastantes tropezones y en medio del rechazo abierto de la tercera fuerza política y de dos partidos más, personalmente el balance fue positivo. Unas semanas antes del nombramiento de los nuevos consejeros electorales, se planteó la posibilidad de que una parte de nosotros repitiera en el encargo y mi nombre estuvo en esa lista y ello fue una muestra palpable de reconocimiento hacia mi trabajo.

Entre los claros y los oscuros de mi vida en el IFE, puedo decir hoy, todavía sin nostalgia, que privaron los momentos del encuentro, del intercambio fructífero, de la colaboración inteligente. No puedo más que agradecerle a la vida la gran oportunidad que me ofreció.

ARQUITECTA DE MI PROPIO DESTINO

Guadalupe Loaeza

I

Como a todo el mundo, me ha tomado por sorpresa lo imprevisible. Debo decir que me han sucedido una diversidad de situaciones que jamás imaginé que le ocurrieran a una ex alumna de colegio de monjas educada exclusivamente para casarse bien, con un niño bien y tener niños güeritos de ojos azules. Con la primera gran sorpresa con la que me topé en mi vida después de 15 años de matrimonio supuestamente feliz y armonioso fue con un divorcio. Para la sorpresa de todo el mundo, especialmente para mi familia, fui yo la que me quise divorciar. Cuando se lo anuncié angustiadísima a mi madre por teléfono fue un grito: "¡Estás loca! Pero, tú ¿quién eres, si no eres nadie?" En ese preciso momento supe que me tenía que divorciar precisamente para saber quién era. El divorcio fue muy civilizado, pero sumamente doloroso para mis tres hijos. Había noches que mi decisión me parecía muy injusta hasta en términos numéricos: ellos eran cuatro, contra una. Sin embargo, no podía claudicar, de lo contrario hubiera continuado viviendo en el limbo.

Para entonces ya me había encontrado con Doña Escritura. *Tú y yo tenemos una cita para toda la vida. Nos vemos pronto en el taller de Elena Poniatowska*, me dijo con una pluma anaranjada clavada en un sombrero de paja inmenso. Después ella misma, sin que yo se lo pidiera, me hizo otra cita en el diario *unomásuno*, en donde empecé a colaborar a partir de 1982. Desde entonces no he dejado de escribir. Algo que empecé como un verdadero *hobby*, andando el tiempo se convirtió en un verdadero oficio. Nunca pensé que al cabo de un tiempo no muy largo, acabaría por tener mi propio espacio firmado ya no con un seudónimo, sino con mi nombre de pila. Tres años después publiqué mi primer libro *Las niñas bien*. ¿Quién me iba a decir, que la recopilación de textos periodísticos escritos con absoluta inconciencia se convertiría en un *bestseller*? Si se me permite la falta de modestia, diría que empecé con el pie derecho. ¿Me programé para ello? ¡Jamás! ¿Lo esperaba? ¡Nunca! ¿Algún día pensé que llegaría a publicar tantos libros, incluyendo mi primera novela? Para nada. Es como si a medio camino de la vida, alguien me hubiera cambiado de piel.

Y con la misma sorpresa con la que poco a poco me fui convirtiendo en escritora cuyo oficio me fue permitiendo vivir de mi trabajo, recibí la segunda propuesta de matrimonio. Nunca de los nuncas pensé que me volvería a casar, esta vez, con un científico, judío y que sería no nada más mi compañero en la vida, sino en dos programas de radio que conducimos desde hace cuatro años en Radio Red. Y entre sorpresas y sorpresas que la vida ha tenido a bien de regalarme, una buena mañana sonó el teléfono para anunciarme, desde San Francisco, que ya era abuela. No me lo esperaba tan pronto, ni de esa forma tan contundente. Tomás nació hace un año y tres meses y no hay día en que no viva su existencia, como un verdadero milagro. Conclusión: en 20 años, me volví divorciada, escritora, casada por segunda vez, perredista, zapatista, abuela, suegra, mamá de tres profesionistas, autora de 20 libros, condecorada por el gobierno francés con la Legión de Honor.

II

Muchas, muchas veces me he sentido poco preparada. El hecho de que sea autodidacta me limita enormemente. A pesar de que soy una eterna estudiante de la Universidad de la Vida, tengo lagunas del tamaño del lago Michigan. Puedo ignorar las cosas más elementales, cosas que tienen que ver ya sea con la historia o con la geografía o incluso con el arte. Recuerdo dos incidentes los cuales ejemplifican perfectamente bien dichas limitaciones. El primero sucedió, hace muchos años, durante una cena que di en mi casa. En esa ocasión había invitado a varios periodistas de *La Jornada*, entre ellos a Carlos y a Cristina Payán. De pronto Cristina empezó discutir acerca de la Perestroika. Yo jamás había escuchado hablar sobre el trío de cambios en la Unión Soviética que se habían dado durante el gobierno de Gorbachov. Entonces pregunté con el típico aplomo que suelen tener las típicas anfitrionas de Las Lomas: "Seré curiosa y esa señora Pérez de la que hablan, ¿será de origen ruso, o qué?" Los invitados, naturalmente, no pudieron disimular risitas y hasta carcajadas. Mi compañero de entonces, un hombre sumamente culto e informado, se quiso meter debajo de la alfombra. Y yo junto con él. Para que no me sintiera tan mal, cambié de inmediato el tema de conversación y todos regresaron a hablar sobre política mexicana. Por mi parte, con el pretexto de ver cómo iba la cena, me metí a la cocina y allí me quedé un buen rato, sintiendo la cara roja, roja de vergüenza, pero sobre todo de enojo conmigo misma.

La segunda ocasión en que me sentí igualmente impreparada, fue en una cena en París cuya anfitriona era nada menos que *madame* Nadine Rothchild, una mujer muy mundana que solía invitar a su mesa a *tout Paris*. Esa noche estaban como invitados el *nouveau philosophe* Bernard Henry Levy; la actriz de cine, Arielle Dombasle; una hija de Alberto Moravia; el anticuario más prestigiado de París, el señor Rossi; unos norteamericanos millonarios, y una pareja aristócrata española llamada Sartorius Díaz de Mendoza. No recuerdo el nombre del señor que me tocó a mi izquierda, creo que era periodista del *Nouvel Observateur*, el caso es que empezó a hacerme preguntas a propósito de mi estancia en la Ciudad Luz, cuando me preguntó si había ido al Louvre a ver una exposición especial de Caravaggio. *¿De qui?*, le pregunté dizque muy educada y abriendo mucho los ojos. *¡¡¡De Caravaggio!!!* Y en tanto terminaba de comer el último bocadillo de pan tostado cubierto con *foie gras*, mis ojos seguían llenos de signos de interrogación. Jamás había escuchado hablar del pintor. ¿Cóoooomo? ¿No sabe quién es Caravaggio? Y en lugar de contestar como seguramente lo hubieran hecho muchas señoras igualmente ignorantes pero mucho más mundanas: *Oh, oui bien sure.... Caravaggio... C'est un artist extraordinaire....* Opté por la verdad y con un acento perfecto le dije que no tenía ni la más remota idea de quién era ese señor de nombre tan extraño. No contento con hacerme sentir como una verdadera "chinche" ante mi ignorancia, el señor tomó uno de los cubiertos de plata (había decenas en cada lugar) y con un aire aristócrata dio unos ridículos golpecitos contra la copa de Baccarat para llamar la atención de los demás invitados: *"Medames et Monssieurs: Cette charmante mexicaine qui est a cote de moi, ne sait pas qui est Caravaggio dont son vraie nom est Michelangelo Merisi?"* Unos me miraron con expresión de ternura, otros con un pequeño dejo de desprecio, pero todos se veían asombradísimos. *¡C'est ne pas vrai!*, exclamaban unos. *¡Pas possible!* decían otros. "¿De verdad nunca ha visto usted la pintura del Baco?", me preguntó el conde español. Nunca, señor, le contesté con la boca seca. "Pero, ¿cómo ir al Louvre y no ver *La buenaventura* de este maravilloso pintor?", inquirió su esposa envuelta con miles de hilos de perlas. De repente Arielle Dombasle, quien esa noche iba guapísima con un vestido morado, tomó un cuchillo entre sus manos e hizo como que se lo clavaba en medio del corazón: "mira Lupita, esto que estoy haciendo es muy Caravaggio". Todos se rieron y empezaron a seguir el ejemplo de la actriz y a hacer gestos o a ponerse la servilleta sobre la cabeza o la cara: "No, esto sí que es muy Caravaggio", dijo el periodista después de haber tomado un racimo de uvas del frutero y metérselo en la boca con la cabeza totalmente inclinada hacia atrás. *Ja-ja-ja*, hacían todos mostrando sus dentaduras las cuales yo veía por la vergüenza que sentía, todas deformadas y grotescas. De haberlos visto en esos momentos el pintor, seguramente los hubiera plasmado en un óleo para demostrar cómo se divertía la alta burguesía parisina frente a una extranjera ignorante y pueblerina.

Para esos momentos, ya tenía la frente perlada de sudor, sentía que mi nariz, brillaba como la luna de esa noche y por si fuera poco, me empezó a doler el estómago. "Trágame tierra", pensaba una y otra vez. Lo único que quería era salir corriendo de ese departamento tan elegante y sofisticado del XVI Arrondissement. Ya no quería saber nada de "mundanidades", ni de esnobismos, ni mucho menos de Caravaggio. No pude evitar que se me formara un nudo en la garganta, el cual sentía duro y amargo en mi garganta, era como un viejo chamois. Cuando pasamos a la biblioteca para tomar el café, ya no abrí la boca. Me limitaba a sonreírles como mensa a los que venían a platicar conmigo. Al despedirme de Nadine, me dio un beso en la mejilla y me dijo: "no te preocupes, mañana paso por ti, para llevarte al Louvre y puedas conocer a Caravaggio". Al otro día me llamó diciéndome que le era imposible acompañarme al museo porque tenía cita con su masajista. Fui sola al Louvre e intencionalmente pasé de largo todos los cuadros de Caravaggio. Sin embargo a la salida del museo me compré el libro más grande y caro del pintor. En seguida me dirigí al Deux Magots y allí en una mesita hasta el fondo del café admiré, con las lágrimas en los ojos, la obra de quien, sin duda, se ha convertido en uno de mis pintores favoritos, ¡¡¡Caravaggio!!!

III

Un reto inusual y desconcertante para mí: siempre que me encuentro en mesas redondas acompañada por académicos o por intelectuales muy prestigiados. Entonces tengo deseos de tomar el micrófono, pedirle disculpas al auditorio pretextando una llamada urgente de mi casa y salir corriendo del auditorio. Aunque nunca lo he hecho, no me han faltado ganas.

Desde hace mucho tiempo he querido contar una vivencia que de tan grave resulta de lo más grotesca que se puedan imaginar. Si no me hubiera sucedido a mí, creería que se trata de una escena de película mexicana de los años cincuenta. Todo sucedió durante una noche tibia de otoño. En esa ocasión había invitado a cenar a dos matrimonios amigos de mi compañero de entonces, quien en esos meses contendía para la gubernatura de su estado natal por el PRD. Yo estaba tan orgullosa de él, tan convencida de sus virtudes, de sus cualidades intelectuales, pero sobre todo, de su honestidad como político que juraba por todos los santos del cielo que sería el próximo gobernador. "Tú serás la Primera Dama", me decía entre bromas y veras. Y yo lo creía, como le había creído a lo largo de 15 años que había durado nuestra relación. Aunque no estábamos casados, formábamos, ante los ojos de todo el mundo, una pareja formal. Hay que decir no obstante que para muchos era una pareja muy *sui generis*, ya que él era el típico hombre de izquierda y yo, la típica Niña Bien de las Lomas, sin embargo, con el tiempo la gente se acostumbró a vernos juntos.

Pues bien, esa noche, estábamos las tres parejas muy instaladas en la sala tomando tequila y discutiendo las poquísimas posibilidades que tenían los otros dos contrincantes más fuertes para llegar a la gubernatura, cuando de pronto apareció Lupita, la recamarera y anunció: "que el coche del Licenciado está estorbando, que si puede por favor salir a moverlo". El Licenciado se puso de pie en un dos por tres como si de pronto hubiera tenido un mal presentimiento. En seguida desapareció y yo me quedé con los invitados. Los minutos pasaban y nosotros seguíamos en la sala güiri, güiri, güiri... y comiendo cacahuates japoneses. Del Licenciado no teníamos noticias. Después de casi 20 minutos empecé a mortificarme. ¿Qué pasaba? ¿Habrá tenido problemas con su coche? ¡Qué extraño!, pensaba pero sin dejar de atender a los amigos. De repente vuelve aparecer Lupita y me dice con su voz muy quedita pero audible: "que dice el Licenciado que si sale un momentito a la puerta". Obedecí. "Un momentito", les dije a los compañeros, "no me tardo".

Recuerdo que esa noche llevaba una falda *soleil* es decir, una falda sumamente plisada color azafrán la cual hacía juego con una blusa camisera del mismo material en lana muy fina. Como me acababa de comprar el conjunto en una de las mejores boutiques de Saint Germain de Pres, me sentía soñada. De hecho, no nada más había puesto mucha energía en mi arreglo personal, sino también en la cena. La mesa estaba preciosa con sus candelabros de plata encendidos, y en el centro, un arreglo de girasoles maravillosos cuyos colores evocaban a la perfección los del partido: amarillo y negro; la vajilla de porcelana brillaba junto con las copas de cristal y los cubiertos Christophe. Al salir por la puerta de la cocina para ir a la de la calle, pude aspirar el olor de las crepas de flor de calabaza que estaban en el horno. "Mmmmmm, ¡qué rico huele!" le dije a la cocinera al mismo tiempo que le hacía un guiño de complicidad. La noche estaba bellísima, estrellada y había una luna redonda y llena como el queso *camembert Normadie*, que cenaríamos antes del postre. Todavía al pasar por unos macetones de la terraza, pude admirar mis azaleas color fucsia. Si describo todo lo anterior, es para hacer hincapié en mi estado de ánimo, esa noche como nunca me sentía enamorada, segura de mi pareja y llena de entusiasmo ante la posibilidad de convertirme en la primera dama de uno de los estados más importantes de la República.

Al llegar a la puerta, vi al Licenciado un poquito desencajado y hasta pálido, pero de inmediato pensé que se trataba de la luz del foco de la calle que no le favorecía mucho. "¿Qué pasó? ¿Estás bien?", le pregunté un poquito preocupada. No fue sino hasta esos instantes que me percaté que había otra persona... ¡¡¡una mujer!!! Ella se veía también muy pálida, estaba despeinada y tenía los ojos muy brillantes. "Vengo, a preguntarte qué te dice este cabrón, porque a mí me asegura que yo voy a ser la primera dama de su estado". No lo podía creer. ¿Quién era esa señora enfundada en un vestido largo rayado, con sandalias, el pelo pintado de güero y con la cara totalmente descompuesta? ¿Quién era esa mujer que llegaba a las puertas de mi casa reclamándome algo que bien a bien no entendía? Estaba yo tan perpleja que le respondí como si lo hubiera hecho ante la maestra de civismo, con un tono hasta afectuoso: "¡híjole, pues a mí también me ha dicho lo mismo!" No acababa de terminar la frase, cuando la señora ya le estaba dando de golpes al Licenciado. Le estaba dando de cachetadas y hasta de puntapiés. No lo podía creer. "Pues fíjate que ayer en la noche estuvimos cogiendo de-li-cio-so. Todas las noches cogemos". Me decía con una sonrisa en sus labios. No lo podía creer. No sabía qué hacer. Allí estábamos los tres en el quicio de la puerta de mi casa, bajo un foco horrible, el cual seguramente nos hacía parecer más feos, más enojados y más extraños. Entonces, animada por la señora, también yo quise darle una cachetada al Licenciado. Era una oportunidad maravillosa. Desde que era adolescente siempre quise darle una cachetada a un muchacho. Una cachetada como de película. Así, como las que daba María Félix, o Carmen Montejo, o hasta Joan Crawford. Y se la di, pero no me salió tan bien. Yo creo que ni le dolió, porque no se inmutó. Sin embargo la señora, sí se las daba y bien fuerte, así como de película, pero de ésas de Carlos López Moctezuma. Ésas creo que sí le dolían, porque hasta lo despeinaban.

No puedo negar que para esos momentos, me sentía profundamente humillada, ofendida y dolida. Tenía ganas de llorar, gritar y de decirle al Licenciado todo lo que sentía. Empezaron los gritos, las reclamaciones, otras cachetadas. Incluso, fui hasta su coche, arranqué el espejo lateral y se lo hice añicos. Muchos pedacitos cayeron al suelo. Todos brillaban y en todos se reflejaba un cachito de luna. Mi corazón también estaba hecho pedacitos. Estaba yo reclamándole al Licenciado quién sabe qué, cuando de pronto aparece el mesero y me dice: "señora, se están secando las crepas... ¿Qué hacemos?" Lo miré. Me miró con lástima. "Pues, dígale a la cocinera que les ponga leche", le grité furiosa. Se retiró con la cabeza gacha. En seguida volvieron los gritos, los insultos. Era ella la que decía los insultos más feos. No lo bajaba de cabrón... chin, chun, chan… exclamaba furiosa. Mientras tanto el Licenciado no abría la boca, no decía nada. Estaba allí parado bajo aquel foco horrible. Se veía deshecho. Acabado. Terminado. Descubierto. Para esos momentos, la señora y yo, ya nos habíamos unido contra él. De alguna manera, las dos éramos sus víctimas. A las dos había engañado y las dos nos habíamos creído que íbamos a ser la primera dama de su estado. Bajo ese cielo tan estrellado y en medio de esa calle de Las Lomas cuyas magníficas residencias parecían observar esa escena tan penosa, volvieron las recriminaciones, los insultos, los reproches, y las reclamaciones por parte de las dos. "¿Y a quién más te coges, cabrón?", le preguntaba la señora y el Licenciado no contestaba. "Ya me lo había advertido mi mamá", le dije sin darme cuenta de la típica frase de telenovela barata. Me sentí tan ridícula que hasta empecé a reírme solita. Pero en realidad no me reía, estaba llorando y me sentía de la "cachetada". Quién sabe cuánto tiempo pasó, el caso es que volvió el mayordomo y muy serio me dijo: "señora, que ya se secaron las crepas y los invitados me preguntaron que qué hacían... que si los esperaban o si mejor se iban". No supe qué contestarle.

Fue la señora quien dio la solución. Súbitamente se dirigió al Licenciado y le ordenó: "ahora te presentas con tus amigos y les dices la verdad, les dices qué clase de persona eres". Por increíble que parezca, así lo hizo. Se desanudó un poco el nudo de su corbata y como un niño obediente dio la media vuelta y se dirigió hacia el interior de la casa. La señora, el mesero y yo, lo seguimos en fila india. Llegando a la sala, el Licenciado dijo muy serio: "perdónenme, pero últimamente he llevado una doble vida..." Curiosamente, la señora agregó: "perdonen las fachas..." Por mi parte, no le pedí disculpas a nadie, me limité a sonreírles como diciéndoles: "ni modo... *Such is life…*" Los invitados se pusieron de pie y desaparecieron. En cambio, nosotros tres, nos metimos a la biblioteca, cerramos la puerta con llave y continuamos con la confrontación, los insultos, los gritos y las reclamaciones. Nunca había sufrido tanto. Me sentí usada para apoyar la campaña del

Licenciado, me sentí engañada y lo que era peor, me sentí totalmente rechazada. Al cabo de dos horas, el Licenciado ya no aguantó más y se fue. Por más que la señora y yo "peinamos" la zona, no sin antes chocarle por completo su coche al Licenciado, nunca lo encontramos.

Cuando regresamos a mi casa eran cerca de las cuatro de la mañana. Antes de despedirse la señora me hizo una pregunta muy extraña y que no me esperaba: "¿cuál de las dos es la otra?" Le dije que yo. Ella quedó muy tranquila, en cambio yo muy pensativa. La que no estaba nada tranquila era la cocinera, era la primera vez que se le quemaban sus crepas de flor de calabaza. Nunca me lo perdonó.

P.D. Después del escándalo, conforme pasaban los meses, me iba enterando de todas las relaciones que tenía el Licenciado, aparte de la que descubrí con tanto dolor. Es decir que no nada más estaba en dos pistas sentimentales, sino que dominaba hasta cinco al mismo tiempo. Puesto que el incidente sucedido en mi casa trascendió en muchos círculos, no había comida, reunión, presentación de libro o mítin político, en que no se me acercara una mujer de buen ver y me dijera: "nunca te dije en su momento porque me daba pena, pero también andaba conmigo en la época en que estaban juntos. No sabes, mi casa era un jardín; me mandaba libros, cartas, me llamaba todo el día por teléfono, ya no sabía qué hacer con él. Qué bueno que ahora ya estás felizmente casada". Cuando escuché lo anterior por quinta vez, decidí hacerme el examen del sida. El riesgo era demasiado amenazante. Afortunadamente, los resultados fueron negativos. Ahora cuando pienso en esta historia, hasta risa me da... "*Such is life*", me digo en un tono muy filosófico.

TRAZOS

María Amparo Casar

Cuando me invitaron a escribir sobre aquello que había constituido un reto inusual en mi vida, no dudé un instante sobre lo que debía escribir. Debía escribir sobre mi empeño por conquistar el reconocimiento de mi mamá. Eso que yo llamo el reto inconcluso. No pendiente. No aplazado. Lisa y llanamente reprobado. O, si quiero ser generosa conmigo, truncado.

Empecé a hacerlo. Escribí cuartillas y cuartillas. Tiré cuartillas y cuartillas. Me metí en una especie de cavilación de la que salí maltrecha. Advertí, entonces, que la memoria puede ser conveniente y maliciosamente selectiva. Pensé que, como cualquier otra persona, he tenido una vida en la que los éxitos han sido atemperados por los fracasos y las derrotas aligeradas por los triunfos. Decidí, entonces, suavizar mi memoria y mi relato, con otros retos. Dos de la razón y dos del corazón.

Los dos de la razón

Llegué a Cambridge, recién casada y cumpliendo 20 años. Cinco años mayor que yo, él había sido aceptado para estudiar la maestría en economía. Yo apenas había terminado mi tercer semestre de la carrera. Estaba dispuesta a empezar la carrera de nuevo pero no conseguía la admisión. Toqué la puerta de cada uno de los *colleges* que aceptaban mujeres. Logré entrevistarme con cada uno de los responsables. Cada uno me despidió de su oficina diciendo que no podía hacer nada por mí. Me quedaba un solo *college*, King's. Un amigo me consiguió una entrevista con el entonces ya famoso Giddens. Lo fui a ver medio muerta de miedo. Le dije quién era y mis deseos de estudiar en Cambridge. Prometió ayudarme y cumplió su palabra. Si yo era capaz de terminar mis estudios en México, él me ayudaría a entrar a King's. Lo recomendable era regresar a México, terminar cuanto antes y regresar a hacer la maestría.

Así, recién casada me convertí en una suerte de *commuter* entre México y Cambridge. Tenía que terminar la carrera y hacer una tesis en tres semestres. Lo logré. A los 21 años había terminado la licenciatura, la tesis y había sido admitida en Cambridge.

Pasaron dos años en los que no hice más que estudiar. Los diez días que transcurren entre la presentación del último examen y la publicación de los resultados fueron un infierno prolongado. Nos fuimos de viaje, empacamos nuestras pertenencias para regresar a México, visitamos a cuanto amigo habíamos hecho y los días no terminaban. La noche anterior al día de los resultados me senté en el patio de atrás de nuestra casa con un amigo argentino que era tan inseguro y pretencioso como yo. Estábamos muy nerviosos. Concluimos la conversación riéndonos y diciendo que merecíamos sacar *First*, pero que, obviamente, no nos harían justicia. No éramos nativos y nos negarían tan alto honor.

Por fin llegó el día señalado. Fuimos al Senate House a ver las listas. Para *Honours Degree* había cuatro columnas, una para cada tipo de calificación. Calificaban con una curva normal. Unos cuantos *Firsts*, unos cuantos *Thirds* y el resto en las dos categorías intermedias. Busqué en la "C" de Casar en la columna que correspondía a la primera de las categorías intermedias. No estaba. Busqué en la inmediatamente posterior y tampoco encontré el M. A. Casar que me identificaba. Con frustración miré en la última categoría y tampoco. Bajé la vista, con los ojos arrasados por las lágrimas. Con la cabeza gacha, di un paso hacia atrás para dejar pasar al resto de los estudiantes que se agolpaban frente al muro del Senado buscando sus nombres. En ese momento sentí que alguien me levantaba de la cintura, alzaba mi brazo y me señalaba mi nombre. No, no había reprobado. Por el contrario, la vanidad no me alcanzó para checar los únicos cuatro *Firsts* que había listados en la parte superior izquierda de la lista. Ahí estaba yo, al lado de tres nombres desconocidos: M. A. Casar/King´s College. Las lágrimas siguieron ahí pero ahora eran de incredulidad.

Casi 15 años después regresé a Cambridge con otra autoencomienda. Tenía yo 37 años. En ese momento era secretaria general del Centro de Investigación y Docencia Económicas (CIDE) y llevaba años diciendo que me hubiese gustado hacer el doctorado y que la oportunidad se me había ido. Un 23 de febrero (1993) discurrí que aún había tiempo. Levanté el teléfono y le hablé a Giddens. Le dije que quería regresar a Cambridge y me contestó que exploraría las posibilidades de invitarme como *Visiting*

Professor. No. Le dije. Quiero regresar como estudiante. Quiero inscribirme para el doctorado. Trató de disuadirme pero se acordó de la tozudez de aquella estudiante de 21 años y a regañadientes me envió las solicitudes de inscripción. Para septiembre de ese año me encontraba de regreso en mi antiguo *college*. Estudié como antes y más. Lo hice por tres años, al cabo de los cuales terminé, a satisfacción de uno de los profesores más exigentes de la facultad de Ciencias Políticas mi tesis doctoral. Fue enviada a los dos sinodales escogidos por el *Board* y me fue dada la fecha del examen oral. Para entonces yo había regresado a México así que me dispuse a viajar con el único propósito de recibir el grado. ¡Ja! Eso creía yo.

Llegué un miércoles. Mi examen era el jueves. A los pocos minutos de haber llegado recibí una llamada telefónica. Un profesor me urgía a visitarlo. Me sonó extraño. ¿Por qué la urgencia?

Necesitaba comentarme algo. No me cuadraba. Me puse mi abrigo y salí a toda prisa. Llegué al lugar de la cita y me dijo que ocurría algo inexplicable. No me darían el grado. Había visto los dictámenes y eran negativos. Me pidió absoluta discreción y, como ellos dicen "*composure*". Que debía llegar al examen como si no supiera nada, ser examinada y sólo después desplomarme. Salí a la calle entre aturdida y descompuesta. No podía dejar de llorar. De pronto, alguien me tocó el hombro. Volteé hacia atrás y era un antiguo profesor. No daba crédito de verme en ese estado. Me pidió que le explicara lo que me sucedía pero yo no podía hablar. Dejó su bicicleta a un lado, me tomó del brazo y me llevó a su estudio. Me exigió una explicación y se la di. Comprobó la información. Trató de calmarme y me explicó lo que era un *referral* y no un rechazo. Que me permitirían hacer correcciones y presentar un segundo examen. Aun así no lo entendíamos. Ni él ni yo. Pasé la noche sin dormir. ¿Cómo digerir el fracaso? ¿Qué les diría a mis padres, a mis hermanos, a mi marido, a mis hijos, a mis colegas?

Llegaron las diez de la mañana y como manda Dios, me vestí, me arreglé y me fui a mi examen. Puse la mejor cara que me encontré. Saludé a mis dos sinodales y me senté. Pedí permiso de fumar y me fue negado. Comenzó el examen.

"Buenos días. ¿Acaso es usted de ascendencia inglesa o norteamericana? El manejo del inglés es impecable".

"No señor, gracias".

"Queremos felicitarla por su magnífico trabajo. Nos parece que su tesis contribuye, de manera original, al entendimiento del fenómeno". La cara se me iluminó. ¿Habría una equivocación?

"Queremos felicitarla por las fuentes consultadas. No hay prácticamente ningún faltante". Voy bien, pensé.

"Su argumentación es clara y el sustento empírico incuestionable". La cara se me volvió a iluminar ¿Habrían cambiado de opinión?

"*However…*", la sangre se me heló. "Nos parece que su tesis no es merecedora del grado de doctor por la Universidad de Cambridge".

Quedé paralizada. Sus siguientes palabras fueron: "y ahora, comencemos a examinarla. ¿Quisiera usted explicarnos cuál es su principal hipótesis?"

¿Cómo? ¡Qué martirio! Si no me iban a dar el grado para qué examinarme. Ahí me arranqué a hablar como un merolico. Hice una defensa numantina de mi tesis. La defendí convencida de que les ganaría la batalla. Durante dos horas fui contestando a cada una de las preguntas de los sinodales.

¿Los habría convencido? ¿Rectificarían sus dictámenes? Terminó el examen y recibí unas tan calurosas como hipócritas felicitaciones, seguidas de:

"Ahora Ms. Casar, tiene usted dos opciones. Los dictámenes originales establecen que su trabajo no merece el grado. Es una pena pero tenemos que atenernos a ellos. Tiene, le repito dos opciones. Una, es recibir el M. Phil. El otro es volver a trabajar sobre la tesis y optar, dentro de nueve meses, nuevamente por el doctorado. Queremos advertirle, sin embargo, que de fallar por segunda vez, no podremos darle, ni siquiera, el M. Phil. Es libre de decidir. *It was a pleasure*". Compré un boleto para regresar a México y volé digiriendo mi fracaso.

Llegué al aeropuerto y tuve que mirarlos a todos a los ojos. Estoy segura de que ellos sufrían más que yo. Llegué a mi casa y las cosas empeoraron. Estaba llena de flores con tarjetas de felicitación que decían: Para la Doctora Casar. Empezó a sonar el teléfono preguntando por la Doctora Casar. A cada uno había que explicarle que no, que no era yo la Doctora Casar. Lo mismo sucedió al día siguiente. Llegué al trabajo y desde el policía de la entrada hasta el director esperaban a la Doctora Casar. Cada explicación resucitaba mi fracaso.

Me enojé conmigo y con el mundo. Quería decirles que seguía siendo la misma. Que seguía midiendo 1.53, siendo pelirroja y de ojos verdes; que tenía el mismo número de neuronas; que amaba y odiaba lo mismo que antes; que las mismas cosas me hacían llorar y reír. Pero no. No me veían igual. La verdad es que no era la misma. Me veían derrotada. Me había dejado noquear y estaba paralizada.

Mi encierro duró nueve meses. A su término recibí el doctorado.

Los dos del corazón

Lo había conocido desde que tenía 11 años y siempre ejerció una suerte de fascinación en mí. Lo miraba inalcanzable. Conocí a cada una de sus novias. Lo vi crecer y transformarse. De querer estudiar administración en la Ibero a la Facultad de Economía en la UNAM. De bailar en El Polo a estudiar marxismo. De su casa en Las Lomas a su departamento en la Narvarte. Como él, yo pasaría del mundo en el que nos educaron a otro desconocido. Lo haría de su mano. Guiada por él.

Un domingo lo encontré en su casa, que era la de mi mejor amiga, y me entró la determinación. Sería para mí. Me haría su mujer. Me hizo.

Llegó la oportunidad. Lo conquisté en un viaje en el que coincidimos y en el que la fortuna quiso hacernos pareja por una noche. En el que la casualidad quiso que no hubiera testigos y la argucia femenina de que yo pudiera presentarme ante él, no como quien era sino como quien aspiraba a ser.

Así, de pronto, pasé de ser una preparatoriana de un colegio de monjas, a la novia de un izquierdoso que vivía solo, que trabajaba con los campesinos en Tlayacapan, que daba clases en el CCH y que quería irse a estudiar a Escolatina.

Junto a él descubrí no sólo el amor sino la seguridad y la confianza. Me enseñó a creer en mí. Me dijo que en mi casa me habían contando algunas mentiras o que no me habían dicho toda la verdad. Me dijo que era bonita y talentosa. Noble y valerosa. Libre y decidida. Me puso frente al espejo y me fue quitando uno por uno mis escudos. Me enseñó que se valía reír a carcajadas, llorar descaradamente, exagerar las cosas, no avergonzarme de mis sentimientos. Me escuchó sin burlarse de mis opiniones. Leyó mis textos sin llamarme pretenciosa. Me empujó a cada uno de mis triunfos y me curó en cada una de mis derrotas.

A ella nunca pude conquistarla. La verdad es que he pasado la vida confundida. Viví en un ambiente un poco esquizofrénico. Una madre republicana que llegó con el exilio y un padre más bien de derechas cuyos padres también habían emigrado a México pero en busca de fortuna. Una madre austera que había pasado una infancia y adolescencia marcadas por la guerra y la privación, material y afectiva. Un padre educado en el Cristóbal Colón, dispendioso y que gozaba de los placeres mundanos. Una madre estricta que llevaba la casa como si fuera el *panopticon* de Bentham. Un padre más bien alivianado, que gustaba de la buena vida y ... mañana Dios dirá. Una madre imperturbable y rigurosa que no admitía desviaciones a su disciplina y un padre dispuesto a transgredir las reglas si te tomabas la molestia de convencerlo.

Aunque moderada por el polo paterno, nuestra educación se inclinó al extremo materno. La variedad no se admitía. Había una sola forma de hacer bien las cosas y esa forma la decidía ella. De las muchas reglas que había en casa dos eran muy claras. Las que gobernaban las obligaciones y las que regían los sentimientos. De pequeña me parecían excesivas. La verdad es que resultaron ser magníficos instrumentos para la vida.

Las obligaciones no se discutían. Estaban ahí para ser cumplidas. No había mérito en hacerlo. Cumplir con tus obligaciones no ameritaba una felicitación o un premio. La satisfacción provenía del deber cumplido. De que nadie pudiera reclamarte o señalarte. En cambio, faltar a tus obligaciones sí era objeto de castigo. Siempre me sorprendía cuando a mis amigas les regalaban algo o las premiaban por obtener buenas calificaciones, por ganar una competencia o por hacer una tarea fuera de lo común. En mi casa, los mimos y las fiestas estaban fuera de lugar. Una madre podía regocijarse por los triunfos o las virtudes de sus hijos pero jactarse de ello era de mal gusto. Reflejaba vanidad y petulancia.

Si las obligaciones no se discutían, los sentimientos no se expresaban. Los sentimientos debían mantenerse en el ámbito de lo privado. Había que aprender a dominarlos. Cuando menos a no expresarlos bullangueramente en público. Una carcajada franca era vulgar. El llanto muestra de debilidad. Los gritos inadmisibles.

Con estas dos máximas, la de las obligaciones y la de los sentimientos, me hice dura y responsable, rígida y tenaz. Eso creía yo. En realidad siempre fui frágil y débil al mismo tiempo que fuerte y voluntariosa. Una por dentro y otra por fuera. Pero lo de fuera es lo que uno enseña.

En realidad, no me acuerdo mucho de mi infancia. Pero sé que nací inconforme y que la inconformidad me llevó a la rebeldía.

Mi primera lucha fue contra el género. Nací mujer queriendo ser hombre. Quería ser hombre porque mi mamá tenía una clara preferencia por ellos. Siendo mujer privilegió a sus varones. Fueron ellos el blanco de su admiración. Fueron ellos el objeto de sus esperanzas. Fueron ellos los depositarios de sus expectativas. Fueron ellos, como dijera el Quijote, orgullo de su estirpe.

A la clara preferencia materna por mis hermanos, se sumó después la realidad de un mundo masculino que fui descubriendo mucho más espacioso, interesante, divertido, libre e incluso licencioso. Siempre codicié el mundo de mis hermanos. Nunca me quedó la duda de que jugaría y competiría en su cancha.

Pasarían muchos años, más de 30, antes de reconciliarme con mi condición femenina. A descubrir la ventura de ser mujer. A descubrir que podemos ser mejores amigas pero también mejores enemigas; más generosas y más mezquinas; más sensibles y más resistentes al dolor; más diligentes y más dispuestas al placer; más afectivas y más impasibles.

En la simpleza de mi mente infantil, lo primero que se me ocurrió para afrontar la predilección de mi mamá por los hombres, fue no hacer lo mismo que las niñas. Renuncié a jugar con las muñecas, a vestirme de rosa, a llorar. Prefería jugar con los niños de mi cuadra, observar a mis hermanos, copiar sus costumbres. No sirvió de nada. El reconocimiento no llegaba.

Cumplí a la perfección las múltiples reglas que imponía mi mamá. Sacaba las mejores calificaciones, mi vestir era impecable, obedecía sus órdenes, hacía las cosas a su manera, era un modelo de buena conducta. Tampoco logré nada. El aplauso no llegaba.

A los diez años me cansé de la batalla. Había querido conquistarla y no había podido. No sólo decidí sacarla de mi vida, decidí echarle a perder su obra maestra.

La familia era el reino del poder femenino y mi madre lo ejerció con maestría. No habiendo tenido la oportunidad de estudiar hizo de la educación de sus hijos una verdadera profesión. Yo no sería parte de esa empresa. La echaría a perder. Tendría tres hijos maravillosos y una rebelde, obstinada e insolente.

Todo comenzó una mañana cuando estaba sentada en mi mesabanco en la clase de lenguaje. La maestra dijo: "a la que me diga qué es un centauro le subo un punto en la calificación". Yo lo sabía pero mi brazo izquierdo detuvo con fuerza al derecho para que éste no se levantara indicando que tenía la respuesta. No. No respondería. No sería la niña sabihonda. No sería la primera de la clase. Al llegar a casa se lo contaría a mi madre y ella se decepcionaría. Pero no importaba.

De ahí en adelante, no sería la mejor estudiante, ni modelo de comportamiento, cuestionaría sus reglas y su poder. De mi colegio no la llamarían para felicitarla por su hija mayor. La llamarían para decirle que se había ido de pinta, que había retado a la monja, que la habían encontrado fumando en la barranca.

Empecé entonces una década de confrontación que recuerdo tan tormentosa como deliciosa. Durante todo ese tiempo, creí haberla sacado de mi vida. Pero su sombra siguió ahí. El reto, también.

Empecé una lucha desenfrenada por conquistar a "los demás", por demostrarle, a través de los demás, que ella estaba equivocada. En realidad buscaba que mi mamá me hablara al oído. Que me dijera que era bonita, inteligente, graciosa. Como no me lo dijera busqué seducir al mundo. Busqué la aprobación en otras partes. Pensé que el reconocimiento de los otros, sustituiría el de ella.

Sí, creo que llegué a la vida con una desventaja. Dicen por ahí que las mujeres son o aspiran a ser todo aquello que sus madres les susurraron al oído desde pequeñas. Aunque llena de exigencias, mi madre no me habló al oído. Pasé los años adivinando cuáles habrían sido aquellas palabras que debieron gobernar mi vida.

Creo que ése fue mi primer reto: conseguir la aprobación de mi madre. Un desafío que siempre estuvo ahí y que nunca logré dominar.

El peor reto es el que ya no puede atenderse. ¿Por qué sentirse derrotada? Ella me enseñó a no claudicar. Ella me lo dijo siempre: los retos pueden renovarse; cuantas veces quiera una, puede volvérselos a plantear. Sí. Casi todos. Hay excepciones. Dolorosas. La muerte puede hacer desaparecer el objeto de nuestro reto. Eso ocurrió cuando ella se marchó. Se fue sin que yo hubiera podido franquear las compuertas de su admiración.

Reclamos, muchos.

Gratitudes, muchas más.

A ella le doy las gracias. Si pudiera, la escogería otra vez.

HELEN POR HELEN

Helen Escobedo

¿Quién soy?, me pregunto, y no sé bien qué responderme cuando en mi mente surgen imágenes casi arquetípicas: la que se pierde y pierde el rumbo cuando sale a caminar, la que quisiera cargar con todo el barro del mercado cuando sólo necesita una olla solitaria, la que busca responder y para hacerlo, no puede menos que plantearse preguntas nuevas.

¿Quién soy pues… Elena o Helen?

Elena, porque así consta en mi fe de bautizo y así me llamaba mi padre, que nació en Zacatecas. Helen, por mi madre londinense, pero de ninguna manera por razones sentimentales. Fue su respuesta furiosa al regresar una tarde y encontrar a su hijita recién bautizada —evidentemente a escondidas—, por una tía de Aguascalientes. Así fue que me nombró mi madre, con el nombre que ha sido mío desde ese día en adelante: Helen o "Jelen", como me apuntaban en la escuela. Eso sí, siempre en inglés; no había modo, era pecosa y alta; alguna oscura razón —que no conocimiento— hacía que me asociaran con la lengua de Shakespeare. Y vaya que era alta; mis compañeras se negaban a caminar a mi lado, no deseaban sentirse más chaparras y me hacían ir por delante, hasta atrás o incluso, a veces, por la otra acera.

Mis apellidos también han dado lata. Los ingleses dicen Escobidouu, los norteamericanos Escobeidouu, y los franceses, con una sonrisa, Madame Scubidoo. Ciertamente, mi físico confunde, ¡ni mexicano, ni anglosajón! Más bien mediterráneo. Igual paso por italiana que por griega, española, francesa, turca, israelí y hasta egipcia; jamás, ni por equivocación, como mexicana. Esto me ayuda porque, además, debo admitir que me gusta jugar al camaleón.

Camuflarme en el entorno es la forma como intento integrarme al lugar donde me hallo. Odio parecer extranjera, me choca hacerla de turista y herir susceptibilidades; entonces, me fijo en las costumbres locales, las imito, pruebo con gusto las comidas... guardo paciencia. Ésa es la paradoja, pues han de saber que la impaciencia es mi defecto, uno de ellos, de los grandes. En mi propio ambiente —o ambientes, más bien diría— no soporto que me dejen plantada, que se me incumpla lo prometido. Es parte de mi emotiva herencia mexicana, la que me hace una con los colores, olores, sonidos y sabores de mi tierra, la que ha sido nutrimento desde mi más tierna infancia ... la que en mi obra más me revela. Y sí, es ahí donde plasmo lo que no digo ni en gestos ni palabras. Fuera de ella no soy demostrativa, tal vez herencia de mi padre, tan parco para mostrarse, de quien no conocí abrazos, menos besos, pero siempre la convicción de cuánto me amaba.

Por contraste, de mi madre recibí la calidez constante y cariñosa que me abrió las puertas y ventanas de mis sensibilidades. Brillante intelectualmente, insistió en darme multitud de oportunidades. Al salir todos los días del colegio de monjas, todo tipo de clases, de violín y ballet, de francés, dibujo y, no lo van a creer, química también. Ahí se nota la idea de mi madre sobre la formación de sus hijos, pero conmigo, las ciencias duras no tuvieron éxito, no en la escuela. La reprobación repetida en química y matemáticas, la hicieron pronto desistir. No obstante, se preciaba, era yo un estuche de monerías.

Sin darme mucho cuenta, la biblioteca de casa dejó su marca. La parte de mi padre, abogado reconocido, era inmensa, un compendio impresionante de teoría del derecho y tratados legales, aparentemente sin nada de interés para mí. La de mi madre, mi suerte desde siempre reconocida, era la cueva de Alí Babá, la isla del tesoro de la imaginación y los sueños, de la poesía y los cuentos, las novelas, el teatro, la música, la filosofía. Me quedaron tan marcadas sus grandes pasiones que hoy miro atrás y reconozco dos seres, distintos intereses y una sensibilidad unida por el gozo de leer, conocer del mundo, comprender.

Pero mi madre fue historia aparte. Amiga de artistas, músicos, refugiados, actores, autores y todo tipo de recién llegados, la casa donde crecí fue siempre lugar del encuentro. Lenguas y artes, geografías, visiones y pasiones, situaciones a cual más de diversas confluían en la sala de mi casa en el gozo del conocimiento mutuo, de las diferencias y sus argumentos, de la búsqueda inteligente de conciliación de mundos que eran historia y proyecto encarnados en la multitud de personajes que en conversaciones sin tiempo la llenaban. De momento, en mi adolescencia, no supe de su importancia. Hoy sé que ahí nace mi deseo, mi pasión por conocer el mundo, ese mundo grande de las ideas que plasmadas en arte franquean fronteras y me confrontan con múltiples formas de ver, de conocer y sentir.

En México viví hasta los 17 años. Siempre con ganas de viajar, de irme a la Europa de mi madre, de estudiar arte; para mí el sueño se tardaba. Por la suerte, ese influjo desconocido, el sueño se cumplió. No fue fácil, pero al fin lo conseguí. Se hizo mía una beca de tres años para el Royal College of Art y hacia ahí partí. Aunque tenía anhelos de independencia, lo hice con mi madre. Podrán imaginarse que en esos tiempos un padre zacatecano no podía dejar que su hija viviera sola en un país lejano. Sin embargo, una vez más me vi con suerte, a los tres meses mi madre se moría de aburrimiento, la condición abnegada no casaba con su espíritu y además, creo que en el fondo compartía mis deseos de independencia. Volvió a su vida, a su marido y su tierra —que así la pensaba, aunque fuera por adopción— dejándome libre en el mundo de mis sueños.

Lo curioso fue cómo en Londres, sobre todo ya estando sola, me sentí profundamente mexicana. Me quedé con la música, las rancheras, el mambo y el chachachá que había llevado como regalo, y aunque primero fue por nostalgia, sólo un año pasó para que se convirtiera en mi fuente de ingreso. Con una amiga escultora lanzamos, en el comedor del *college*, nuestro primer no tan gran negocio: dar clases de baile latinoamericano. Fue increíble; logramos un acuerdo para hacerlo dos veces por semana, y a dos chelines por persona logramos hasta 20 alumnos. Pueden imaginar las delicias que proporcionaron esos ingresos, sobre todo para ir al teatro, convertido en otra pasión que nunca he querido vencer. De hecho, a mí misma me sorprendía ver que de mis amores surgían y se multiplicaban capacidades empresariales hasta entonces desconocidas. Para conseguir entradas a conciertos, con otro colega dc la escuela de pintura, también violinista, hacíamos música durante las largas colas de los que esperaban ingresar al teatro; cuando veíamos la boina llenarse a medias, sabíamos que había chelines suficientes para pagar las entradas. No sé cuál haya sido el mayor placer, pero ser público de conciertos me daba una felicidad enorme.

En la aventura de hacer dinero incursioné incluso en la lectura de manos; sólo los jueves, para hacerla de misterio. Mis compañeros pagaban tres chelines y se sentaban frente a mí fascinados, oyendo cómo brotaban de mis labios datos de sus vidas. Claro que podrían reconocer que leía lo legible de casi toda vida, pero era mayor su deseo de saberse reconocidos por alguien a quien atribuían el poder de la adivinanza. Sin embargo, no duró mucho, no tanto como hubiera deseado. Un día mandé a una muchacha al médico, le sudaban sus manos frías, sus labios se veían secos y amoratados, no era difícil reconocerla enferma. Pero, al día siguiente, cuando la hospitalizaron, me asusté y nunca más, a partir de entonces, volví a leer la mano a nadie.

Mis estudios en el *college* los cursé en tres años, conseguí mi diploma de maestría. Volví a México contenta, pero pronto me sentí extraña. No era de allá, pero tampoco de acá. Había perdido el paso de los amigos de mi generación, varios ya estaban establecidos y su obra se manejaba en la Galería Juan Martín; ellos casi abstractos o geométricos, ya conocidos; yo semiexpresionista, recién llegada, insegura, despistada.

Tampoco "me hallaba" como hija de familia, viviendo en casa de mis padres. Añoraba los años de libertad solitaria y el ambiente artístico y joven que había conocido tan bien. Ése era el mundo al que quería pertenecer. Pero duré, y quedarme tuvo frutos. En ese par de años no sólo expuse por primera vez, en la Galería de Inés Amor; también conocí a un más que guapo noruego. Nos casamos en Suecia donde vivimos dos años.

A mis 25 años, de vuelta en México, necesitaba dinero para seguir exponiendo, pagar la fundición de mis bronces y todo lo que ser artista implica. Creí que no tenía más alternativa que dar clases de escultura o buscarme un trabajo, suerte usual para el principiante casi desconocido.

Pero no lo era tanto, inesperadamente la chamba llegó a mí con la oferta de un puesto en la UNAM, ¡nada menos que de jefe del departamento de Artes Plásticas! ¿El trabajo?: una delicia, montar exposiciones en el Museo Universitario de Ciencias y Arte (MUCA).

Aunque entré con dos pies izquierdos, me acompañó la muy fuerte mano derecha de Inés Amor, mi hada madrina y su apoyo incondicional desde mis tiempos de joven artista y ahora como joven arte-burócrata o minifuncionaria de las artes plásticas. Ella fue quien me ayudó con mi primerísima gran muestra que por poco se convierte en mi primer gran desastre. Se trataba de la exposición "Picasso grabador", de la colección del doctor Álvar Carrillo Gil, que inauguraría en el MUCA el entonces rector, doctor Ignacio Chávez. Había sucedido lo inconcebible, una de esas "metidas de pata" que pasan inadvertidas hasta que es demasiado tarde para componerlas. La descubrí cuando la noche anterior el doctor Carrillo Gil me llamó, furioso, para hacerme notar que en las invitaciones no aparecía su nombre como coleccionista y, en consecuencia, la exposición se habría de cancelar. Casi en llanto me disculpé, llamé a Inés Amor quien, además del merecido regaño, me sacó del aprieto: su llamada personal al doctor Carrillo Gil salvó la tarde. La exposición se abrió y además me perdonó.

Diecisiete años más tarde, casada aún y con dos hijos, seguía yo en el MUCA pero el puesto había cambiado. Encabezaba la Dirección de Museos y Galerías, que abarcaba la gestión del familiarmente conocido como Museo Universitario y la de los recintos de la Galería Aristos y el Museo del

Chopo, recién añadidos. Mis problemas seguían siendo los mismos sólo que más grandotes.

Directora por las mañanas, por las tardes recobraba la pasión creadora de mi vida y trabajaba en mi escultura. Admito que odiaba las inauguraciones con su tinte de show, sus discursos que nadie escuchaba porque los que acudían preferían la plática o quedaban demasiado atrás para oír con claridad, sus fotoperiodistas, generalmente de sociales buscando mujeres bonitas a quienes retratar. También cuando el público se ausentaba, por la sensación de desperdicio.

Esto último ocurrió en la inauguración de Robert Motherwell, quien vino a exponer acompañado por su entonces esposa la pintora Helen Frankenthaler. Por todo público estábamos el personal de vigilancia, los seis de la administración y unos cuantos amigos. El ambiente fue patético, no sabía qué hacer con mi vergüenza inmensa y el inconcebible desaire a tan gran artista. Pero, como me suele ocurrir, la noche se salvó. "Maestra, invite al artista y a su señora a las bodegas, les tenemos algo preparado", oí que me susurraba el jefe de vigilancia. Hacía allá me dirigí, seguida por Bob y Helen, desconcertados y deprimidos. Fue la más hermosa sorpresa: técnicos, intendentes, todo el personal del museo rodeando las mesas de trabajo cubiertas de papel manila, y en ellas, dos pollos rostizados, tortas compuestas, tamales, chiles en vinagre y los litros de ron y coca cola que la ausencia de público dejó a disposición.

Salimos tomados, alegres y agradecidos de una noche en la que ni siquiera faltó la guitarra y que, imprevisiblemente, resultó inolvidable. Años más tarde, en el Museo de Arte Moderno de Nueva York, Motherwell se me acercó sonriendo y casi con un abrazo me dijo: "nunca olvidaré esa inauguración que empezó tan mal y terminó tan extraordinaria, tan inolvidablemente bien, ¡viva ese México tuyo!"

Para estas fechas mis hijos habían crecido con sus facciones casi totalmente nórdicas, en las que destacaban sus ojos cafés, parecidos a los míos. Cada uno iba tomando su camino. A Miguel le fascinaban los experimentos que más tarde lo conducirían al diseño por computadora en el campo de la ingeniería. En Andrea la belleza impresionaba, sin embargo, en vez de casarse muy joven como tantos le pronosticaban, se orientó a la psicoterapia familiar y decidió quedarse en México, al contrario de Miguel que se casó pronto en San Luis Potosí y se fue a vivir a Monterey, California.

Para entonces, aunque ya me había divorciado de un matrimonio con diez años felices de los 13 que duró, no me daba aún cuenta cabal de que en mi vida las ocasiones se duplican. Viajando con mi padre hacia África, conocí a quien sería mi compañero de ya más de 20 años, mi ahora esposo.

Yo seguí con la vida doble que en sentidos distintos he mantenido siempre. Dejé el MUCA pero no la UNAM. Pasé a Humanidades para formar equipo con cinco escultores que habríamos de dar a luz la concepción y las obras del Espacio Escultórico. Al verlo acabado, sólo quería trabajar en lo mío: la escultura, pero como ya era habitual, sucedió lo inesperado. Fernando Solana me habló una mañana pidiéndome aceptar la dirección de lo que estaba en proceso de convertirse en el Museo Nacional de Arte (Munal). Me negué. El siglo XIX no es mi onda, argumenté, mi tema es más bien el XX; además, un Jorge Alberto Manrique sería el indicado por muchas y excelentísimas razones. Solana insistió, me sugirió trabajar en mancuerna con Manrique y no quiso aceptar mi negativa. Finalmente lo asumí con libertad, eran sólo seis meses para convertir el Palacio de Telecomunicaciones en Museo Nacional de Arte y dejarlo listo para que pudiera ser inaugurado por el entonces presidente López Portillo, justo antes de que dejara el cargo.

El trabajo no fue fácil y se convirtió en un reto; Jorge Alberto y yo casi nos mudamos al centro, comíamos sopa de médula en el bar La Ópera cuando no nos entortábamos, cada uno en su escritorio, tratando de cumplir con la meta. En mi escritorio una tarjeta nos anunciaba: SE REHACEN MUSEOS EN 6 MESES. Y cada mes alguien le cambiaba el número hasta que sonó la hora cero.

Inaugúrase el Munal con dos cilindreros y un público apabullante. Llegó el presidente, jaló la cortinita que escondía la placa inaugural, galopó por las salas hasta terminar el recorrido, y acabamos el equipo y yo sentados y exhaustos a dar gracias de que todo hubiese terminado y salido tan bien. Al día siguiente presenté mi renuncia como directora técnica, mi trabajo ya estaba terminado y así lo había acordado con Solana. Cuando simbólicamente me despedía del edificio en una de las terrazas superiores, el entonces director de Bellas Artes me tomó del brazo para decirme, "Helen, ahora ayúdanos con el Museo de Arte Moderno". ¡Lo que pensé sólo puede expresarse con signos de exclamación!

Estaba horrorizada, había decidido —y prometido— pasar largos periodos con Hans-Jürgen mi compañero; él vivía en Alemania. Una vez más, rotundamente, me negué. Y una vez más, como solía suceder, libremente di mi brazo a torcer.

"Pero Helen, tú que tanto has criticado al MAM en estos últimos años, puedes demostrarnos lo que crees que debiera ser. Sólo uno o dos años, quédate y luego encontramos alguien que te remplace." Como dicen los ingleses, me agarró con los calzones caídos, y el reto que suponía me condujo al sí final. Aunque fue un sí más bien tibio, poco convencido, su costo fue alto. Dio la puntilla —por suerte sólo temporal— a la relación con mi compañero. Hans-Jürgen aceptó mi decisión como forma de finiquitarnos. ¡Eran muchos años los que había estado esperando!

¡Ahora sí la había regado! Directora del Museo de Arte Moderno, olla de grillos, de burócratas que no perdonan, de artistas que ni el perdón conocen y de presupuestos que no tienen por qué perdonar porque son casi inexistentes. ¿En qué camisa de fuerza me había metido? Todo por no decir NO, ¡ahí justamente estaba y, además, había perdido el futuro deseado con quien era mi gran amor!

Al final de los casi dos años de mi dirección, me fui pero también "me fueron". Me había quejado de bodegas inexistentes, de rampas y ascensores ídem, de que ni a lomo era posible hacer subir las grandes obras de Henry Moore, del derecho de acceso negado por los hechos a ancianos y minusválidos, sin piernas para escalar. Incluso lágrimas me sacaron cuando vi su esfuerzo frustrado de subir las escaleras.

Por si fuera poco, cuestioné la validez de los museos de arte moderno, con el montaje de "Esta calle a dónde llega", tema que trata el sociólogo quebecquense quien dirigió la exposición. El asunto culminó con un *happening* no programado en el que un grupo de mujeres artistas, arrastrando lo que parecían costalitos de mierda humana, se propusieron pintar sobre el piso recién encerado (!!), un cementerio crítico: círculo hecho con gis sobre el cual colocar platos de cartón con cucharadas de mierda. Viendo que la caca era barro, el artista brasileño que acababa de inaugurar sus esculturas en los jardines del MAM, se ofreció a donar caca verídica, ofrecimiento que no acabó de lograrse porque a punto de bajarse los pantalones, una señora del público dio tal grito de horror que el escultor, asustado, de inmediato se los volvió a subir.

Otro capítulo fue cuando decidí transformar los jardines del museo, entonces totalmente planos, adornados con una que otra escultura colocada al azar. En esos días se estaba construyendo la estación del Metro Chapultepec y naturalmente, dos y dos son cuatro. La tierra que sacaban era justo lo que necesitábamos Paolo Gori y yo para darles interés y movimiento; hicimos cerritos y hondonadas en función de obras que pedimos a los artistas, y que ellos donaron con gusto y su generosidad acostumbrada para ubicarlas ahí en forma permanente. Inexplicablemente, también esto se consideró provocación; la crítica arreció y culminó con el memorable artículo "El topo Escobedo".

Esta salida dio fin al largo capítulo del trabajo de doble vista, del mita y mita directora/escultora, sólo para comenzar uno nuevo de mita y mita geográfico, México y Alemania. Sí es lo que se imaginan. Dejar el MAM reabrió posibilidades y propició el rencuentro. Reiniciamos con nueva seriedad y acuerdos claros: seis meses de trabajo en mi casa/taller de México, cerca de mi hija y mis colegas mexicanos, y seis con Hans-Jürgen, un estudio propio, sin más problemas ni requisitos que trabajar en mi obra y depender de él, dejar que me aligere todos los problemas que no puedo ignorar en México: pagar teléfonos, gas, luz, predial, agua, él es quien se hace cargo.

En el jardín de mi casa en San Jerónimo nos casamos el 20 de junio de 1995, exactamente 20 años a partir del día cuando, en el aeropuerto de Londres, rumbo a Nairobi, nos vimos por primera vez.

Ésa es la historia, al menos parte de la historia y veo que mirar hacia atrás es igual que mirar hacia delante. Siempre he querido dejar algún rastro, por insignificante que sea, signos de que estoy viva, siempre en proceso, en cambio continuo, del fluir de lo uno a lo otro, del aquí al allá, de la Helen de ayer que ya no es —pero sí— la de hoy, y que mañana será otra, aunque en mucho, todavía es la misma.

Lo que veo es un no echar raíces ni sentar cabeza, un no dejarme enmarcar, no hacer un jardín formal que sólo me identifique con lo que ya he hecho. El vaivén ha sido bueno. Me ha hecho flexible al cambio y así como cambia el mundo con lo nuevo amable y lo ominoso nuevo —con los jóvenes, las nuevas técnicas, las nuevas filosofías, los horrores nuevos—, me ha dejado seguir cambiando y conocer el cambio.

Y sin embargo, hay rasgos que permanecen. Dentro de tanto cambio, todavía le huyo al éxito fácil, me arriesgo pues no hay arte sin riesgo. El asunto es que en el arte de la obra y de la vida estoy dispuesta a arriesgarlo todo, buscando siempre mantenerme honesta frente a mis exploraciones y búsquedas y también, por qué no, frente a mis logros.

Así vivo hoy, a punto de cumplir 70 años, seis meses casada y seis soltera; seis con mi compañero amante, seis con mis amigas que me lo aplauden y con mis amigos que mejor fruncen las cejas. Y ustedes, ¿qué opinan?

Esa maraña intrincada

Julieta Campos

La vida es una maraña intrincada de experiencias que pueden —y suelen— contradecirse infinitamente entre sí. Monotonías y sorpresas nos van marcando los días y nos obligan a un ejercicio de adecuación constante a lo imprevisible. En mi propia biografía, los desplazamientos han marcado varios "antes" y "después", en una secuencia azarosa pero enriquecedora, que me ha obligado a ir metabolizando lo conocido y lo desconocido para sobrevivir a sucesivos "cambios de piel". Cuba, Francia, México, Tabasco, España y otra vez México me han propuesto hitos en el espacio y en el tiempo que han ido tramando y desentramando los hilos de mi (o mis) ambivalencias.

Quizá todos mis dilemas se resumen en un duelo entre la vocación por la escritura y la tentación de "hacer", de modificar, con acciones, la realidad. Fue en 1982 cuando el dilema se me presentó de una manera álgida. Fue en ese año cuando sobrevino Tabasco. La biografía de mi marido, atravesada desde siempre por la vocación política, puso en ese momento a mi propia biografía una disyuntiva inesperada, que me obligó a hacer una opción ingrata entre mi proyecto de vida y el suyo. Precisamente cuando había empezado a insinuarse en ese repliegue recóndito del deseo donde se gesta la escritura la tentadora melodía de un libro absolutamente diverso de los que había compuesto hasta entonces, una especie de saga cuya perspectiva me había inclinado a iniciar la relectura de los *Buddenbrooks* de Thomas Mann y a buscar recuperar, en el rencuentro con parientes, viejas amistades y voces de desconocidos, aquí y en Miami, el talante de "lo cubano". Por primera vez en muchos años, la identidad de origen afloraba con la exigencia perentoria de "narrar la isla", de hacer una inmersión, hasta tocar fondo, en el escrutinio del pasado familiar.

Mucho antes, el trasplante de Cuba a Francia y luego a México, para iniciar en un ambiente completamente desconocido —y, por lo mismo, a la

111

vez estimulante e inquietante— la vida adulta, generó una larga temporada de aclimatación, no desprovista de incertidumbres y desconciertos. En aquella etapa, escribir me ayudaba a respirar y el escarceo con la palabra era lo único que me infundía una bienhechora sensación de libertad. Estaba convencida entonces de que no disponía de otro recurso para procurar obturar los huecos que percibía entre mi persona y el mundo: el oficio de escribir se alimentaba de una acendrada desconfianza en la posibilidad de transformar la realidad por otros medios.

El "después" empezó en Tabasco. No sólo descubrí allí al "otro México" sino a otra Julieta, mi otro yo, un territorio de mi cartografía interior que jamás había explorado. ¿Uno escoge? ¿Escoge el destino? El azar de dos biografías que se habían cruzado y entrelazado, de la manera más imprevista, en París, me trasladaba ahora a un sitio que conocía apenas, para representar un papel que se me anticipaba como una suma más bien amenazante de interrogaciones sin respuesta. Una desconfianza igualmente acendrada hacia el poder me ponía en una incómoda tesitura. ¿Cómo compartir su ejercicio si había concebido siempre la función del escritor como el oficio de disentir, de hacer oír, con una voz siempre subversiva, el revés de cualquier discurso oficial?

No hubo mucho tiempo para dudar. El imperativo de un quehacer acelerado, de repente vertiginoso, desplazó sin pedirme permiso cualquier enigma hamletiano. Y lo que primero percibí como una imposición intrusa y agobiante se fue transformando, casi sin intervención de mi voluntad, en algo denso y cada vez más cargado de sentido. Cuando vine a darme cuenta, había descubierto la insólita y embriagante fruición de pretender transformar —para mejorarla— la "realidad real".

Viéndolo a distancia, sigo creyendo que aquel cambio de piel fue una experiencia definitoria que me hizo crecer de otra manera. Aunque ahora percibo, como no podía hacerlo entonces, que cualquier intento de incidir sobre lo real, es por naturaleza, efímero y lleva implícito un indudable componente de fantasía, cuando el empeño es auténtico algo se enriquece uno por dentro, en la medida en que se logra imprimir alguna huella, por pequeña que sea, sobre las personas y las cosas. Lo que a mí me tocó con más intensidad fue el descubrimiento de la gente de carne y hueso. Empezó en la campaña de mi marido para la gubernatura, en súbitos cruces de miradas con un niño o una mujer, en conatos de diálogo, en visiones fugaces de interiores de chozas o de albergues, inhóspitos, para niños indígenas.

Poco a poco fui perdiendo el miedo de pasar de los pequeños contactos con una persona o un pequeño grupo al intercambio, a veces muy exigente por parte de ellos, con los habitantes de comunidades chontales y choles reunidos en asamblea. Aprendí muchísimo de todo eso. Vi, en la práctica, lo que es tomar una decisión por consenso y lo que es la democracia directa en ese otro México que es el país tradicional.

Del trabajo eminentemente solitario de la escritura y de la relación escolar con los alumnos en un aula universitaria pasé, de un día para otro, al trabajo con un equipo de colaboradores imbuidos igual que yo por el afán de articular las innumerables necesidades de la gente con la lenta adquisición de instrumentos para ir consolidando la capacidad de autogestión y el aprendizaje de que cualquier cambio duradero en las condiciones de vida sólo puede fundarse en el afianzamiento de las capacidades de la gente misma para participar, como sujetos, en su propio desarrollo. Me entregué apasionadamente, pues, al esfuerzo de generar un experimento de desarrollo comunitario integral, partiendo de un método de ensayo y error y procurando que el ritmo de la gente fuera marcando el ritmo de un proceso que era esencialmente educativo y procuraba generar una toma de conciencia y fortalecer los sentimientos de identidad.

Siendo un proyecto integrador todo cabía: desde el cuidado del cuerpo hasta el cuidado del espíritu. Nutrición y salud; producción de básicos para el consumo; autoconstrucción de vivienda; aprendizaje de la lectura y la escritura a partir del nombre propio y metodología Montessori adaptada a la cultura tradicional; pequeñas bibliotecas que emergían del pantano o se posaban en las laderas de la sierra; artesanías rescatadas del olvido; restablecimiento, mediante la magia del teatro, del antiguo pacto con la tierra y con los orígenes.

La intempestiva intrusión de la política cambió de signo mi peripecia vital y catalizó algo que jamás habría previsto: una energía de otra índole se movilizó en mí y me proyectó hacia fuera, me metió en vidas ajenas y me atrapó en una red de vínculos que se generaban en el quehacer práctico, en la intervención directa sobre situaciones y cosas, en el toma y daca cotidiano, y muy concreto, con gente que aspiraba, apenas, a protegerse un poco de la intemperie despiadada de la pobreza.

Vuelvo al punto de partida: la vida es una maraña de experiencias contradictorias. También aquélla tuvo otra cara: todo, en el entorno físico, propiciaba un retorno a la matriz de la infancia cubana. Después de cada viaje, siempre breve, a México, volver a Tabasco era un gozo: bastaba sentir de nuevo la humedad de la atmósfera, entrar en la intensidad de aquella luz tan diversa a la del altiplano. Curiosamente, la inmersión en la fiebre atareada del hacer palpable y visible, en el reentramado de los hilos sueltos de una trama que jamás hubiera imaginado que podría llegar a entreverarse con la de mi propia vida, se dio en medio de algo así como "una temporada en el nirvana".

Mi capacidad de simbolización se desvaneció y, con ella, la necesidad de escribir. Había entrado en un paraíso donde apenas podía desear, porque los deseos se cumplían aun antes de formularse. Era la pequeña princesa de un cuento de hadas: Alicia en el país de las maravillas. Se cumplía el sueño infantil de vivir en un palacio encantado, pero había en el palacio plantas devoradoras y pájaros amenazantes. Pavorreales, faisanes, gallinas de Guinea, cojolites, pijijes picoteadores que a veces me hacían fantasearme en medio de una versión tropical de *Los pájaros* de Hitchcock.

Tabasco ofrecía el escenario de atmósfera, vegetación, olores, colores, sabores de la infancia remota, pero desbordados hasta el exceso y aun el agobio. Y, además, estaba el poder, que secuestra y apresa en una jaula más o menos dorada. Inevitablemente. Cuando no marea demasiado, el prisionero metido en esa jaula hace hasta lo imposible por evadirse y todo se vale: ponerse a clavar clavos en la pared para colgar un cuadro, torcerse un pie cuando se pretende bajar una escalera empinadísima cargando una maleta o, lo más sensato, insistir en manejar, sin ayuda de nadie, el propio coche. Junto a la sobredosis de actividad que saturaba mis días empecé a percibir, curiosamente, la incómoda sensación de ser una infanta alimentada por un enorme biberón diseñado para mantenerme en una somnolencia anestesiada.

Aventura contradictoria y ambivalente, fue aquélla una inmersión en la más concreta realidad y en la utopía, es decir, en "ninguna parte". Tardé un poco en recuperar el uso de la palabra. Quiero decir en volver a escribir, que es mi manera de articular lo vivido y de poner un orden en el caos. Un texto en dos volúmenes que titulé *Bajo el signo del Ix Bolon* y *El lujo del sol* fue un intento de recuperar la esencia espiritual de mi encuentro con Tabasco.

Lo que vino después fue poco más de un año en España, en el papel todavía más extravagante de esposa de embajador. Asistir a recepciones y darlas excedía con mucho mi tolerancia a las sorpresas intempestivas. Procuré aliviar ese desencuentro entre mi temperamento y el nuevo personaje que tenía que representar y procuré impregnarme del talante de aquel espacio lleno de ecos de una remota, y apenas imaginada, memoria familiar. Más bien desmemoria. Porque la travesía que me esperaba, en busca del tiempo perdido, sólo podía proponerme la reinvención de mis fantasmas. Una amiga querida, que había trabajado conmigo en Tabasco y preparaba un doctorado en la Complutense, asumió como propia la pesquisa detectivesca de bucear en archivos de Valladolid y de Simancas hasta desenterrar folios y más folios, escritos en letra procesal del siglo XVI, y poner en mis manos ávidas un tesoro indescifrable para ojos no avezados en los misterios de la paleografía. Ella misma puso en letra legible unas cuantas páginas y lo demás fue guardado religiosamente para ser "traducido" en México.

Hasta ahí España. De regreso, mientras iba recibiendo de una paleógrafa pequeñas remesas de aquellos interminables documentos donde, entre mucha paja, había bocados suculentos de información, me asaltó la perentoria necesidad de escribir otro libro. Hasta que un día decidí posponer el proyecto que venía posponiendo hacía diez años para emprender otro que habría de ocuparme casi diez horas diarias, entre lectura y escritura, cuatro días cada semana, a lo largo de cuatro años. Sentí que tenía que dar cuenta del vuelco profundo en mi visión del mundo que se había generado en la experiencia de Tabasco. *¿Qué hacemos con los pobres?*, fue el resultado de un rastreo subterráneo en las entrañas del tiempo mexicano que fue, a la vez, un lento, largo y trabajoso parto. Siguió un año más que se me fue en poner en orden mi propia lectura, asentada por la distancia, de aquella aventura fascinante: así escribí *Tabasco: un jaguar despertado*. Y comprendí que estaba saldada, por el momento al menos, una deuda con la mitad mexicana de mi identidad.

Había pasado el tiempo. La embriaguez del "hacer" ya hacía rato que se había desvanecido, dejándome un mucho desconcertada y con ganas de seguir vertida hacia fuera, de no parar. Es una ebriedad de la que uno tarda en recuperarse. La escritura es una taumaturgia que aspira a abolir una realidad insuficiente para recomponerla en espacios imaginarios. Yo la había cambiado por otra magia, quizá tanto o más fascinante, pero pasajera y engañosa, la de dejar impresa una huella duradera en la realidad "real": había probado el peligroso manjar del sueño de atemperar las destempladas disonancias de este mundo, donde transcurren las vidas de todos. Cuando la euforia del hacer tuvo su término, la confianza en el uso de la palabra se me había extraviado. Y, sin embargo, no encontré mejor manera de dejar testimonio del hallazgo más precioso de mi temporada en el paraíso: un siglo tormentoso nos había dejado la herencia de un enorme déficit de fraternidad y la mayoría de la humanidad se había quedado al margen, en la intemperie de la pobreza. Todo lo demás era lo de menos: yo había cobrado conciencia.

El niño —o la niña— insaciable que todos llevamos dentro acaricia golosamente dos deseos: el de omnipotencia y el de inmortalidad. Con esos deseos nos juega malas partidas el inconsciente. La fantasía engañosa de omnipotencia se juega en los tableros del poder. La fantasía engañosa de inmortalidad conduce la mano de quien escribe: confiamos en rescatar para la vida algo de ese fluir esquivo de sensaciones, gestos, ideas, deseos que nos depara la vida y nos arrebata la muerte.

La escritura, como me ha sucedido siempre, volvió a reclamarme. A fines de 1996 me rendí, por fin, al llamado seductor de una enigmática melodía que, a pesar de tantos veleidosos rodeos, seguía solicitándome. Había llegado el momento de reconciliarme con la otra mitad de mi identidad escindida. Recomponer el rompecabezas de una novela familiar extraviada en el laberinto de las generaciones me ayudaría, quizás, a rearmar el rompecabezas de mi propia biografía. Empecé a escribir una larga narración que, al cabo de casi siete años, ha encontrado su término y su título: *La forza del destino*. En medio de eso estaba cuando, en noviembre de 2000, una nueva demanda intempestiva vino a tocar a mi puerta. Pero no voy a contar ahora esa historia.

LA VIDA COMO BICICLETA

Gaby Vargas

No tengo carrera profesional. Me caso a los 19 años y a los 24 ya tengo tres hijos. Un fuego en el estómago me quema, quiero hacer algo. Las dos niñas mayores están en el kínder y el bebé duerme toda la mañana. Tengo todo pero siento que me falta algo. Llevo cuatro meses de insomnio. Quiero un espacio, un nombre propio. Busco, busco incansablemente pero me atormenta la respuesta que debo dar a la pregunta: ¿qué sabes hacer?

Un breve encuentro, con una tía de cariño, cambia mi vida. Ignoro si es el destino, la casualidad o la causalidad. Y con esto contesto tu pregunta sobre qué me sorprende: me sorprenden las casualidades, las coincidencias que marcan nuestro rumbo y que, a veces, valoramos poco. Esta tía, de la que te cuento, me dice: "ay, Gabicita, tú te pintas muy bonito, fíjate que Adriana, mi hija, se va a casar y no tiene la menor idea de cómo pintarse. Siempre le estoy diciendo que se maquille pero, ya sabes cómo es, ¡nunca se hace nada! ¿Podrías maquillarla?" Sin dudar acepto porque es algo que he estado poniendo en práctica, con frecuencia, por puro gusto, en las caras de mis amigas. Nunca imaginé que ese encuentro, que pudo no haber pasado, sería la semilla de las empresas a las que dediqué 22 años de mi vida y en las que tuve la oportunidad de dar empleo a 185 personas.

Adriana luce preciosa el día de la boda. Después, me doy cuenta de que no pude haber tenido mejor modelo, la diferencia es notoria. Quizá con otra novia, una que acostumbrara maquillarse, el cambio no hubiera sido tan notorio. ¡Todos dicen que se ve hermosa! ¿Quién la maquilló?, es la pregunta que se hacen todas sus amigas.

Al día siguiente, siento esa ranita en el estómago, ésa de la que siempre escuché que mi papá platicaba. Es la ranita del instinto, la que sientes como señal de que la decisión que estás tomando es adecuada. Mi papá contaba que si no sentía la ranita, no le entraba a un negocio. ¡Por fin comprendo a qué se refiere! Me doy cuenta de que me fascina la sensación de transformar a una persona con elementos tan básicos como los cosméticos, provocar que se sienta más segura de sí misma, favorecer que sus ojos brillen y que camine y sonría diferente.

Y sí, desde ese día comienza mi carrera y el insomnio, como magia, desaparece. Las peticiones para que maquille a otras novias comienzan a llegar. Mi bolsita de cosméticos se vuelve una herramienta de trabajo, me doy cuenta de lo feliz que me siento y esto se refleja en mí, en mi casa y con mi familia.

Al poco tiempo, me entregan mi primera tarjeta de presentación. ¡No podía creerlo!: *Diseño Facial, Gaby Vargas, Directora.* Con orgullo se la muestro a mi papá: "Mira, papá, ve, mi primer negocio". Mi papá la toma y me dice: "ah, ya me imagino que dentro de seis meses vas a decir: fuchi, esto ya no se me antoja, ahora... me voy a dedicar a la moda". Sentí una patada en el estómago. Sin embargo, mi papá me conocía muy bien y pienso que lo hizo con toda intención porque, por este comentario y gracias a él, me dediqué en cuerpo y alma a sacar adelante aquello que, por casualidad, había nacido y a lo cual me dediqué los siguientes 22 años de mi vida.

La influencia de mi papá ha sido decisiva. Él ha sido un empresario que surgió de la nada y en mi casa siempre he tenido el ejemplo del esfuerzo, del trabajo. Dicen que las palabras convencen pero el ejemplo arrastra y es cierto.

¿Mi vida en la escuela? Nunca fui estudiosa. Mi paso por la primaria, en el Colegio Oxford, es totalmente gris. Tengo muchas amigas pero los estudios no son mi fuerte. Soy muy distraída, cualquier cosa lleva mi mente a otro lado, supongo que tengo lo que ahora se conoce como déficit de atención. Y, cuando no tienes éxito en un área de tu vida, no te sientes buena y, por ende, no te gusta nada. Recuerdo los primeros cinco años de primaria, veía con admiración a las niñas bonitas, a las que mostraban seguridad en sí mismas y sobresalían en los deportes. Yo era y me sentía fea, gorda, mediocre y burra.

Por fortuna, repruebo quinto de primaria. En el momento no lo vi así, porque cuando tus amigas están formadas en la fila de sexto y tú en la de quinto, sientes que te mueres. Pero una vez más, la coincidencia... Una maestra maravillosa, Miss Elena, a la que le voy a estar eternamente agradecida, me rescata y me da un voto de confianza. Me hace sentir importante, aplicada y valiosa. ¿¿Yo?? Ajá, yo... Y mi autoestima renace. Lo que son las cosas, comienzo a destacar en natación, me escogen para portar la bandera de México cada inicio de mes, me empiezo a gustar... En fin, los milagros que se realizan cuando alguien tiene confianza en ti.

Con el paso del tiempo descubro que las relaciones humanas se me facilitan, que puedo conseguir que las personas se vean mejor, que puedo ayudarles a que florezca todo su potencial para que se sientan seguras de sí mismas. Así que, además del maquillaje, comienzo a explorar otras áreas novedosas como la teoría del color, la teoría del yin yang en la personalidad, los cortes de pelo y el uso de accesorios. Me intereso por los secretos que las modelos profesionales aprenden y transmito toda esta información a las alumnas que tenemos. Sin buscarlo, mi empresa se vuelve un centro de carga de autoestima. ¡Qué persona no necesita un poco o un mucho de ella? Atiendo con cariño a todas las mujeres que llegan a verme después de tener un bebé, a las que sufren de sobrepeso, a las que el marido no les hace caso o a las que se acaban de separar y a la adolescente que va a la graduación del muchacho que le gusta y quiere verse lo mejor posible.

Creo, sinceramente, que la ayuda que brindamos es más profunda de lo que aparenta. La gente piensa que hablar de imagen es hablar de algo superficial y no es cierto, va más allá de lo tangible. Te puedo decir que en en esos años pude darme cuenta de miles de casos en los que, verdaderamente, cambiamos la vida de las personas. Eso era lo más gratificante de nuestro trabajo. Nunca olvidaré la frase de una señora al salir del curso: "Gaby, me ayudaste más en tres días que mi psiquiatra en seis meses". Esa noche me acosté satisfecha y le dio un sentido a mi trabajo. La imagen está más allá de la vanidad; está relacionada con tu interior, con tu autoestima, con tu autoimagen, con la forma como te ves y te reflejas hacia los demás.

¿La relación con mis hijos? Como la de cualquier mamá. Increíble y, a veces, tormentosa. Te confieso que en ocasiones me sentí poco preparada para enfrentar los problemas que se presentaron en las distintas etapas de crecimiento de mis hijos. Con frecuencia recurrí a la sabiduría de mi mamá, con su experiencia de siete hijos, y a la pregunta de: ¿qué hago?, ¿cómo manejo esto? Me respondía: todo pasa, nada más ocúpate. Como papás hacemos las cosas lo mejor posible, con la esperanza de que nuestros hijos sean personas de bien. A veces resulta y a veces no. Pero cuando ves a tus hijos adultos, independientes, realizados y felices, puedes respirar.

El problema que hoy enfrentamos las mujeres es que, con tanto trabajo y tanto tiempo fuera de casa, no alcanzamos a ver con profundidad la problemática que vive cada uno de nuestros hijos. La vemos por encimita y, claro, luego vienen las consecuencias. Podemos pensar que los niños son lindos, que todo es perfecto, que manejamos muy bien la casa. Y, cuando te acercas un poquito más a cada uno, te das cuenta de que las cosas no están tan bien como pensabas y que hay que dedicarles más tiempo y atención a tus hijos. Ahí está el verdadero reto. ¿Se puede? Sí, pero nuestro esfuerzo no puede relajarse nunca, ni siquiera cuando estamos durmiendo...

¿Mi matrimonio? Te puedo decir, con todo orgullo y después de haber cumplido ya 32 años de casada, que Pablo y yo tenemos un matrimonio maravilloso. Con sus altas y sus bajas y sus piedras en el camino, como todos. El secreto está en mantener una estructura sólida y unas líneas de comunicación bien organizadas. Si lo logras, todo pasa y todo se restaura. Incluso, pienso que cada bache que logramos superar juntos nos ayuda a ser más fuertes. Tengo la fortuna de decir que vivo enamorada y me siento correspondida. ¿Qué más le puedes pedir a la vida?

Pablo es mi refugio, mi consejero, mi asesor, mi gran amigo y compañero. Siempre estaré agradecida de habernos encontrado, una vez más por la casualidad. Tantos mundos, tanto espacio y coincidir....dice la canción. ¡Qué maravilla! Él es el que me motiva, me empuja y me reta para seguir adelante. Con el tiempo lo admiro, lo amo, lo valoro y lo respeto más.

¿Cómo manejo mi vida? La vida es como una bicicleta: la rueda de adelante es la familia, la de atrás es el trabajo. El manubrio representa a dónde quieres ir y por dónde vas a llegar. Cada decisión que enfrentas en el viaje es muy importante y el rumbo que tomes modifica las cosas por completo. ¿La razón de las caídas? A veces le pones mucho peso a la llanta delantera, a veces a la de atrás, a veces te distraes o te deslumbras y pierdes el equilibro.

¿Que si me he caído? ¡Claro que me he caído! Y varias veces. ¿Qué hago? Pues me levanto, me limpio las rodillas, aprendo la lección, le doy un beso a mi marido y sigo adelante. ¿Que te cuente una de mis caídas? Pues la peor que pasé fue cuando termino de hacer mi tercer libro, Pablo y yo estamos sentados frente al mar de Cancún, viendo el atardecer. Mientras disfruto de aquella quietud, escucho que Pablo me dice, con toda tranquilidad y amor: "¿sabes qué, Gaby? Te veo muy contenta con lo que haces, te veo tan realizada que me da mucho gusto y mucho orgullo, pero fíjate que te quiero decir que me siento el último en tu lista de prioridades, veo que no me necesitas y he tomado la decisión de irme de la casa". ¡¡PUUMMM!! Siento en el estómago un golpe que me dobla. Dentro de mí se abre un gran vacío, como si fuera un precipicio que ves hacia abajo, oscuro y sin fondo. Me quiero morir. Me doy cuenta que NADA, pero NADA, vale la pena si no estoy junto a Pablo. ¿Para qué sirven los libros? ¿Para qué tanto trabajo? El mar de Cancún pierde su razón de estar en el mundo. No me importa. Nada me importa. El cerebro se satura. Todo se me viene abajo.

Lo que me golpea con más violencia es el gran amor con el que Pablo me dice estas palabras. Trato de hablar y él me dice: "por favor, ahorita no me digas nada". En ese momento llegan mis hijos, unos amigos y mis papás. La conversación se interrumpe. Con el mundo en los suelos, tengo que sonreír.

Aprendí mi lección. Juré, en ese momento, no volver a fallar y desde entonces valoro más la fortuna que es tener un compañero del que estoy enamorada porque, como dice Concha, mi amiga: "no hay nada que sustituya un abrazo".

Cuando abrazas y eres abrazada, te sientes en el paraíso, te sientes llena, te sientes plena y lo demás no importa. El abrazo es insustituible y vale más que cualquier cosa. Esa estabilidad de sentirte querida, esa felicidad del matrimonio, esa convivencia, es real. Somos amigos desde hace 32 años y eso no tiene precio. Creo que cualquier mujer que trabaja tiene que estar pendiente para evitar este tipo de caídas.

¿Que si me gusta ser mujer? ¡Es un privilegio! Especialmente ahora que tenemos mil oportunidades para desarrollarnos y sentirnos plenas. No, no me considero feminista en el sentido que se le daba en los años setenta. Creo en la familia, en el matrimonio, en la pareja de hombre y mujer, en el papel fundamental que las mujeres representamos como esposas, madres, compañeras y profesionales y no estoy de acuerdo con el aborto.

¿De qué me arrepiento? Quizás de no haber hecho una carrera universitaria; aunque te puedo decir que no hay un solo día de mi vida, en el que no haya tenido un libro entre las manos. Aparte de eso, creo que volvería a vivir todo igual.

¿Momentos memorables en mi vida? Muchos de mi niñez; cuando conozco a Pablo a los 14 años. Mi boda, el nacimiento de mis tres hijos y de mis cinco nietos, que por cierto, cuando estoy con ellos, siento que el mundo materialmente se detiene. Son instantes de paraíso. Una tarde jugando con los bebés en el jardín te puedo decir que no la cambio por nada. Como bien dice Borges: "No hay un solo día en el que no estemos, por lo menos, un instante en el paraíso". Nuestro reto es darnos cuenta y valorarlo.

¿Cómo me describo a mí misma? Una mujer enormemente endeudada con la vida y plenamente feliz.

¿Mi compromiso? Fíjate que una vez, en el Estado de México, fuimos mi esposo y yo, junto con un grupo de amigos, a montar. Después de una hora de camino, en medio de la nada, vimos una escuelita rural. Nos llamó la atención que no había un solo poblado cerca. Los niños que llegaban hasta aquí tenían que caminar una hora, por lo menos, desde su casa. Pero al rodear la escuela, de pronto, veo un gran letrero pintado sobre la pared blanca, que me impacta mucho. *Que tu paso por el mundo colabore a dejarlo mejor de como lo encontraste.* El simple hecho de leer esa frase ya es un compromiso. No puedes ignorarlo, no puedes hacerte el loco. Me impresiona el lugar y el momento donde lo encuentro. Siento que está escrito para mí, que Dios se ha valido de esta escuela de campo para ayudarme a crear conciencia y un compromiso social. Una vez más las coincidencias... Esto es lo que, principalmente, me orilla a aceptar la responsabilidad de colaborar con la Fundación APAC y trabajar para los niños con discapacidad.

¿Mi deseo? Que mi trabajo sirva para que al final de mi vida el mundo sea un poco mejor de como lo encontré.

© Rogelio Cuéllar

VIVA LA DUDA

Fátima Fernández Christlieb

Ha llegado la hora no de prescindir de nuestros juicios
sino de aclarar quiénes somos, de qué vivimos,
en dónde estamos,
por qué decimos lo que decimos.

JOSÉ EMILIO PACHECO

Cuando leí la invitación de Denise Dresser para participar en este libro me detuve en una de sus frases: "me gustaría que escogieras tópicos sobre los cuales has querido hablar durante mucho tiempo..." No dudé. El tema saltó de inmediato. Durante años he querido escribir en torno a la experiencia intempestiva que para mí resultó la maternidad tantas veces enfrentada a la profesión, unas cuantas armonizada y siempre de difícil conjugación. Tengo decenas de cuadernos con reflexiones y preguntas, con experiencias y asombros.

Tres fines de semana intenté retomar el guión autobiográfico que elaboré para el taller literario de Rosa Nissán. En aquella ocasión había invertido mucho sudor interior en el boceto inicial leído ante los compañeros. La idea estaba madura. No había problema con el hilo conductor de ese tema, con lo que sí tropecé hasta caer, fue con el hilo que conduce mi etapa actual. Comenzaba a escribir sobre mi maternidad zarandeada y cuatro párrafos después ya se había entreverado alguna preocupación sobre lo que hoy me ocurre en la Secretaría de Gobernación.

Me desesperé, me forcé y después me paralicé, hasta decidir dejar para mejor ocasión aquel tema que hoy no me quita el sueño. Lo natural era abordar la coyuntura que me tiene atrapada. Me toca, pues, hablar del presente, de un presente crudo que me jalonea hasta dejarme exhausta. Las cosas como son.

Esta última frase me lleva a recordar y agradecer a aquel grupo de mujeres que hace siete años nos reuníamos una vez al mes para dar lugar, después de la cena, a "la hora de las netas". Salía un tema, cualquiera, sin pensarle mucho. La gama iba desde el significado último del poder hasta la primera relación sexual, pasando por cualquier superficialidad sabrosa. Todo con una condición: no se valía echar rollo, podías decir "paso, no quiero hablar", pero si lo hacías, tenía que ser real. El resultado era maravilloso: una salía de la reunión con excelente sabor de boca y estimulada para enfrentar cualquier contingencia. Creo que es una cualidad de género esa que tenemos las mujeres de ser mucho más netas no sólo para expresarnos, sino para organizar nuestras vidas. Por cierto (y para la reflexión), ese grupo comenzó a tener problemas cuando invitamos a cenar a políticos hombres. Por ahí desfilaron Fox, Labastida, Cuauhtémoc, Castañeda, Creel..., mi colofón es que hay espacios para lo privado-público que cuando son creativos y disfrutables hay que conservarlos sin más objetivo que ése: el del disfrute. En aquel grupo, en una de esas reuniones que llegaron a parecer actos de campaña o agencia de colocaciones, yo fui de las que expresó en voz alta la gana de contribuir a una más racional, honesta y armónica organización de la vida pública en México. Sentí deseos genuinos de poner mi grano de arena en el momento del recambio de cuadros al que se enfrentaba el Gobierno federal.

Un poco producto de aquellas reuniones de mujeres, otro poco por sincronías del destino, el caso es que habito, desde hace más de dos años, un mundo que no es el mío. Al terminar la licenciatura tuve numerosas y variadas opciones laborales. Elegí la academia no sólo como lugar de trabajo sino como forma de vida: docencia, investigación, difusión del conocimiento, espacios para estudiar la maestría, el doctorado y para la actualización permanente. Todo ello con una piedra permanente en el zapato: afuera de las universidades la realidad corre vertiginosa muchas veces divorciada de la reflexión y dentro de los cubículos y las aulas de ciencias sociales, los hechos son frecuentemente forzados a entrar en las categorías teóricas ya construidas. Mundos paralelos que deberían entreverarse y enriquecerse mutuamente. Quise hacer el intento de lograr la conexión.

Imaginé, de verdad, que era factible torcer el rumbo de la política mediática con un Gobierno federal no-priista. Pensé que no era tan complejo lograr, como diría John Rawls, un consenso traslapado o por lo menos comenzar a traducir los intereses encontrados a razonamientos políticos comprensibles.

Durante 25 años había escrito y discutido sobre la situación de los medios de difusión, sobre su atraso en una formación social como la mexicana. Vislumbré posibles vías de evolución y diseñé acciones precisas para encarrilarnos en ellas. Llegado el momento de influir en la toma de decisiones, me estrellé con un muro de piedra que se construyó, literalmente, en mis narices pero no ante mis ojos.

Estos renglones intentan responder al objetivo de la reflexión colectiva explícitamente propuesta por Denise al convocarnos: "tomar el pulso emocional de nuestros mundos diversos y compartir experiencias poco conocidas que sean tanto reveladoras como aleccionadoras". Esto último, la lección, no sólo personal sino política, es lo que busco como saldo de estos renglones. Soy consciente de que para nuestra cultura de lo público resulta poco ortodoxo ventilar diferencias o desacuerdos con actos de gobierno cuando se forma parte de éste. Pero también creo que desentrañar los errores y ejercer la autocrítica, en el momento y lugar adecuados, es condición para crecer en cualquier terreno de la actividad humana.

Para ser fiel a los fines de este texto, reproduzco la primera pregunta de la coordinadora de la publicación que hoy tienes en tus manos: "¿qué te ha tomado por sorpresa?" Respuesta: varios actos de gobierno que por elemental congruencia debí haber conocido antes de que se hicieran públicos. Uno de ellos fue el llamado "decretazo" del 10 de octubre de 2002 y su acompañante el reglamento a la Ley Federal de Radio y Televisión. Estando al frente de la Dirección General de Normatividad de Comunicación, en la Secretaría de Gobernación, me enteré esa mañana, por los medios, de un asunto que competía a mi área de trabajo. No sólo me tomó por sorpresa y me golpeó brutalmente. No podía creerlo, como tampoco creían en mi desinformación los colegas académicos con los que me encontraba en ese momento. Habían estado en la mesa de diálogo y su enojo era terrible. Ese jueves y ese viernes decidí renunciar. El sábado escuché las declaraciones del secretario desde Guatemala y sentí que no tenía el cuadro completo, que si bien estaba convencido de las bondades de algunos puntos del nuevo reglamento, le faltaban elementos de ese proceso que venía desde 1977 cuando, en el marco de aquella reforma política, se planteó por primera vez la reforma de los medios.

Otro momento semejante de sorpresa ante lo consumado fue cuando se dio a conocer el polémico proyecto de presupuesto de egresos para 2004, cuyo artículo décimo transitorio fue redactado por la Secretaría de Hacienda sin consultar a Gobernación. Coordinar la materia de ese artículo es precisamente mi responsabilidad. Unilateralmente Hacienda decidió que lo publicado en 2003 valía para el siguiente año. Habíamos tenido reuniones con ellos y con la Secretaría de la Función Pública, estaba claro que para avanzar en la certificación de los medios impresos y para generar una cultura de evaluación de mensajes mediáticos era indispensable publicar lineamientos nuevos. No entiendo cómo alguien puede redactar algo que afecta el programa de trabajo de otra dependencia del mismo gobierno, sin avisar siquiera.

El problema en ambos casos no es la injusta sorpresa por quedar fuera de una jugada, sino el mensaje implícito que conlleva la acción, la interpretación que la propia subjetividad no puede evitar: tú y tu equipo de trabajo no nos importan, sigue trabajando y apégate a lo consumado, así se deciden las cosas en la cúpula. Esa manera de hacer política baja el ánimo del más entusiasta.

Segunda pregunta de Denise Dresser: "¿en qué momentos y frente a qué circunstancias te has sentido poco preparada?" Respuesta: en el caso de octubre de 2002, cuando capté que tenía que cerrar la boca en vez polemizar o reclamar. Si bien guardé silencio ante las llamadas que reporteros, conductores y analistas hicieron a mi oficina, en realidad no estaba preparada para callar. Ese episodio era para mí un triunfo más de los concesionarios de radio y televisión ante un gobierno federal que iniciaba la búsqueda de mayor equilibrio entre estos medios y la sociedad. Se apoderó de mí una desazón profunda. Mi tesis de licenciatura, redactada en los años setenta, documentaba uno a uno los forcejeos por la regulación de los medios. Al igual que en 1959, 1969, 1973 y tantas otras veces en que se han planteado reformas a los medios, en 2002 volvió a darse la presión empresarial que disuelve de golpe los avances. Eso se anunció el jueves 10 de octubre en la comida anual de los empresarios con el Presidente de la República. Con incredulidad y desencanto vi por televisión el gesto triunfal de Bernardo Gómez, parecido al de tantos presidentes que han desfilado por la Cámara de ese ramo.

El problema fue haber coordinado durante más de un año ese diálogo, con los actores precisos, y no haberlo llevado a buen término. Un proceso intentado desde 1980 de nuevo abortado. Otra vez el malestar a granel. Estaba acostumbrada a ese resultado, conozco los resortes de esa historia, pero no es lo mismo que te agarre en las filas de los académicos o de los críticos que en un sitio cercano adonde se tomó la decisión. No estaba preparada para asimilar ese revés en tanta soledad y con tanta rabia deliberadamente silenciada. Todavía el 17 de septiembre de 2001, a diez meses de iniciado el gobierno de Fox, escribí en la página 185 de un libro publicado al año siguiente por Paidós: "Por primera vez en cincuenta años se sentaron en una misma mesa actores políticos y sociales de índole diversa: académicos, funcionarios públicos, representantes de los partidos políticos, legisladores, concesionarios, directivos de emisoras culturales, radioescuchas y televidentes. Este primer diálogo ya quedó asentado en los anales de la historia contemporánea, no así los acuerdos para inyectarles calidad a la radio y la televisión". Jamás imaginé que tal diálogo pasaría a la historia por la forma tan poco civilizada como terminó. En ese octubre de 2002 emergió de nuevo esa constante histórica de los medios mexicanos: el trabajo político e institucional de Azcárraga Vidaurreta en los años treinta, cuarenta, cincuenta y sesenta, consolidada en los setenta, ochenta y parte de los noventa por Azcárraga Milmo, afianzó una inercia, una cultura, una forma de relación con las cúspides políticas. La Presidencia actuó como siempre, la luz verde provino de ahí y los errores se dieron en cadena. Los empresarios de televisión tenían prisa por anunciar el decreto y el reglamento precisamente en esa reunión anual que desde hace décadas organizan en octubre. Ellos marcaron los tiempos y todo se adecuó a su proyecto.

Al inicio del gobierno había datos duros que permitían afirmar que un golpe de timón desde el Poder Ejecutivo iba a ser no sólo acatado por quienes durante décadas se habían opuesto a cualquier reforma en los medios, sino que podría ser apoyado por sectores sensibles y pensantes de la población. Ahí está, por ejemplo, el documento que con motivo del cambio de gobierno preparó McKinsey para los empresarios de radio y televisión y en el cual se advierte una cierta resignación por la caída del antiguo régimen y su disposición al diálogo con la nueva administración. Había señales inequívocas de que las condiciones permitirían que las reglas del juego para los medios de difusión evolucionaran. Parecía evidente que podríamos plantear la necesidad de estas reglas para la gobernabilidad democrática.

La tercera pregunta de Denise me introdujo en un cuestionamiento radical cuyas consecuencias adivino. Así la redactó ella: "¿qué ha sido aquello que ha constituido un reto inusual y desconcertante para ti?" Sintetizo la respuesta: mantenerme ahí, en la Secretaría de Gobernación, en esas semanas posteriores al "decretazo", estando en desacuerdo con lo ocurrido. No lograba entender cómo mi jefe inmediato ni siquiera me preguntó si los minutos de radio y televisión que sustituirían al 12.5% del tiempo fiscal eran suficientes. En mi oficina se autorizaban esos espacios a las oficinas de gobierno que los solicitaban. De plano no comprendía.

Dar la cara ante mis colegas universitarios, ante los alumnos que desconcertados me preguntaban si yo estaba de acuerdo, fue todo un reto. Jamás dije que veía bien lo sucedido, pero tampoco me lancé contra nadie. Me tragué todo. Lo fácil era renunciar y hacer declaraciones. El aprendizaje fue grande. La enorme libertad en la que se desenvuelven los académicos casi nunca los pone en situaciones de asumir errores ajenos, por lo general cuidan su imagen personal y se deslindan de lo que no les conviene. Sólo manifesté mi enojo y total desacuerdo en privado. El lunes siguiente entregué en mano al subsecretario las razones de mi desacuerdo y dos días después verbalmente y en conversación amplia y cálida con el secretario se dio un buen diálogo. Ahí comenzamos a organizar reuniones con quienes habían estado en la mesa de diálogo. Escuchamos sus argumentos. En mi caso los adivinaba antes de que los pronunciaran. A partir de ese momento no pude dejar de sentir un persistente malestar.

En noviembre de 2003, cuando llegó el correo electrónico de Denise Dresser, acababa de leer un texto de Gabriel Zaid en *Letras Libres*, que me sirvió como empujón final para escribir sobre este episodio. Poner en papel lo que no acabo de entender, siempre ha sido para mí, desde que tengo 14 años, un ejercicio para obtener claridad. Coincido con él: "Son los textos, la literatura, los que van desarrollando la conciencia, en la lectura de lo escrito por el azar, por otros y por uno mismo. La conciencia es creada por las obras, no las obras por la conciencia". La conciencia de este fuera de lugar mío se acrecentó al redactar estos renglones. Antes de comenzar a escribirlos me dije: es la hora de las *netas*, nadie te obliga a hablar, pero si lo haces, ayúdate a ti misma y comparte esta búsqueda con otras mujeres y con esos hombres que saben cómo se despierta el potencial de las mujeres cuando logran armonizar sus mundos: el maternal, el profesional, el lúdico, el creativo, el político.

La frase de Zaid me lleva a algo más sobre esta experiencia de gobierno: él se refiere principalmente a la literatura cuando habla del desarrollo de la conciencia y dice: "a medio camino en el desarrollo de una obra, de una persona, de la especie, ya hay una conciencia más o menos desarrollada, que crece por la lectura y la creación, así como la conciencia de mí es creada y crece por la conciencia de ti, en la lectura mutua de nuestros actos". La conciencia de mí, del mundo que quiero habitar, de mis posibilidades y limitaciones en la política, han sido un saldo a favor en esta experiencia adversa. Hoy me veo a mí misma con más nitidez, la Secretaría de Gobernación ha resultado un espejo espléndido en el que he podido mirar trasfondos desconocidos de mi ser. Tras 25 años de trabajo, la UNAM me dio permiso para ser funcionaria pública por un tiempo. No imaginé que más allá de familiarizarme con 171 entidades de gobierno cuyos programas de comunicación pasaban por mi oficina y además de palpar insólitos resortes del poder, iba yo a apreciar tanto el significado de una vida armónica y congruente. Nunca antes había vivido ese anhelo de que llegue el viernes.

Nunca había sentido la imperiosa necesidad física de un sábado reparador. El cansancio es tal que debe llegar el domingo para sentir alivio y ganas de leer. Cuando se me abre el mundo y vuelvo a sentirme ligera, ya está encima el lunes que no tiene fin, como tampoco lo tiene el resto de la semana, porque los jefes suelen habitar un escenario laboral masculino, en el que si quedan espacios sin juntas o documentos apremiantes, éstos se invierten en tantas otras actividades, pero no en regresar temprano a casa.

Aquí hay otra cuestión de género relacionada con los espacios. Mi oficina además de sala de juntas y mesa para comer, tiene cuarto para dormir y en el quinto piso del mismo edificio hay regadera y en otra área de gobierno mis amigas reportan un *jacuzzi*, herencia de gobiernos anteriores. Ante este panorama comprendo perfectamente la respuesta de esa comunicóloga talentosa a quien le propuse ascender de personal operativo a jefa de departamento: "No doctora, por ningún motivo, no quiero". ¿Por qué?, le pregunté asombrada. "Porque tengo dos hijos y no me quiero ir después de las seis." Recordé mi etapa de madre atribulada por no haber estado a la hora de las tareas, por no haber contado suficientes cuentos, por no haber mirado con sabiduría esos años y le respondí: pues vas a ser jefa sin tener que quedarte hasta que se vaya el subsecretario. Ésa es una lucha de las mujeres en los escenarios del poder tan masculinamente construidos. Los políticos gringos le dedican ocho horas a su chamba y los europeos siete. ¿Por qué nosotros no podemos abandonar las jornadas de 12, 13 o 14 horas? ¿Qué mujer con ganas de parir o simplemente de ser, quiere hipotecar su existencia de esa manera?

En esta última frase hay otra diferencia de género magistralmente expuesta en una película alemana exhibida en la muestra de cine al final de los ochenta. Se titulaba *Manner* (*Hombres*). El guión y la dirección son de una mujer, Doris Dörrie, la cual en el momento climático suelta la frase clave: "Ya sé —dice el marido exitoso, abandonado y deseoso de entender a las mujeres— comienzo a darme cuenta de que el hombre *es lo que hace* y la mujer *es lo que es* y por eso, a ellas antes que hacer les interesa ser". Cierto, ciertísimo. Estoy dispuesta a hacer lo que haga falta por mi comunidad, por mi país, siempre y cuando el escenario laboral me permita ser. Un ambiente de trabajo que fomenta un equilibrio mínimo en la vida personal, aunado a una directriz precisa, con coordinación entre las áreas responsables de lo mismo, dependan de quien dependan, es punto de partida elemental para verificar que lo que una hace tiene congruencia con lo que una es y quiere ser.

Le aposté a la acción renovadora dentro de un gobierno. Lo hice con conciencia de la incertidumbre y del riesgo. Al día de hoy agradezco la experiencia de la complejidad que implica gobernar y el conocimiento personal que trajeron consigo los sucesos fortuitos y los elementos intempestivos. Confieso también que no me la jugué por un partido, ni por un salario, ni por hacer carrera política. Busqué instrumentar acciones que me parecían obvias y realistas, pero a los demás no. La primera dificultad en el equipo de trabajo resultó ser la explicitación del proyecto. Comprendo que uno de los problemas más severos de las democracias contemporáneas es que los medios electrónicos se convirtieron ya en elementos consustanciales de los procesos electorales. Los dueños de la televisión son ahora electores preferentes y ante ellos los políticos de todas las latitudes y los dirigentes de los partidos temen perder reflectores y micrófonos. Desde el poder público va a ser cada vez más difícil regular la acción de los medios y más en países como el nuestro, cuya legislación mediática no se modernizó al parejo que la electoral.

Veo difícil y poco probable que desde este Gobierno federal, cada vez más cercano al gran año electoral, pueda tomarse la distancia necesaria para fortalecer la gobernabilidad democrática al margen de partidos, corrientes y precandidatos.

En una de las peores semanas de su gestión le entrego a Santiago Creel mi renuncia. Inútilmente intento hablar con él. Es el 11 de diciembre de 2003, día de su cumpleaños número 49. El revés sufrido, en esos días, en la Cámara de Diputados tras la votación por la reforma fiscal no le permite espacio para nada más. Dejo el documento en su oficina y lo veo el sábado siguiente, a cinco kilómetros de las pirámides de Teotihuacán, donde un reducido grupo de colaboradores intenta levantar los ánimos entre peleas de gallos y fuegos artificiales. Hay algo triste en ese atardecer y hay desazón en mí. Pese a las sonrisas para las fotos y a pesar de los mariachis, se advierte cansancio en él. Con serenidad me le acerco. Necesito saber que él ya sabe que me quiero ir. "Tienes las manos frías", me dice. Y por dentro pienso: tengo fría el alma, congelada mi carrera académica y me invade un sabor de desánimo. Promete recibirme el martes siguiente. Lo hace. Me escucha. Formula preguntas. Le respondo no sólo desde un ámbito político-laboral, sino a partir de mis intereses existenciales. No está muy de acuerdo pero me capta. Me duele irme y al mismo tiempo siento un descanso enorme. Me pesa dejar una oficina desde la que logramos cambiar, en el Diario Oficial, las reglas del juego para el gasto en comunicación social del Gobierno federal, pero es evidente que esas reglas no pueden operar sin un gobierno armónico, sin prioridades explícitas, sin un puente perfectamente bien tendido con las dos oficinas que en Presidencia atienden lo mismo. Esa armonía en materia de medios y en épocas de precampaña sólo les interesa a los ciudadanos, deseo con todas mis fuerzas volver a la Universidad y ser una ciudadana común y corriente.

Mi deseo está por cumplirse. Acuerdo una fecha de salida con el secretario: 29 de febrero de 2004. Envío la solicitud al consejo técnico de mi facultad para reincorporarme. Comienzo a sentir una ligereza maravillosa. Apenas he comenzado a disfrutarla cuando el martes 13 de enero nos presentan al nuevo subsecretario, mi jefe inmediato. Al día siguiente converso con él, a solas, durante 75 minutos. Le entrego un documento que da cuenta del estado de la dirección general a mi cargo. Hace preguntas pertinentes sobre los asuntos de fondo, entreveradas con algunas convicciones. Me sorprende favorablemente. Sabe que me voy. Me pide que me quede. Conoce la magnitud del paquete que heredará en cuanto deje de ser embajador. Lo comprendo perfectamente: hereda una responsabilidad descomunal y un montón de presiones en un momento crítico. Me mira a los ojos y mi ligereza se trasmuta en densidad dubitativa. No puedo responderle. Le propongo trabajar al cien por ciento durante un mes y el 14 de febrero tocamos de nuevo el punto.

Me quedo sumergida en una duda intensa: ¿y si de verdad quiere dar batallas como dice?, ¿y si renuncio justo cuando era posible hacer algo sustancial por los medios públicos?, ¿y si es él un factor decisivo en las rectificaciones que urgen? No veo claro. Ignoro qué procede. La duda me penetra. La acepto. Viva la duda. Dudar así me recuerda varios momentos cruciales a los que me enfrentó la maternidad y de los que salí fortalecida. Serán los próximos días y, ojalá, lo más sabio de mi conciencia quienes decidan.

México, D.F., domingo 18 de enero de 2004

Soy… totalmente una mujer cualquiera

Ana María Olabuenaga

"Como tú sabes, las encuestas no van bien" —me decía con una seriedad y una preocupación no sólo alarmantes, sino realmente inusitadas para un político en pleno ejercicio del poder. Labastida podría ser el primer priista en perder las elecciones—el silencio fue largo y sepulcral, adjetivo este último que jamás estuvo mejor aplicado. Todos bajamos los ojos como si efectivamente estuviéramos delante de un muerto y finalmente llegó la conclusión de la frase que pudo haberme matado a mí también— "…y hemos pensado en ti para ayudarnos a remontar esta situación".

¿Quién estaba frente a mí? Una pechuga con mole poblano que en ese momento me arrepentí de haber pedido. ¡Dios!, por qué no pedí una ensalada de endivias que no sólo hubiera acompañado mejor la afirmación que acababa de escuchar, sino mi futura digestión que empezaba a complicarse entre un exceso de jugos gástricos y sonrisas de esas que llamamos —ahora entiendo muy bien por qué— "políticas".

Pensándolo bien, lo de la ensalada de endivias tiene sus profundas implicaciones psicológicas. Las endivias son elegantes, finas, pequeñas, distinguidas, pálidas. No es lo mismo, simplemente no suena igual pedir unas "endivias" que una "romanita" o una simple "lechuga" que aunque lo ocultemos, cualquier mesero sabe que no estamos pidiendo otra cosa que una vulgar "orejona". Con el simple hecho de ordenar unas endivias, la boca ya está llena de delicadeza, ritmo y cadencia que dicho sea de paso, son nutrientes muy pero muy bajos en calorías —atributo que nunca está de más. Las endivias tienen un sabor amargo que honestamente a nadie puede gustarle de primeras. Es un gusto adquirido, quién no lo sabe. Y a todas las mujeres que quieren parecer elegantes, inteligentes y sobre todo mantenerse flacas, simplemente les encantan las endivias. Reto a cualquiera de mis lectores a que en la próxima reunión en donde se sirva esta delicada leguminosa observen con atención a la rumiante que las ingiera. Apuesto que será una mujer esbelta, bien perfumada que con el pulgar y el índice llevarán hasta sus labios la pálida hoja manteniendo el meñique recto en homenaje al *Manual de Carreño* o a la serie televisiva de los setenta *Los invasores* —a estas alturas del relajamiento social, da igual— y así poder lucir una perfecta manicura.

Más allá de las endivias y muy cerca de mi indigestión, lo que me quedaba claro es que jamás en toda mi vida había imaginado que yo podría ser la salvadora de la nación o por lo menos, lo que los priistas entendían en ese momento por nación.

Yo soy una simple publicista, y eso es lo que siempre seré. Aunque también soy, como muchos dicen…"Totalmente Palacio" y todo porque en 1997 se me ocurrió esa campaña que era lo que me había traído hasta este momento.

Desde que colgamos en los edificios de la Ciudad de México las primeras carteleras, la reacción fue espectacular. La gente hablaba de ellas en todas partes. Los medios de comunicación y en especial los caricaturistas políticos las usaban como referencia para utilizar su formato y así mofarse de cualquier personaje público que por entonces necesitara un acicate. "Totalmente Palacio" fueron Muñoz Ledo, Roberto Madrazo, Francisco Labastida, Manuel Camacho, Cuauhtémoc Cárdenas, Santiago Creel, Andrés Manuel López Obrador, obviamente Vicente y Marta Fox y hasta uno de nuestros personajes históricos más respetados: Emiliano Zapata. Más de 25 universidades de todo el país me invitaron a platicar sobre la campaña. Conozco la existencia de 12 tesis de licenciatura cuyo punto de partida es este ejercicio publicitario. A la fecha he dictado 43 conferencias sobre el tema. Casi 30 medios de comunicación cedieron páginas y aire para discutir sobre su creación y alcances. Y por si fuera poco, una artista plástica decidió hacer una contracampaña a la campaña, la cual fue exhibida en el Museo Carrillo Gil y en algunas calles de la Ciudad de México, mientras que uno de nuestros pintores más reconocidos, Arturo Rivera, utilizó su diseño para promover una exposición, señalando "Soy Totalmente batracio". Vaya un dato más, simplemente para subrayar el impacto de la comunicación que estábamos lanzando: se creó un gel para el pelo cuya etiqueta resaltaba con orgullo: "D'Angy. Soy totalmente pa'lacio, chino y todo tipo de cabello".

Sin duda ésta fue una campaña publicitaria que tomó a mucha gente por sorpresa, pero de entre todos, las más sorprendida siempre fui yo. Desde el principio me pareció increíble que una simple campaña comercial llamara la atención de políticos e intelectuales. El que "hay dos cosas que una mujer no puede evitar: llorar y comprar zapatos", ¿no era de todos conocido? O el hecho de que "es más fácil conquistar a un hombre que a un espejo" o que " a las mujeres siempre nos sobran kilos y nos falta ropa" o simplemente "que la ropa cubre lo que eres y descubre lo que quieres ser", ¿no eran verdades más sobadas que un conejo? ¡Claro que lo sabían!, lo que sucedía es que simplemente nadie se acordaba que ya lo sabía. Hasta la fecha eso es algo que provoca en mí una enorme fascinación: la cantidad de información que el ser humano no recuerda que sabe. Robert Frost —el famoso poeta norteamericano— dijo alguna vez que ésa es la característica fundamental de la poesía: recordarnos algo que no sabíamos que ya sabíamos. Tal vez lo provocativo de esta idea lo constituye el hecho de que frente a la constante vocación humana de olvidar, está el hecho de que siempre hay alguien memorioso que nos sorprende desde nuestro propio adentro.

Bueno, pues en primer lugar eso sí que tenía yo, buena memoria. Mucho de ello más que por dotes personales, por el simple hecho de ser mujer. Dirán los científicos que por química cerebral, a ciencia cierta no lo sé. Lo cierto es que las mujeres tenemos una capacidad especial para recordar una infinidad de cosas que a primera vista resultan completamente inútiles.

¿Quién no ha discutido con su pareja por el olvido de algún aniversario, fecha importante o no tan importante? Cuántas no nos hemos visto envueltas en esas interminables discusiones que comienzan más o menos así: "El sábado 20 de febrero en que íbamos al aniversario de tu jefe (increíble, ni siquiera es nuestro jefe, es el jefe de él y nosotras somos las que recordamos el hecho, haciendo que nuestro interlocutor ponga esa famosa cara que tanto odiamos, rara combinación entre una hoja en blanco y la respetuosa admiración frente a un cuadro en un museo)….tú estabas molesto porque me había comprado el traje rosa que me queda tan cortito (¿traje rosa? —piensa él. ¿Tú tienes un traje rosa?…¿es de pantalones?)… ya íbamos tarde porque nos habían citado a las dos y ya pasaba de la media (¡se acuerda de la hora de un evento al que yo ni siquiera recuerdo haber asistido! —piensa él— ¿tendré Altzheimer?)…y ahí fue cuando me prometiste…" y precisamente ahí es cuando da igual, la batalla está ganada. Él no recuerda nada, concluye que en el mejor de los casos tiene un raro tipo de amnesia que quizá con un botecito de Centrum o Biometrix sea reversible. Nosotras por lo general coronamos la victoria con un par de datos más que a él le resultan realmente sorprendentes: "Tú llevabas el traje gris que te regaló tu papá, los niños se quedaron en casa de tu hermana porque la chiquita llevaba dos días con fiebre, nos dieron de comer un pescado que estaba horrible y frío, nos sentamos con un compadre de tu jefe que habló pestes de él y cuya esposa no paró de darle recetas de pasteles a una señora gorda que se sentó a su lado".

Y yendo aún más lejos, esta inusitada capacidad femenina trasciende lo que nos incumbe, interesa o afecta y llega hasta la más profunda y detallada observación de cualquier cosa que también, sin ningún tipo de discriminación, se imprime con igual fuerza en nuestra memoria.

¿Quién no ha visto en la televisión el típico comercial que muestra las manchas que ha quitado el detergente publicitado frente a los restos de lodo, pasto o mole que deja el detergente de la competencia? Este tipo de comercial, que muestra las ventajas de un producto frente a otro, se llama *side by side*. Es un formato muy socorrido en la comunicación de productos farmacéuticos y a los fabricantes de productos de higiene personal no sólo les fascina, los vuelve locos verter liquidito azul en dos toallas sanitarias enfrentadas para que luego una mano perfecta que cobra honorarios por el simple hecho de ser una mano, entre con un papelito secante y demuestre que una sí absorbió y la otra dejó casi todo en la superficie, manchando así el antes impecable papelito.

Permítanme pues hacer un *side by side* de una cena cualquiera en donde también existe una contundente demostración de la capacidad de absorción: hombre y mujer están frente a frente.

"Qué puestazo le están ofreciendo a Juan José —dice él, quitándose la corbata frente al espejo. Con la gerencia en Estados Unidos ya nadie va a detener su carrera, su futuro es verdaderamente envidiable. Ella, que sentada frente al espejo se desmaquillaba, detiene el paso de la bolita de algodón por su ojo derecho y con el tono de voz más sarcástico que encuentra en su amplio repertorio contesta: "pues no estoy tan segura que se vayan a Estados Unidos". "¿Por quééé?" —pregunta él como lo haría un niño.—"¿No te fijaste que cuando él dijo lo de Estados Unidos, Margarita su mujer le tomó la mano y bajó la vista?" "¿Yyyy?" –pregunta él que ha dejado la tarea de desvestirse y se sienta en la orilla de la cama para prestar atención a lo que anuncia ser una de las mejores historias de misterio que escucha desde su adolescencia y que además promete tener un mejor final que aquél en donde el asesino fue el propio muerto. Con la ennegrecida bolita de algodón en mano ella se da vuelta lentamente para contarle casi a media voz la historia de la cena a la que por lo visto él no asistió y sí, se lo cuenta como si le contara un cuento a un niño. "¿No te fijaste que cuando ella le tomó la mano, él se descompuso por completo. ¿Que llegó el mesero a preguntarle a él si quería algo más de beber y que fue ella la que contestó que no. Que Margarita muy en bajito dijo: "ya veremos, ya veremos, falta mucho

142

tiempo". Que se pararon a bailar y estuvieron discutiendo en la pista y cuando regresaron él ya no pudo cenar nada y para colmo se fueron antes de que se partiera el pastel?" Para este instante la cara de él es de completa perplejidad y asombro y no tiene nada que ver el que ella todo se lo haya dicho con un ojo colorido y gigantesco y el otro pequeñito y enrojecido o lo que es lo mismo, con la comprobación palpable de que Dr. Jekyll y Mr. Hyde siempre convivieron al mismo tiempo en la misma persona.

No, él jamás vio nada de esto. Ella se acostará y dormirá a pierna suelta y él, si acaso logra desvestirse antes de la madrugada, no podrá conciliar el sueño, más que por el futuro de Juan José, el cual seguramente jamás llegará a Estados Unidos y si acaso llega, lo hará después de un estrepitoso divorcio, porque estará cavilando a qué horas vio su mujer todo eso que él no vio....¿habría bebido demasiado o su esposa en realidad era un ser superdotado y como decía aquella tía de Guadalajara que vino a la boda: "él se había sacado la lotería y se estaba llevado una verdadera joyita"?

Observación y buena memoria, dos características muy femeninas a las cuales ninguna le damos la menor importancia y que de pronto para mí se convirtieron en extremadamente valiosas.

Jamás imaginé que características tan comunes fueran a darme algún tipo de reconocimiento. En la universidad soñaba con hacerme famosa y para ello no encontraba otro camino que hacer algo distinto a los demás, algo sorprendente, superlativo. Recuerdo que por entonces llamaba poderosamente mi atención Rosa Luz Alegría. ¡La primera mujer secretaria de Estado! Capaz de llegar a un evento público en *jump-suit* (un atuendo muy de moda en la época que no era otra cosa que un buzo entallado de pantalón con un cierre gigantesco al frente que viajaba desde la parte más noble del cuerpo femenino hasta las otras partes nobles por las que tantas innoblezas se han cometido) y que por si fuera poco nuestra insigne secretaria de Turismo coronaba con una bandita que le cruzaba la frente, en una especie de "nostalgia-chic" del hippismo. La belleza y el atrevimiento eran característicos de Rosa Luz que saltaban a la vista pero no, no era eso lo que me gustaba de ella. Lo que me gustaba es que era la primera en hacer algo que nadie más había hecho.

¿Qué era eso que yo podría hacer que jamás nadie había hecho? Todo lo que intentaba me parecía una copia torcida de algo ya reconocido. Quería ser escritora, la versión femenina de Milan Kundera, tan famoso por entonces y del cual leí todo lo que escribió. El siguiente Juan Rulfo que tanta falta le hacía y le sigue haciendo a nuestra literatura. Escribir una novela como *La región más transparente* de Carlos Fuentes, desde mi punto de vista la mejor novela mexicana que se ha escrito. Rozar, tan sólo eso, a James Joyce y a Jorge Luis Borges. Pero aún hoy mientras escribo estas líneas pienso que es demasiado trivial y vulgar lo que escribo. ¿A quién puede interesarle leer lo que ya sabe aunque no recuerde que ya lo sabe?

Los días en que decido perdonarme pienso si este afán de perfección que nos persigue a las mujeres no será lo que siempre me detiene. ¿Será que muchas como yo viven en un eterno autosabotaje? No, nunca somos suficientemente inteligentes, siempre pudimos haber dicho algo más contundente que lo que dijimos, hablamos de más o hablamos de menos. A nuestros propios ojos rara vez dijimos lo justo, decimos más *síes* de los que nos gustaría haber dicho, menos *noes* de los que deberíamos. Ni remotamente somos las madres perfectas que soñamos y por si fuera poco, siempre estamos un poco más gordas de lo que quisiéramos, tenemos menos ropa de la que necesitamos y estamos un poco más viejas de lo que nos gustaría. ¿Soy sólo yo, o acaso Margaret Thatcher la famosa "Dama de Hierro" se preguntó alguna noche si se debería poner a dieta o si su crema de noche estaba resultando tan efectiva como había prometido la cosmetóloga que con tanto convencimiento se la vendió?

Sea por lo que fuere, más allá de algunos trabajos de escuela y mi tesis de licenciatura, jamás escribí un texto más largo que los reglamentarios 30 segundos que exigen los *spots* publicitarios, hasta hoy.

> Locutor: A las mujeres nos cae tan mal que el pelo no quede bien, que el resto del día lo que iba a quedar bien generalmente nos sale mal. Por eso prueba el nuevo shampoo (como se llame) que por su exclusiva fórmula de (lo que sea que tenga) da brillo y una fabulosa consistencia a tu cabello para que te sea mucho más fácil peinarlo. Prueba el nuevo shampoo (como se llame). Empieza bien tu día y de seguro más de uno querrá quedar bien contigo. De venta en (dónde quiera que se venda).

Me acostumbré a relatar todas las innumerables ventajas de un producto y su forma de uso en pocas líneas, a darle carácter a una marca con el mínimo de caracteres. Por todo eso es que me tomó tan de sorpresa el que los textos que escribía para El Palacio de Hierro llamaran tanto la atención. No pasaban cada uno de 14 palabras, lo cual para las reglas de un espectacular era ya un terrible error. Según los puristas de la publicidad, el buen *billboard* —como se les conoce en el argot publicitario— no debe pasar de ocho palabras. Lo cierto es que estos larguísimos textos estaban siendo leídos y hasta memorizados.

Carlos Monsiváis —otro de mis mexicanos y escritores predilectos— me dijo alguna vez que lo que a él le llamaba la atención de esta campaña es que se estaba echando mano de un viejo formato que pocos recordaban: el aforismo. Que le sorprendía que el ciudadano promedio se entretuviera con esos aforismos callejeros. Lo cierto es que jamás se pensó ninguna de las frases con un interés literario, y sí con el afán de que tuvieran un impacto comercial y ante todo, fueran verdad.

El primer ingrediente me valió el que Monsiváis me bautizara con un título terrible al que le tengo un gran aprecio, no sólo porque viene de quien viene, sino porque es una verdad más grande que una casa: Emperatriz del Impacto Efímero. Efectivamente, la tragedia de los que como yo se dedican a este oficio en el que todos los demás se orinan —¿o acaso no es verdad que el corte comercial es el momento ideal para desahogar una vejiga olvidada y engordada?— es que ocupa un brevísimo espacio tanto físico como temporal y mental.

El segundo ingrediente, la dosis de verdad, creo que era otro de los elementos que logró hacer la campaña aún más sonada. La verdad es poderosa pero ciertamente pocos países como México le tienen tanto aprecio. ¿Será tal vez que como la vemos tan de vez en cuando, nos da tanta alegría encontrarla? A veces pienso que el destino de los mexicanos no lo escribe Dios sino Agatha Christie. ¿No será que Dios está tan ocupado escribiendo la historia de los gringos, los japoneses y los franceses que ha delegado nuestro cuento a esta colaboradora de su corte celestial?

La historia cotidiana de nuestro país está escrita así: todo lo que parece que es, no es. Todo lo que debería de ser, tampoco será. Lo que realmente está sucediendo es lo impensable, lo improbable, lo imposible.

Cuando apenas estaba por caerme este veinte, pero ya lo traía entre los dientes, los titulares de los diarios dieron a conocer la existencia de "la osamenta de El Encanto" (una historia de las más aventadas que nos ha escrito doña Agatha, en donde incursionó en un género nuevo, algo así como el misterio de ciencia ficción. Esta historia venía de la muerte de Colosio , la desaparición de Muñoz Rocha y el descubrimiento gracias a una vidente de unos huesos humanos en una hacienda llamada El Encanto que incriminaban a Raúl Salinas de Gortari). Todo mundo hablaba de eso y yo en un puro afán humorístico aventuré: "por como es este país, esos huesos de seguro los puso el propio Raúl". Debo confesar que a pesar de mi cinismo, cuando a los pocos días ésa resultó la versión oficial, mi sorpresa fue mayúscula. Y sí, me cayó el veinte. (Por cierto ¿si ahora todos los teléfonos son de tarjetita y proliferan los celulares, cómo demonios le vamos a hacer los mexicanos para que nos caigan los veintes?)

Sufrimos de una constante escasez de verdad. Por eso está tan cotizada. Insistí y seguiré insistiendo en que si Vicente Fox es presidente de este país, lo es en mayor medida porque el grueso de los votantes lo vieron como un hombre honesto, nada más. Cada vez que escucho que ese triunfo significó un castigo colectivo al PRI, una derechización de la población, una fortaleza del PAN y sus valores, no puedo dejar de sonreír. No dudo que algunos votaran por Fox por estas razones y aun por otras más perversas, sin embargo el grueso de la población votó por él porque parecía honesto, de verdad, y les cayó bien.

Indudablemente, si alguien escuchara esta conclusión en alguna reunión —afortunadamente la estoy escribiendo— en el mejor de los casos pensaría que soy una estúpida y en el peor, que soy una frívola. Lo que sucede es que a muchos se nos olvida que la mayoría de las decisiones que tomamos los seres humanos las tomamos con el corazón y no con la cabeza.

Me levanté a fumar un cigarro sobre esta idea y por más que lo pienso no puedo encontrar ninguna decisión que sea estrictamente fría y cerebral. Las personas sienten y la vida se trata de robarnos el corazón los unos a los otros.

Jorge mi marido dice que no, que la vida se trata de nunca quedar como un pendejo. Su teoría por obvias razones es muy inteligente y por si fuera poco, de fácil comprobación. Frente a algún olvido o error que alguien nos señale y que ponga en entredicho nuestro coeficiente intelectual frente a los demás, todos nos apresuraremos a contestar algo como "sí, ya había pensado lo que tú dices pero…", "no, lo que pasa es que tú te refieres a otro tema…"; en fin, cualquier muletilla que funcione en descargo, o ya de plano si el caso es desesperado, le echaremos la culpa a otro de nuestros propios límites. Buscar de inmediato un culpable contra el que deberá caer todo el poder de nuestro ejercicio de la fiscalía: "si te dije eso fue porque fulano me dijo aquello —ya con esta entrada lo demás se construye rápido, el punto de atención ya no es uno mismo sino el fulano en cuestión—, "¡cómo es posible que fulano aventure esas conclusiones, difunda algo no comprobado!" , o lo que es lo mismo "date cuenta que el pendejo es él y no yo…"

Creo que tanto Jorge como yo tenemos razón. Robarle el corazón a los demás no es y nadie debe verlo como una pendejada.

He aquí pues las tres cualidades por las que la gente me estaba reconociendo: poder de observación, buena memoria y honestidad. Parecen las materias a evaluar que le calificaban a mi hijo en el kínder.

Debemos recordar que para ese momento yo ya había perdido toda esperanza de pasar aunque fuera de panzazo a la posteridad. De hecho había elaborado una complicadísima teoría en donde comprobaba que la mayoría de la gente cae en cuenta de este hecho doloroso y aunque lo dejen olvidado en algún cajón de su interior, se rebelan contra él. Así explicaba yo el que muchas de las obras de arte ya ubicadas en alguna estantería de la posteridad tuvieran a sus pies rayado con una llave o un clavo aquella famosa leyenda "fulano estuvo aquí". ¿No es acaso este esfuerzo vandálico el estertor de un mortal que a sabiendas de que en breve morirá deja esta imborrable herencia sobre algo que de seguro le sobrevivirá?, ¿una forma de inmortalidad?, ¿una manera de ser recordado? Yo por lo menos sí me he descubierto leyendo cada una de esas pequeñas cicatrices y preguntándome qué será de John Stuart, Liz Pascual, Esteban, Pedro, Lucy..., sorprendiéndome de lo lejos que están los años que muchos destacan: 1957, 1968, 1975, y comprendiendo el famoso "puto el que lo lea" —y es que algunos toman mejor que otros el diagnóstico de la propia y absoluta muerte.

No, no pienso que por haber hecho una simple campaña publicitaria que le gustó a la gente vaya a pasar a la posteridad. Tengo bien claro que mi cargo es "Emperatriz del Impacto Efímero". Sólo quiero decir que por un instante de esos que dijo Andy Warhol que todos íbamos a tener, fui famosa y algunos pensaron que podía cambiar el rumbo político del país. Y eso me tomó por sorpresa.

Todo lo cual tiene una dolorosa vertiente. ¿En qué clase de país vivimos que un simple publicista le hace más sentido a la gente que un político? El que "Fabuloso deje tu casa limpia y olorosa" o que "el Gansito sea un rico pastelito con relleno de mermelada de fresa y cubierto de chocolate" haga más sentido y sea más memorable que un discurso o una plataforma política, es preocupante pero cierto. Tanto lo que dice Fabuloso como lo que dice Gansito es simple y claro, todo mundo puede entender lo que ambos productos prometen y difícilmente alguien dudará que lo cumplirán. Y la gente, masivamente los compra. En una palabra, sí, el Gansito tiene más credibilidad y poder de convencimiento que el de la mayoría de nuestros políticos.

Sí, lo que escribo es dramáticamente vulgar y quizás en el fondo eso es lo que he venido haciendo todas estas páginas, una defensa de la vulgaridad. Aquel que pretenda hacerle sentido a la gente —al pueblo, al vulgo, a la masa, al grueso de la población, que es quien al final del día define una elección— y tocarle el corazón aunque sea con las yemas de los dedos, debe estar dispuesto a "ensuciarse" las manos y los lóbulos cerebrales.

No caben los arrogantes, ni los melindrosos, ni los que se descomponen del estómago con el Big Brother. Lo popular debe llamar poderosamente su atención, respetarlo y aprender de él —60% de los televisores del país se encendieron para ver la final del Big Brother en noviembre del 2003 y eso quiere decir mucho más que era domingo por la noche y la gente se quería entretener.

Y tampoco se trata de hacer un estudio antropológico o, como muchos pretenden, unas sesiones de grupo (grupos de enfoque, *focus groups*) en donde ocho personas nos van a decir qué les gusta y qué no y aún mejor, qué es exactamente lo que quieren ver y escuchar. Tocar a las personas no es una ciencia y mucho menos exacta y como es natural no puede hacerse en la distancia y en la asepsia quirúrgica de la observación científica (ya lo dijo el máximo científico de nuestra era, Albert Einstein: "las personas hacemos muchas cosas que ni siquiera sabemos por qué las hacemos"). Hay que perder el asco que desde la intelectualidad se le tiene al ciudadano común y corriente.

Claro, yo no soy nadie para dar ningún tipo de consejo. Soy, como ya he detallado, una mujer cualquiera, con características que cualquiera posee. Soy tan común y vulgar que lloro, miento, me contradigo, me equivoco y cambio de opinión. Creo que hay platillos que sólo a mi mamá le quedan bien, que las vacaciones siempre son muy cortas y las esperas en el doctor muy largas. No me gustan los aviones, la sopa fría, las arañas y las toallas que no secan bien. Me gustan las películas, las canciones de amor y mojar el pan dulce en el café. Y para colmo, soy de las que se tiran en la hierba para admirar las estrellas en cualquier "lugar común". Quizás y con un poco de suerte, Robert Frost tenía razón y en eso que todos sabemos, que nos es tan común, tan corriente y tan vulgar hay algo de poesía.

Sólo me resta comentarle al lector más curioso aquí muy en corto que no, no ayudé a Francisco Labastida, más allá de lo que yo pensaba o sentía, porque a esas alturas del partido —la oferta llegó cuatro meses antes de la elección— la gente ya había tomado una decisión y sí, como lo he dicho mil veces, respeto lo que la gente piensa y siente, y mucho más lo que decide.

MUJER DEL MÉXICO POSIBLE

Patricia Mercado

En mi vida me tomó por sorpresa cuando casi me convertí en hombre: se me desapareció la menstruación durante un año al convivir casi 60 días, día y noche, con 89 varones. Yo formaba parte de la dirigencia del Sindicato Nacional de Trabajadores Automotrices, que afiliaba a los trabajadores de las fábricas de autobuses DINA y la de automóviles Renault de México. Durante esos 60 días fui parte del comité de huelga en una de las primeras huelgas, si no es que la primera, donde trabajadores se rebelaban en contra de los reajustes masivos de personal, que se pusieron a la orden del día cuando inició la llamada *reconversión industrial* en nuestro país. Los hombres con los cuales conviví ese tiempo eran 30 del Comité Ejecutivo Nacional, 30 de la Comisión Revisora del Contrato Colectivo y 29 del comité de huelga (yo era la 30, la única mujer). Estas 90 personas estábamos al frente de un sindicato que contaba con más de 12 000 afiliados, de los cuales menos de 5% eran mujeres.

Cuando empezaba a vivir mis 20 años, entré al Partido Revolucionario de los Trabajadores, que decidió en ese tiempo que había que dar lo que llamó *el giro a la industria* para ser parte de la clase trabajadora, e impulsar su autorganización. El partido tenía muchos militantes en esa época, fue uno de los que se acogió rápidamente a la reforma política y obtuvo su registro como partido alcanzando representación parlamentaria. Sin embargo, sólo unos cuantos militantes dejaron sus trabajos y se integraron en la industria; y por supuesto uno de esos fui yo. Siempre he sido muy disciplinada, y obedecí de inmediato: dejé la universidad, mis estudios de economía y fui al trabajo en fábrica. Yo quería entrar a la fábrica de artículos electrónicos Kelvinator que está en Ecatepec, Estado de México, pues ahí había muchas mujeres obreras. Incluso me metí a estudiar electricidad, a una cuestión muy técnica, pues yo quería entrar a la línea de producción. No se pudo y en cambio me contrataron en DINA. Realmente me sorprende ahora como tuve el valor de dejar todo lo que yo era, una joven que había estudiado con monjas, hija de familia, obediente con mi madre (que me quería casar con un rico agricultor sonorense), formada en la teología de la liberación, comprometida con la cuestión social desde el amor al prójimo. ¿Cómo pude dejar todo eso (¿o cargar con todo eso?) e irme a lugares que no conocía, que me eran totalmente inhóspitos y abrirme camino sola, porque además todo era medio clandestino? Yo creo que ahí se templó mi actual fuerza de voluntad.

Mis 89 compañeros del sindicato se deshicieron de mí (según ellos) aceptando mi propuesta de construir un movimiento de solidaridad con la huelga. Dijeron que sí, sin darle la menor credibilidad a mi capacidad para lograrlo. Aceptar mi propuesta no les resultaba peligroso y de paso se libraban de mi presencia, tan incómoda por distinta: yo no era obrera, no pertenecía a su clase, y era mujer. Este sindicato formaba parte de la Unidad Obrera Independiente (UOI) dirigida por Ortega Arenas, un dirigente sindical que, si bien no pertenecía a las grandes centrales obreras ligadas al antiguo régimen priista, también tenía un férreo control corporativo sobre los sindicatos que aglutinaba su central. A pesar que ya había surgido el sindicalismo independiente en las universidades y en algunas empresas industriales, la dinámica de esa central era muy hacia adentro: no se "contaminaban" con el acercamiento de otras organizaciones sindicales o sociales. Sin embargo, no tuve temor al rechazo y emprendí la búsqueda de otros sindicatos y organizaciones que nos dieran solidaridad. Por supuesto, logré mi objetivo: conseguí recursos económicos, solidaridad política, pronunciamientos a favor de nuestra huelga. Además, me gané el respeto de muchos dirigentes políticos y sociales que me conocieron en esa época. Éste fue un capital político importante después, cuando mi militancia feminista, pues al menos me daban el beneficio de la duda ante ciertas organizaciones. Es decir, si yo había sido dirigente sindical pues seguramente mi feminismo no era tan malo y *burgués* como el de otras mujeres. Esto me abrió muchas puertas y me ganó legitimidad en años posteriores, cuando mi activismo a favor de las causas de las mujeres absorbió todo mi interés y tiempo.

Fui delegada en Italia, en un congreso de la IV Internacional, organización de origen trostkista a la cual pertenecía el partido en el que militaba; había delegados de todo el mundo, yo tendría 25 años o menos, no recuerdo. Tuve una intervención en este congreso, que preparé con mucho cuidado. Realmente era una osadía de mi parte hablar, una cosa es que fuera delegada y otra cosa que hablara, pero yo me sentía —como siempre me pasa— con la responsabilidad de hablar a favor de la propuesta feminista que teníamos las mujeres de ese congreso. Recordando mi experiencia sindical, antes de hablar de las mujeres hice una reflexión sobre los puntos que se trataban en el congreso y sólo la segunda mitad de mi intervención la usé para hablar de las mujeres. Así gané primero la atención ante los temas que les importaban a los hombres para después atrapar su atención a mis intereses políticos feministas. Los comentarios que surgieron después fueron en el sentido de reconocer qué importante era mi compromiso con las mujeres habiendo sido una dirigente huelguista. Hablando de sorpresas, es sorprendente cómo las feministas hemos tenido siempre que demostrar que estamos a favor de la justicia, de los trabajadores, de los pobres o de la democracia para lograr un lugar de reconocimiento dentro de las izquierdas. Nunca me dejará de sorprender todo lo que tenemos que hacer las mujeres para, sin convertirnos en *hombres,* ser reconocidas como líderes políticas y sociales desde nuestra diferencia. A otros actores políticos, como los indígenas, los campesinos, los ecologistas, se les da legitimidad sin que tengan que dar tantas explicaciones.

La huelga la perdimos, y salí despedida, junto con otros 2 000 trabajadores. Mi última intervención ante cerca de 5 000 obreros fue para proponerles algo que los dirigentes no quisieron debatir en serio y menos si provenía de mí. En esta asamblea estos duros obreros automotrices me escucharon con respeto aunque no apoyaran mi solitaria propuesta. Mi idea era similar a la que hoy ha hecho acertadamente el sindicato de la Volkswagen para evitar los despidos negociando el salario o la jornada. Yo proponía proteger las fuentes de trabajo y ponernos a estudiar, junto con la empresa, los distintos caminos para restructurar la industria sin necesidad de dejar a tanta gente sin trabajo. Detener el aumento salarial priorizando el empleo. Ni los obreros, ni mis compañeros de partido, pudieron escuchar lo que les propuse. Era muy difícil darme la razón. Hoy, si las cuentas no me fallan quedarán quizás unos 1 000 trabajadores de los 12 000 que fuimos. Ciudad Sahagún es una ciudad casi desierta, después de haber tenido una gran actividad industrial. Todavía me puede que, aunque casi me convertí en hombre por un año, no pude ser escuchada por ellos.

Momentos y circunstancias donde me he sentido poco preparada

Yo estudié primaria, secundaria y preparatoria en escuelas católicas, escuelas solamente para niñas, dirigidas por monjas. Las Mercedarias de Berriz, donde estudié la prepa, me hicieron más consciente de mi realidad, de las diferencias, de la pobreza y de la necesidad de hacer algo para cambiar las cosas. Siempre desde una perspectiva de amor, de entrega, de compromiso con los demás sin esperar nada a cambio. Creí fervientemente en ello por mucho tiempo. Cuando a los 17 años ingresé a la universidad en Hermosillo, Sonora, al mes de haber entrado me enrolé en el movimiento estudiantil. Me entregué en cuerpo y alma a esa tarea, repartiendo volantes, boteando, haciendo guardias, discutiendo con mis compañeros que todo eso lo debíamos hacer por amor a los otros, por la justicia pero sin violencia, etc. Sin darme cuenta, había caído en medio de guerrilleros y organizaciones políticas clandestinas; yo creía que sólo eran estudiantes tratando de cambiar las cosas. Empecé a asistir, sin siquiera registrar dónde estaba, a reuniones de "célula" que eran como grupos básicos en las estructuras organizativas de algunas organizaciones políticas; nadie se había tomado la molestia de decírmelo y yo creía que nos reuníamos para estudiar. Después me di cuenta de que lo que hacían era presumir que yo estaba en tal o cual célula, " de que me habían cooptado", aunque yo no me enterara de qué significaba eso.

Yo era distinta a las activistas estudiantiles de izquierda por mi lenguaje, mi manera de vestir, mi formación católica, mi escuela privada de monjas. Una mujer no de mal ver, inteligente, comprometida y *burguesa*. Esto último era, por lo pronto, un gran mito. Sin embargo, hasta ahora hay personas que cuentan que yo llegaba a la universidad en carros último modelo, con chofer, etc., lo que no tiene nada de real. Me llamaban Patricia Hearst, porque hacían una analogía con la joven millonaria americana que en ese tiempo fue secuestrada por guerrilleros y que finalmente se quedó con ellos por voluntad.

Llegó un momento que yo no entendía nada: estaba metida en asuntos que rebasaron mi experiencia e ingenuidad. Además, a mis 17 años yo no había tenido relaciones sexuales, y varios de los compañeros me decían que una mujer revolucionaria no podía no tenerlas, aunque no las gozara (decían que eso lo lograban las mujeres alrededor de los 30 años), pero que era muy importante no ser virgen. No pude más, y regresé a Ciudad Obregón. Sintiéndome un poco derrotada, pedí permiso para irme a estudiar lejos de Sonora, a la Ciudad de México.

Con esta experiencia empecé a conocer ese principio de que el fin justifica los medios, muy común entre ciertos movimientos y liderazgos de izquierda y sin lugar a dudas de la derecha. O sea, cuando el fin es legítimo, y por supuesto eso lo decide la organización o la persona líder, no importan las personas que se lleven de corbata en sus derechos e incluso a veces en su integridad física. Además, todo será recompensado, pues se lucha por establecer el *reino de la justicia. Al fin de cuentas, todo habrá valido la pena.*

Muchas veces en mi vida me he sentido poco preparada para realizar una tarea o para salir adelante en una situación personal, sin embargo, las que más me aterran es cuando en este tipo de confrontaciones con fundamentalismos de derecha y/o de izquierda soy muchas veces poco pronta, aguda y fuerte para enfrentarlos.

Siempre me ha sido muy difícil polemizar; soy rápida para razonar políticamente, pero no para debatir. En la confrontación de posiciones con personajes de izquierda radical o revolucionaria que he tenido en distintos momentos de mi vida, mis razones pierden frente a sus posiciones fundamentalistas. Otro ejemplo. Cuando el terremoto de 1985, varias feministas nos topamos con la trágica situación de las costureras: unas habían sido sepultadas en los precarios talleres de costura y otras se habían quedado sin su fuente de empleo y con la decisión de los empresarios de no indemnizar sus años de trabajo. Yo pertenecía a un grupo feminista, Mujeres Trabajadoras Unidas, A.C. que quería incidir en una organización de mujeres trabajadoras pues, según nuestro análisis, ellas podían ser la punta de lanza para la autorganización de las mujeres en su conjunto.

Acompañamos políticamente a las costureras del Sindicato 19 de Septiembre durante casi cuatro años, lo cual provocó cambios significativos en mis ideas sobre cómo desarrollar procesos de organización y movilización por mis causas. Al tratar de apoyarlas entramos a su proceso de organización para el pago de indemnizaciones, y para una posible recuperación de sus fábricas. Ésa fue una experiencia que me impulsó a estudiar derecho: el litigio frente a las autoridades laborales y frente a los empresarios para resolver la liquidación de las costureras o la recuperación de su trabajo. Estuve como seis meses todos los días en las juntas de Conciliación y Arbitraje, en la Secretaría del Trabajo, con la tarea de abogar por las costureras. Esa situación me enseñó mucho, pero más aprendí de la actitud de las propias trabajadoras. Primero aprendí a no andar pobreteando a nadie, me enseñaron a desmitificar esa actitud de la izquierda. Ellas de verdad buscaban su superación, no regodearse en la pobreza y en la marginalidad y con mucha responsabilidad ante su empresa. Recuerdo cómo ante una revisión de contrato colectivo y ante la imposibilidad real de un gran aumento salarial les propuse que podrían pedir un día más de vacaciones al año que los que dice la ley. Al unísono me dijeron que no, que la empresa no resistía eso por cuestiones de producción.

Además, les chocaba la manera en que hablábamos de su situación, la retórica izquierdosa. Para ellas ganar en ese entonces 300 pesos a la semana no era "un salario de hambre", y detestaban que dijéramos eso. Por supuesto que querían ganar más, pero eso de "salario de hambre" era verdaderamente un insulto: "salario de hambre ganarás tú, yo no".

Entendí por qué no puedes hacer cosas como el *giro a la industria*, ni te puedes convertir en líder de algo que finalmente no es tuyo. Algunas compañeras de la otra corriente plantearon que, al formar el sindicato de costureras, nosotras, las feministas que estábamos ahí, teníamos que ser las integrantes del comité ejecutivo. Nuestro grupo se negó; desde un principio fuimos muy claras y sostuvimos que no podíamos suplantar a las costureras, que nadie más que ellas tenían que seguir su proceso, porque finalmente, ganaran o dejaran de ganar lo que fuera, era el trabajo de ellas y sus condiciones laborales lo que estaba en juego.

Sin embargo, no hubo manera de detener las posiciones fundamentalistas para las cuales lo único importante era luchar por la revolución y no por lo que la gente necesitaba en ese momento. Es más, según esa postura, era mejor no resolver, alargar los conflictos, porque si se resolvía, la gente ya no iba a querer luchar. Entonces había que postergar las soluciones, porque lo que importaba era la lucha, la "revolución". Durante ese tiempo mil veces me sentí impotente y sin capacidad argumentativa para convencer que el camino que se había elegido por esta dirección fundamentalista de izquierda estaba equivocado, que no tenía futuro y que acabaría con la organización sindical, tal como sucedió.

Me sentí impotente, incapaz, frustrada porque había trabajado intensamente por construir un sindicato que fuera una organización de defensa de las condiciones laborales y salariales de las costureras y cada día se hacía menos posible su sobrevivencia. Cuando por fin las costureras nos hicieron caso y ganó nuestra posición, que planteaba una estrategia distinta frente a los empresarios y no la de andar cerrando fábricas todos los días, llegó el liderazgo mesiánico de Evangelina Corona, a quien, según ella, Dios le decía todos los días qué hacer; ahí ya todo se fue por un caño.

Salimos de un fundamentalismo político para que se apoderara del sindicato otro fundamentalismo, el religioso. Con ése ya no pude seguir luchando. La secretaria general del sindicato, Evangelina Corona, que fue diputada por el PRD al Congreso de la Unión, creía que no había necesidad de hacer nada pues Dios lo resolvería todo: no había necesidad de analizar y tomar decisiones colectivas pues la mano de Dios la guiaría a ella esa misma noche, o al día siguiente.

Sin embargo, lo que rescato de esa negativa experiencia es que las costureras me dieron la oportunidad de volverme políticamente lo que soy ahora, socialdemócrata. Creo en la justicia y creo en la libertad, y una sin la otra me saben mal. Ellas me enseñaron a entender la pobreza no desde el lugar de la vanguardia salvadora sino desde la dignidad. Todavía hoy, cuando alguien dice en discursos dizque revolucionarios que no se pueden aceptar los "salarios de hambre", me acuerdo de la reacción indignada de las costureras, que decían " de hambre, tu abuela..."

Un reto desconcertante

El ofrecimiento de la candidatura a la Presidencia de la República por el partido Democracia Social para las elecciones de 2000. El reto me tomó por sorpresa: a pesar de mi activismo político no estaba preparada para asumir un reto de este tipo. Además, en mi familia no hay un solo militante político, ni mi padre, ni un abuelo, no tengo una historia familiar de políticos y los tomó por sorpresa, ¡candidata a la Presidencia! ¿De dónde había salido esa propuesta?

Claro que fue una candidatura efímera y tragicómica. En mi primer y único acto como precandidata, iniciaba una gira en el Estado de México, antes de entrar al salón donde me esperaban para conocerme, me caí en un hoyo profundo que no se veía a simple vista. Terminé en el hospital, con una pierna rota e inutilizada por los siguientes tres meses. Además Gilberto Rincón Gallardo, que inicialmente había estado de acuerdo con mi candidatura, decidió después correr como candidato y tuvimos que competir. Perdí por cinco votos. Lo demás es historia, no era mi momento. Democracia Social perdió su registro en el año 2000, construimos México Posible y lo perdimos de nuevo.

Hoy enfrento otro reto desconcertante: ir por tercera vez tras el registro de un partido de izquierda moderna, feminista, ecologista, defensor de los derechos humanos y de la diversidad. Se entenderá nuestra visión o pasaré como una terca que no sabe leer que la realidad por más fea que parezca ya no ofrece espacios para nadie más a nivel electoral. Sin recursos económicos, sin grupos que nos financien, apostando en la ciudadanía que quiera otra forma de hacer política, el grupo de feministas, ecologistas, socialdemócratas, gays y defensores de derechos humanos que trabajamos para registrar México Posible intentaremos (ojalá la tercera sea la vencida) conseguir el tan anhelado registro en 2006.

A PESAR DE TODO

Magdalena Carral

Mi mamá tiene los ojos verdes y es muy guapa. Nació en 1928, en una casa en el campo. Cuando era niña decía que iba "a México" los sábados, aunque ahora su casa está metida en el D F, en una de las zonas más congestionadas de la ciudad.

Su papá la llevaba en un Packard e iban a caminar por la calle de Madero, oían misa en La Profesa y al final pasaban a Sanborns y a una joyería que a mi mamá le encantaba. Se quedaba horas frente a los escaparates enamorando un anillo que yo uso desde que me lo regaló cuando cumplí 18 años. Cuando iban a Sanborns, caminaban pasando por Lady Godiva en donde la esperaban algunos pretendientes. Mi abuelo no la dejaba detenerse pero ellos disfrutaban de haber visto a la joven y luego le mandaban una notita en donde declaraban su amor y prometían estar el siguiente sábado, a la misma hora y en el mismo lugar, para volver a gozar de ese momento.

Su papá era muy austero. Iba siempre con sombrero y con los zapatos muy bien boleados. Su guardarropa constaba de dos trajes, cinco camisas, tres corbatas, un fistol con una perla y un par de mancuernas. No era muy alto, pero tenía mucha clase. Era un hombre callado y conservador. Tenía una especial debilidad por mi mamá por ser la más pequeña de su casa. Cuando amanecía el clima frío, le rogaba a mi abuela que no la despertara para ir al colegio. No se fuera a resfriar. Mi abuela insistía en que la niña tenía que levantarse y no atrasarse en la escuela, pero al final ganaba mi abuelo y se quedaba en la casa.

Mi mamá tuvo 14 hermanos, de los cuales murieron cinco. Ella trata de recordar el orden en el que quedó su familia después de la muerte de sus hermanos y no lo logra. Una de sus hermanas se cayó de la azotea y otra murió muy joven después de una operación poco supervisada. La carencia de antibióticos y la falta de buenos servicios médicos actuaban de forma perversa en esa época.

Mi abuela materna era muy atractiva; se veía grande junto a mi abuelo. Era una mujer divertida, animada y llena de vida. Una mujer pragmática a la que lamento no haber conocido pues creo que ella estaría intercambiando correos electrónicos conmigo y comprendiendo mejor que muchos de nosotros este mundo complejo.

Mi mamá tenía 14 años cuando conoció a mi papá. Una de sus hermanas se casó con un primo de mi papá. En esa época, cuando eran novios, mi mamá y una amiga suya iban de chaperonas y daban tanta lata que su hermana y el novio decidieron presentarles a unos jóvenes prospectos; uno de ellos era mi papá, que en ese entonces era muy noviero.

A mi mamá la invitaban mucho a salir, pero mi abuelo no la dejaba ir a ningún lado, era su adoración. De soltera sólo una vez viajó fuera de México. El tío Lalo la llevó a Nueva York. Tenía 16 años. La condición para llevarla de viaje fue que siempre llevara zapatos de tacón, lo que cumplió al pie de la letra. Allí iba por todo Manhattan, con sus tacones y un abrigo que le compraron mis abuelos. Aunque no hablaba inglés, estuvo feliz. Durante una semana fascinó a toda la gente que la conoció.

Tres años después se casó, con un vestido de satín muy cerrado en el cuello y unas mangas largas con tiras de encaje de Bruselas. Estaba muy delgada y quería peinarse con un chongo, pero su suegra no la dejó, porque se veía muy "agrandada". En ese entonces mi abuelo estaba muy grave y mi mamá no pudo disfrutar mucho la boda. La luna de miel fue en Acapulco pero tuvieron que interrumpirla por la enfermedad de mi abuelo.

Al año nació Pepe, el mayor de mis cinco hermanos, que se convirtió en la fascinación de mis abuelos paternos. Mis abuelos Carral le tenían un cuarto especial al que no podíamos entrar ninguno de los otros hermanos. En esa habitación se enfilaban sus escuadrones de guerra. Pepe era muy ingenioso y hacía ejércitos de plastilina. Todos los soldados usaban casco, con sus correspondientes banderas. Había generales, mariscales, tanques y todo un despliegue militar que nadie, absolutamente nadie, podía tocar.

Cuando Pepe tenía casi un año, y ante la triste noticia de la muerte de mi abuelo, mi papá decidió, para consolar a su mujer, tomarse un tiempo e irse a Europa con ella por un mes, que se convirtió en medio año. El dinero para 30 días se estiró a todo lo que daba.

Acompañados de una pareja de amigos, emprendieron el viaje en un barco carguero. Los camarotes de tercera clase tenían tantas cucarachas que la mejor solución que encontraron fue hacer que se concentraran en un solo punto; bajaron los dulces del comedor elegante y los colocaron en un rincón, así las cucarachas no se moverían del lugar.

Pepe mi hermano se había quedado a vivir con mis abuelos y al regreso del viaje de mis papás ya no fue tan fácil su retorno a casa. Mi abuela Carral tenía una nana que espiaba y espiaba todos los días para ver qué había comido Pepito. Se llamaba Esperanza. Mi mamá le decía la Gestapo y todos los días pasaba el reporte de qué le daban de comer a Pepito e incluso si desinfectaban el plátano que le ofrecían, si la cuchara estaba bien lavada, si el niño había tomado seis u ocho onzas de leche, etcétera.

Luego vino lo de su cuarto, los demás hermanos reclamaron un espacio y se les negó. Entonces mi mamá muy firme se enfrentó a mi abuela y le dijo que si sus otros hijos no podían tener una habitación similar a la del mayor, era mejor que ninguno la tuviera. Allí acabó la ilusión y el privilegio del cuarto, aunque Pepe no dejó de ser el favorito de mis abuelos.

Yo fui la primera nieta, pero como una hermana de mi papá había muerto, o al menos ésa fue la razón que me dieron, mis abuelos paternos nunca me hicieron mucho caso. Me acuerdo mucho de mi abuela Carral, pero por los pellizcos que me daba en misa.

Cuando hice la primera comunión, mi abuela se encargó de encerrarme todo el día en un convento para recibir la preparación que la época exigía. Mi felicidad ese día provenía básicamente del vestido que me habían traído de España; era de organdí y estaba "encañonado" a la usanza de la época. Recuerdo que calentaban una pincitas en la estufa, que al aplicarlas hacían que los encajes se ondularan y, con el almidón, quedaran marcados.

Yo me sentía como princesa. Tenía una corona de rosas blancas, bastante cursi, pero que me hacía muy feliz. Mi mamá se sentó conmigo en misa, con su misal con tapa de nácar blanco. Lo único que no me gustó fue que todos los regalos eran rosarios, cruces o medallitas y no juguetes o muñecas, que era lo que me hacía más ilusión.

A diferencia de mi mamá, mi papá venía de una familia muy pequeña. Quedaron tres hermanos cuando murió mi tía, muy niña. Mi abuelo paterno disfrutaba mucho de la música y jugaba tenis en el Deportivo Chapultepec. Participaba en la Asociación Daniels que se encargaba de promover grandes conciertos en Bellas Artes y contaba con un número considerable de miembros que se reunían en las temporadas musicales. Los tres hermanos estudiaron una carrera y a los tres les gusta mucho la música. Mi papá es el único que juega tenis como mi abuelo. Siempre ha sido muy trabajador aunque creo que ahora, a sus 81 años, disfruta más que nunca lo que está haciendo.

Me acuerdo que una vez el banco donde él trabajaba financió una película de James Bond. Tendríamos una cena y una comida con Sean Connery y no lo podíamos creer. A la cena, en la que estuvieron Dolores del Río y Cantinflas, asistieron los adultos. Yo me dormí temprano para estar lista para la comida del día siguiente. Estaba muy emocionada de conocer al Agente 007.

Para decepción de mi mamá, el señor era calvo y con unos bigotes muy largos estilo Pancho Villa. A ella le pareció indecente pues estaba acostumbrada a verlo en grandes hazañas, sin bigotes y con pelo. Yo me había puesto un vestido horrible de colores, muy psicodélico, con un sombrero a juego. Complementé con unos lentes oscuros y muy segura de mí misma me fui a retratar con James Bond. La foto la tengo guardada por respeto a Sean Connery, que realmente estaba horrible, y a mi vestimenta. En fin, a todos nos hizo mucha ilusión tener a Sean Connery, excepto a mi mamá que dijo que estaba muy guapo en las películas, pero muy feo en la realidad.

Mi mamá ha sido una mujer excepcional. Aprendió, con mucho trabajo, a vivir una vida que no era la que había esperado ni para la que la habían educado. Tuvo una infancia campirana que tenía que ver con las gallinas ponedoras, que según me dice eran rojas y blancas, con un tío que era ganadero, con ir a ver los toros bravos y con un tanque donde bañaban a los caballos. Mi mamá y sus hermanas se divertían así, en una vida al aire libre.

En Navidad hacían posadas y adornaban un árbol precioso. Mi abuela, muy ingeniosa, con muy poco hacía mucho. Incluso repartían *sweaters* y chalecos a los agricultores y a los peones que trabajaban el campo. Era ropa que habían tejido mi mamá y sus hermanas. Había posada para los amigos y familia y posada para dar a los demás.

Cuando yo nací, hubo gran alboroto. En la familia ya había demasiados hombres y después de colocar múltiples veladoras en todas las iglesias de México, por fin, una mañana soleada en primavera llegó la niña tan deseada. Rodeada de cuatro hermanos, recibí toda suerte de apodos, unos más feos que los otros.

Me gustaba mucho hacer pasteles y jugar con mis muñecas, y a pesar de que mis papás me protegían mucho y de que mi mamá decía que a su niña no la podían tocar ni con el pétalo de una rosa, la verdad es que cuando se iban de viaje, mis hermanos se vengaban.

Todavía me acuerdo del olor del pelo de una de mis muñecas favoritas cuando la amarraron a una columna de fierro, hicieron una fogata y la quemaron como a Juana de Arco. Yo me fui a encerrar a mi cuarto y lloré mucho porque sólo quedaban los ojos y las articulaciones de la muñeca totalmente chamuscados. En la noche, cuando trataba de dormir, movían el tapete de mi cuarto y yo preguntaba que qué era lo que se movía y nadie me contestaba. Por supuesto, mi mamá decía que yo era una niña muy nerviosa y me tenían a base de té de azahar y Passiflorine.

Mis hermanos, Pepe, Jorge, Joaquín y Andrés tenían una vida aparte. Jugaban futbol y siempre estaban juntos en un mundo propio. Todos iban a un colegio distinto al mío porque mis papás habían pensado que como única mujer estaría mejor en un colegio de monjas.

Pepe, de quien ya hablé, se indignó cuando yo tenía 16 años y me iba a cambiar del colegio de monjas a un colegio extranjero donde según él sembraban marihuana en la azotea. Le reclamaba a mi mamá y le decía, "¿cómo mi hermana va a ir a ese colegio de marihuanos?" Mi mamá siempre tan sabia, no le daba la razón y le decía, "tu hermana ya está grande para hacer lo que ella quiera y decida". Me acuerdo que también cuando iba a entrar a estudiar a la universidad, Pepe volvió a dudar de mi decisión. Yo estaba segura que estudiar economía en el ITAM, entre otros beneficios, me daría una mayor aceptación y credibilidad en una familia de hombres donde no la tenía fácil. Así fue.

Con Jorge siempre me llevé bien, él era el bohemio de la familia y desde muy joven tenía facilidad para la pintura. Me gustaba platicar con mi hermano porque era sensible y buen conversador. Él le diseñaba la ropa a una novia eterna que tenía y a mí me gustaba ver cómo dibujaba los vestidos. Más adelante mi papá lo cachó en una travesura que no le gustó y lo corrió de la casa. Se fue a vivir a San Miguel de Allende, donde lo becaron por su talento en la pintura. Estaba en la escuela de La Esmeralda y me contaba de las maravillosas clases que el maestro Zúñiga le daba.

Joaquín era muy maldoso, era el autor de las hogueras de mis muñecas. Me decía *raus*, que en alemán quiere decir fuera de aquí y que únicamente se utiliza para referirse a los perros. Como todos iban al Colegio Alemán, hablaban alemán entre ellos para que mis papás y yo no les entendiéramos. Nos dábamos cuenta de que hablaban de nosotros porque de repente se colaba un *meine mutter*, que ya sabíamos que quería decir mi mamá. Entonces alzábamos la guardia y exigíamos que inmediatamente nos dijeran lo que estaban hablando, cosa que evidentemente no sucedía. Luego Joaquín se transformó, cuando regresó de pasar un año en Alemania y lo apodamos San Francisco por lo bueno y generoso que se volvió.

Con mi hermano Andrés trataba de llevarme bien porque yo aspiraba a que sus amigos me invitaran a salir. Cuando yo tenía 15 o 16 años, Andrés tenía un grupo de amigos muy *in*, como el que todo el mundo hubiera deseado tener: guapos, bien vestidos y muy divertidos. Tenían un "club" al que yo me moría por ir, aunque fuera sólo una vez, por lo que siempre le rogaba que por favor lograra que alguno de sus amigos me invitara, pero yo no era de su estilo. La verdad es que todos salían con niñas muy bonitas y yo era francamente feona. Me decían que tenía cuerpo de campeona de natación, cosa que yo no entendía, por eso no me ofendía; hasta después de muchos años supe que era porque "nada por aquí y nada por allá".

Un feliz día Andrés me comentó que su amigo "Cervera", que era el menos popular del grupo, había invitado a otras dos niñas y no habían podido ir, con lo cual había una ligera esperanza de que en tercer lugar me invitara a mí a una de las famosas reuniones del club. Así fue, me habló y fui a la cena que organizaban todos los meses. Era muy divertido porque los amigos que no llevaban pareja hacían show, imitaban, contaban chistes y hacían las veces de meseros, aunque sólo había tortas para cenar. Me la pasé muy bien y me dio gusto estar en ese grupo aunque fuera sólo por una noche, porque nunca más me volvieron a invitar.

Alonso es más chico que yo. Cuando nació me dio mucho coraje y recuerdo haber ido a su cuna para torcerle el dedito por haber llegado a quitarme un espacio. Yo era, además de la única mujer, la más pequeña de la familia y no se lo perdonaba. Además, como yo quería tener una hermana, al pobre lo vestía de niña. Sí, tenía dos o tres años cuando yo le ponía unos moños en la cabeza sin que nadie me viera y hacía la fantasía de que tenía una hermanita, pero creció muy rápido. La verdad siempre hubo una buena relación y aunque él estudió muchos años fuera de México, cuando llegó nos descubrimos nuevamente y nos caímos muy bien.

Volviendo a mí y recordando cómo era, me veo muy flaquita y sin mucha gracia. Me acuerdo que me compraban la ropa muy grande para que me durara. Todo era para cuando creciera. El concepto de la moda, de comprar algo porque estaba bonito y usarlo la temporada, no existía. Me compraban unas faldas de buena calidad a las que les pegaban un fondo que se iba alargando, por lo que siempre me quedaban aunque ya no me gustaran. Con los zapatos era lo mismo, eran grandes y les ponían algodones. Y claro, uno no podía verse bien así.

Mi mamá, como lo dije antes, de tan guapa y elegante me parecía artista de cine. Evidentemente nadie me encontraba parecido con ella, siempre me decían que era igualita a mi papá. Decían "esta niña es Pepe con chinos". El pelo chino todavía no lo llego a superar. Yo soñaba con un pelo lacio, largo y pesado que me pudiera peinar para abajo y no que se me fuera parando hacia los lados. Tenía unos amigos franceses que me decían que tenía peinado de aeroplano porque se me esponjaba tanto que parecía una de las Meninas. Por suerte luego descubrí la pistola de pelo y la dominé con toda maestría. Quizá sea el único ejercicio que de verdad hago bien.

Cuando tenía 15 años me mandaron a un colegio en Suiza. Cuando me fui me prometieron en mi casa que si no estaba contenta inmediatamente irían a recogerme. Yo me fui muy feliz confiando ingenuamente en que cualquier mal escenario se vería *ipso facto* resuelto con una llamada de teléfono a México. No fue así, cada vez que hablaba para quejarme del colegio, de las monjas y de lo estricto que era todo, me decían que ahí me tenía que quedar y que aprovechara muy bien porque era un sacrificio muy grande el que estuviera estudiando en el extranjero.

Después de cuatro meses empecé a estar mucho más contenta en el colegio, le empecé a tomar gusto a algunas de las materias que estudiábamos y ya no me parecía un castigo tan grande. Hoy les sigo agradeciendo a mis papás que tuvieron la enorme visión y fuerza para no ceder a mis reclamos y lamentos. Sabían que yo estaba bien y que seguramente me iba a adaptar tarde o temprano. Así fue, cuando llegué tenía nuevos ingredientes en mi vida y eso me formó una perspectiva distinta.

No pude regresar a mi colegio en México porque no me revalidaban las calificaciones. Tuve que presentar muchos exámenes a título de suficiencia en una secundaria pública. Fue difícil pero valió la pena. Sólo un colegio extranjero que se manejaba por ciclos escolares distintos fue capaz de aceptarme. Fue cuando Pepe mi hermano puso el grito en el cielo. El Liceo Francés tenía un ambiente muy liberal para la rigidez de mi hermano mayor. Los profesores tenían el pelo largo e iban con sacos de terciopelo y eran muy informales. Sin embargo, fue un colegio en el que me dieron un sentido de crítica y, desde luego, me encarrilaron para una serie de aficiones y de gustos que todavía me acompañan.

Aunque ya había dado clases de inglés en un dispensario de mi mamá, y me habían amenazado con expulsarme del colegio, cuando en secundaria monopolizábamos el mercado de dulces americanos, junto con una amiga que actualmente es una gran financiera, mi primer trabajo formal fue en tercer semestre de la carrera. Estudiaba economía y sentía una necesidad de empezar a forjarme un camino propio y tener independencia económica. No se me ocurrió nada mejor que decirle a un amigo que trabajaba en Bellas Artes que me ayudara a conseguir trabajo. Él me dijo que se había desocupado una jefatura de departamento en el área internacional. A mí se me hizo muy atractivo. Entré al Instituto Nacional Bellas Artes y durante más de dos años me volví loca cruzando la ciudad. Iba a clases de siete a diez de la mañana, donde veíamos las curvas de oferta y demanda, las cuentas nacionales, la microeconomía, la ley de rendimientos decrecientes y una serie de conceptos que no tenían nada que ver con mi trabajo, pero la verdad es que disfrutaba mucho de vivir los dos mundos.

Salía de clases en un Volkswagen azul que tenía atrás una calcomanía de un búho que lo hacía inconfundible. Me iba por todo el Periférico y tomaba Reforma para llegar a Bellas Artes. Trabajábamos en gayola porque las oficinas estaban hasta arriba del palacio. Eran unas oficinas horribles, pero me parecía muy exótico tener mi cubículo, mi teléfono y una secretaria que compartíamos dos colaboradoras.

Era la época del Bellas Artes maravilloso porque hubo mucha música. Con frecuencia me avisaban que había boletos de cortesía y yo siempre era capaz de aprovecharlos. Les hablaba a mis tías y amigas y en cuestión de una hora ya tenía colocados todos los boletos. También llegué a darles cortesías a profesores del ITAM para ganarme su buena voluntad y según yo hacer menos estricta su calificación.

A los dos años sentí que la presión se elevaba mucho y decidí dejar de trabajar por un tiempo. Hice mi tesis sobre un tema que me sugirió uno de los mejores maestros de la universidad. En esa época su chofer había recibido un préstamo de Banrural y curiosamente el monto se había destinado a otro propósito, por lo que me dijo, "investiga cómo está funcionando Banrural, ve cómo se están destinando los créditos". Finalmente, junto con otro colega que estaba trabajando un tema similar, escribí mi tesis sobre la concentración del crédito agrícola en México durante la década de los setenta.

Cuando terminé la carrera se volvió a presentar la oportunidad de seguir en el área de cultura y volví a entrar con algunas de las personas que estaban en Bellas Artes. Fue una época más difícil porque no tenía un rol tan definido, pero también aprendí mucho, hice buenas amistades y me tocó viajar a diversas ciudades de la República Mexicana.

En esos años tuve trabajos divertidos, siempre aprendí mucho y lo mejor fue que pude hacer amistades que me han enriquecido a lo largo de mi vida.

Después vinieron nuevos retos. Colaboré en algunas secretarías de Estado; formé una compañía con una amiga y dirigí la filial en México de una empresa multinacional líder en su ramo. Hoy enfrento, nuevamente en el sector público, el reto profesional más apasionante de mi vida, con la posibilidad de impulsar cambios en beneficio de la sociedad.

Me siguen dando miedo algunas cosas, pero he aprendido que todo se puede con voluntad, con orden, con disciplina y, sobre todo, trabajando en equipo. Sólo tuve un trabajo que no me gustó nada. Fui muy infeliz pero alguien confió en mí y me rescató. Siempre ha habido gente que cree en mí, que ha creído más que yo y se los agradezco mucho. Este hombre me insistía que estaba buscando gente para una empresa. Yo pensaba en todos menos en mí, le dije que lo iba a ayudar, que iba a pensar en perfiles adecuados para lo que él estaba buscando, pero nunca me imaginé que la oportunidad iba a ser para mí. Un día me dijo que quería que trabajara con él. No lo podía creer y tuve que aparentar serenidad absoluta, porque no me podía ir a ningún lado a pegar de brincos. Por supuesto no dije nada a nadie en todos esos meses de la negociación, porque estaba segura de que no podía ser tan suertuda. Qué poca confianza tenía en la vida.

Aunque soy una escéptica profesional, la vida me ha demostrado que hay cosas que sí salen, que sí caminan, que de repente las circunstancias nos favorecen y uno puede llegar a tener lo que uno desea.

Entré a ese trabajo y la vida me cambió por completo. Aunque en esa época me estaba divorciando, estaba tan motivada que me ayudó a sentirme mejor y un poco menos derrotada en mi vida personal. A veces me quedaba trabajando hasta muy tarde para mantenerme entretenida. Los fines de semana se volvieron lo más difícil de la vida, no la semana, no el trabajo, y ahora lo recuerdo como un mal síntoma. Hoy otra vez deseo profundamente que llegue el sábado para disfrutar y descansar, ver a mis hijos y a mi familia.

Alguna vez aseguré que no trabajaría nunca más en el sector público. También dije que no me volvería a casar. No cumplí ninguna de las dos asceveraciones. Agradezco a la vida la oportunidad que me da de compartir con un hombre maravilloso nuevos momentos en mi vida y de colaborar en una tarea tan interesante como la que tengo actualmente, contribuyendo al desarrollo de este país que tanto me ha dado y al que tanto quiero.

Hoy mis hijos, Miguel, Javier y Santiago, son el motor de mi existencia. Quisiera transmitirles el respeto por las mujeres que como yo se dividen en mil para cumplir con tantos roles que nos impone la vida y que, como dice una amiga querida, a veces necesitaríamos una esposa que nos echara la mano.

© Rogelio Cuéllar

ADELA ENTREVISTA A ADELA

Adela Micha

En el prólogo de sus memorias Gabriel García Márquez, Gabo para quienes lo hemos hecho nuestro, escribió que la vida no es como la vives, sino como la cuentas.

—Mmm, ¡qué extraordinaria vida y qué magistral forma de contarla!

Pero no por sencilla, poco monumental, la vida de uno, la de todos, deja de ser rica, brillante. Es nuestra y por ese sentido de pertenencia, es única, colosal. Al contarla, se hace todavía más luminosa, porque lleva la carga emotiva, la intensidad, la pasión de lo que has vivido, y de cómo lo has vivido. Cuando recreas, revives, requete revives. Este ejercicio resulta tan divertido, aunque complicadísimo, porque en un abrir y cerrar de ojos me instalo en la letra y en la melodía de esa canción de infancia, hurgo en el recuerdo y hago volver a los que fueron mis amigos y los que no fueron, amores, lugares, olores en fin, una aventura que me llena de emoción.

—¿y... de dolor?

—Sin duda, es el mismo camino que también me lleva a encontrarme con lo que no quisiera, con lo que preferiría dejar en el olvido. Pero esos recuerdos ya alcanzaron otra dimensión, han crecido con el tiempo y tienen vida propia. Son independientes de nuestra memoria, existen y están ahí, en el mismo ropero. Es difícil, muy difícil contar la historia personal con sus luces y sombras; inventario de eventos luminosos y oscuros.

—Pero hay quien... piensa que no, que la vida es lo que vives y no lo que cuentas... ¿ O es ficción?

Y acción y reacción. Las buenas historias de vida, son así, noveladas y hasta exageradas. Ésas, hay que contarlas. Pero más allá del debate que puedan plantear: las vivencias reales y escribirlas con imaginación, qué difícil hablar y escribir de una misma, de la propia vida, de lo que soy, de lo que me ha tocado y de lo que he elegido vivir, de lo que me mueve, motiva, me apasiona, y me incendia...

—¿Te prende o te consume?

—Es que entre sumas y restas, siempre caes en la cuenta, que por cierto nunca he sido buena para los números pero sí para contar, que en la revisión final de cada día te descubres con más preguntas que respuestas. Con demasiados asuntos pendientes. Todavía más difícil contar, revelar secretos, confidencias, cuando tengo un enorme respeto por la privacidad.

—No jodas,
¿respeto a la privacidad; no será más bien miedo a dejarte ver…?

En un intento por manejar el pudor, he aprendido a irme desnudando poco a poco. A atender con gusto y hasta con placer el desprenderme lentamente, sin prisa, de lo que me viste y hasta de lo que no. En el umbral del dolor y del gozo, juego a dejarme ver y entrever. Pretendo hacer más inquietante el momento de hacerme cercana. Para darme en cada instante, el disfrute debe ser mutuo, recíproco, creciente. Y, en su momento, en esta suerte de seducción, el arte que tiene su propio lenguaje lúdico, las caricias se expresan justamente en no llegar a ser.

Aunque sólo me dejo ver ante algunos pocos, siempre he distinguido muy bien entre lo público y lo privado. Este juego perverso de exhibirte, de mostrarte tal cual eres, de quitarte las máscaras, los antifaces, el maquillaje, despojarte de cualquier disfraz, por revelador que sea, es un desafío, constituye una hazaña, porque se trata de recrear la vida, hacer un índice, ir de capítulo en capítulo, priorizar, jerarquizar, elegir lo que estás dispuesta a compartir. Abrir el libro que siempre he querido mantener cerrado con siete llaves, siete porque es mi número de suerte, es difícil.

—¿Entonces crees en la suerte?

Ikram Antaki decía que los historiadores se pasan la vida estudiando el porqué de los hechos. Y que lo que nunca han sabido, es que no son ni los poderosos, ni los dictadores los que fijan el curso de la historia. El único que manda, dijo, es su majestad el azar. Ella sabía muy bien lo que decía: era una gran conoce-dora no sólo de las primeras civilizaciones, sino de su evolución. Además con una rica experiencia de vida. Por cierto, yo tengo mi historia con esta princesa Siria que me dejó muy marcada. En una ocasión, con las *Mujeres trabajando*, la invité a hablar del destino. Le dije que, como siempre, compartiría la mesa con mujeres distintas, contrastantes a las que, por cierto y no por costumbre, yo presentaba en orden alfabético. En esa mesa en la que no hacíamos distinciones, éramos iguales. Generosa como yo la sabía conmigo, acepté. Minutos antes de salir al aire, me advirtió que ni muerta se sentaría con una joven y bella actriz. Al lado de su inteligencia, le parecía un personaje francamente menor. Solicitó que se fuera, petición a la que, por supuesto y por principio, no accedí. Se levantó enérgica, definitiva y se fue. Lo que yo nunca entendí es cómo una mujer de su tamaño, reaccionaba así: arrogante, soberbia; pero además, pensando en lo que dijo, que ni muerta estaba dispuesta a compartir su propio espacio. Me quedé con la duda, porque a la semana, la princesa murió. Entonces sí, claro que creo en el azar, en el destino, en la suerte. Sucede que la vida *nos sorprende*, viene, se coloca a nuestras espaldas y nos tapa los ojos para decirnos: soy yo, estoy aquí. Ésa es la vida, la que a cada momento *nos* asalta, sorpresiva, siempre inesperada, impredecible. Nos toca, *nos toma* y nos pone a prueba. Nos enfrenta, nos sacude, nos trastorna, nos consterna.

—"Alguien te habla al oído, y te dice vive, vive, vive".

Era la muerte. Y tocas mi fibra más sensible. La muerte me sorprende tanto como la vida: son igual de caprichosas, autoritarias, determinantes, indiscutibles, incuestionables. ¡Cómo me duelen las dos! Son una. Son la misma.

—Parece que no has leído a Sabines.
No creo que nadie hable mejor acerca de la muerte y de la vida. Escucha cuando nos cuenta la primera impresión de su hijo Julito, de la muerte:"Fue frente a un conejito que murió a los dos días de estar en casa, Julito se lo trajo de las patitas, tieso, como un trocito de madera.
—No se mueve papá...está muy feo...
—Lo tiramos a la basura
—Sí, tíralo, está feo..."

Así de feo fue mi primer encuentro con la muerte: devastador. Me trastornó completamente. Como la vida, me tomó por sorpresa. No me explicaba cómo una persona que privilegiaba tanto la salud, que en su vida fumó un cigarro (y que por cierto, ¡cómo le dolía cada vez que yo encendía uno...!, me fumo una cajetilla diaria desde hace 25 años), que no tomaba la copa ni para decir salud, que dedicó gran parte de su tiempo al ejercicio, podía perder la salud tan irremediablemente, con un cáncer que llegó fulminante. Qué pena, de lo único que le sirvió la entereza y la fuerza, fue para hacer su muerte más larga. Y toda su teoría que se cansó de enseñarme de cómo vivir la vida se vino abajo, se desmoronó en un instante delante de mí, hasta su último suspiro.

—¿Y no lo superas...?

No, no lo supero, porque entre la muerte, que nunca pide permiso… y yo hay un problema personal.

—¿Y la tuya?

—¿Y la tuya? La tuya también.

—Estás enojada...

—No, no estoy enojada, estoy encabronada. Nunca me he perdonado mi egoísmo frente a su muerte. No querer dejarla ir. No sé qué me duele más, si la muerte reveladora desde el primer momento en que asoma, con toda su carga aplastante o la vida, que a pesar de la muerte, sigue su curso inexorable.

178

—"Yo he visto muertos, y sólo los muertos son la muerte, lo demás ya no importa".

—¿Una buena madre judía?

Yo que pensaba que ahí se detendría todo, sintiendo un dolor tan grande. ¡Cómo es definitiva la muerte cuando la vida sigue!

A mí también la vida me ha dado momentos extraordinarios, únicos. Instantes tan largos como los recuerdos y en esos primeros capítulos de la vida, está mi infancia con acontecimientos que me marcaron, definitivos y definitorios. Desde los primeros renglones hay una gran trama pero pocos personajes y en el papel estelar, mi madre.

Sí, pero mucho más. Muchísimo más. Aun después de muerta, me sigue sorprendiendo. Fuerte, enérgica, amorosa, generosa, decidida, cómplice. La mujer única, inolvidable, irrepetible. Me causa admiración y hasta envidia su profundo amor por la vida, su temple ante la adversidad. El cómo supo sacar adelante la familia, la empresa que, de todas, a mí se me ha hecho la más difícil. Cómo traducirles a mis hijos, tal cual ella nos lo enseñó, el oro puro de la unidad, el diamante luminoso que llega a ser la fraternidad, el orgullo y la seguridad de saber que lo mejor queda entre nosotros. Los hermanos, que codo a codo, somos mucho más que seis. La falta que me hace. No me sobrepongo a su ausencia, a ese senti-

179

—Nadie se va del todo.

—Nadie como ellos, para hablar de nosotros.

—A ver, tú que sabes contar, cuenta, cuenta.

—Ja, ja, ja. Lo mismo que a Hugh Grant.

miento permanente de pérdida. La lloro todos los días, desde que hace siete años murió.

Poetas mentirosos, ustedes no conocen la muerte todavía. Cuando la conozcan, ya no hablarán de ella, dirán que no hay tiempo, sino para vivir.

Pues sí, pero aquí de lo que se trata es de que sea yo quien, en un ejercicio de honestidad, me revele, me desnude.

Lo haré despacio; que el ritmo, no es lo mismo que la velocidad. No siempre gana distancia quien más camina. Y el camino es largo, ¡puta que si es largo! Estoy en plena crisis de los 40, el problema es que empezó desde que tenía 20.

Ah, ¡cómo nos parecemos este flemático actor inglés y yo! Como a él, me preocupa llegar a vieja sola y amargada, pero lo mismo que a él, me gusta tanto estar sola y amargada, que me aguanto la preocupación. Dice que no le molestan los niños si los tiene alrededor por unos cuatro minutos. El mismo límite que tenía yo, antes de tener a mis hijos. ¿Me preguntaban qué es lo que más me había sorprendido en la vida? Carlos y Therese. ¿Me preguntaban en qué momento y frente a qué circunstancia me había sentido poco preparada? Fue la mañana del 26 de julio de 1991. Conocer, ver, tener a mi primer hijo, fue el más grande asombro. Saber a través de mi primer hijo, sólo hasta ese momento, cuánto me quería mi madre. ¿Que qué ha sido aquello que ha constituido un reto inusual y desconcertante para mí? La pequeña Therese, en un parto que fue más para mí, que para ellos. Porque yo ahí me descubrí maternal.

—¿O te inventaste...?

En todo caso, es lo más excepcional que me ha pasado. Les cuento que tengo mala memoria, raro en una mujer. Y llego a olvidar calles, escenarios, fechas, diálogos completos —y no a conveniencia, ¿eh?— pero lo que sigue muy presente es el instante en que nacieron mis hijos. Mientras ellos salían a la vida, yo entraba en un estado de euforia y de desconcierto, para decir lo menos. Era una extraña mezcla de sentimientos, todos desbordados. Se agolpaban en mi mente ideas, emociones, momentos, vivencias, recuerdos.

—¿Y te volviste loca?

¡No chingues! ¿Cómo que me volví? Si siempre he estado. Me ha tomado toda una vida. Además me encanta. Pero no importa, desde entonces han pasado doce y cinco años. Los años de ellos, mis hijos, que son tan míos. Los he visto crecer y he crecido con ellos, sus asombros cotidianos por la vida hacen la mía todavía más intensa, sorprendente, divertida. Ir descubriendo y compartiendo su infancia, irnos enfrentando juntos a los retos, a los suyos y a los propios, en el escenario de sus horas más importantes. Sorprenderme con su ternura y su gracia, la impresionante blanca y rosa delicadeza de ser niña, que hasta con el más sutil movimiento me cautiva. Cómo lloré viendo a Therese, con su tutú y su cabello recogido en chongo en su primera, segunda y tercera posiciones, el *pliés* y *relevés*, el *developpés* que ya ha aprendido y el *allegro* que domina. Y la veo cada día, todos los días, del otro lado de la cabina de radio cuando, escondiéndose, me habla a través del micrófono con esa vocecita ronca que sólo yo oigo entre pausa y pausa: "Te quiero mucho mamá". Entonces lo tengo todo y más. Para siempre. Y la fortuna es mayor: Carlos me ha enseñado el carácter, la sensibilidad, el orgullo, el valor de la pregunta que requiere respuesta igualmente valiente y rápida de todo lo que le sorprende y le angustia. Compartimos ese afán de solución, de irle dando respuesta entera a cada inquietud para entregarnos a otra. Carlos siempre se ha conducido con autonomía, hasta con independencia. El niño hombre o el hombre niño con el calor y el trabajo de la forja y la fragua. ¡Me habían advertido que las madres tendríamos que dar seguridad a los hijos! Nunca me siento más segura que de la mano de Carlos. A veces juntos. A veces dando pasos cortos, sin parar, otros largos, meditados, incansables. A veces, no. Aprendiendo, frágil, vulnerable, con miedo pánico de equivocarme en el camino.

—Lo más terrible se aprende enseguida y lo hermoso, nos cuesta la vida, dice el poeta.

Siempre he preferido el camino corto y no precisamente para hacerlo breve, sino para desandarlo cuando sea preciso y por querer correr el riesgo de encontrarme al lobo, desafiarlo, elegir decidida, acertada o no.

—¿Eso también te viene desde chiquita?

—¡Ah, qué necedad la tuya de regresar al pasado!

— No, no es necedad, es necesidad.

—Es una época de la que no quiero acordarme. Guardo momentos de un tiempo nublado, el de la separación de mis padres, que me hacía ir y venir de mis soledades. Y lo chiquito se hace grande: desde entonces era una niña bicolor, de carcajada sonora y fácil, que todos los días lloraba. Iba de un momento jubiloso y alegre, a uno de silencios o de enojos. Más de una vez

183

—Ja ja. De pelos, ¿no?

—Pero el lobo también crece, quesque para oírte y para verte, y para comerte mejor...

me llegaron a ver en la oficina del director del colegio, sólo para recordarle que, como decía Milan Kundera, la vida está en otra parte.

No, de pelos fue mi adolescencia. Y de flores en el pelo, de romper esquemas, de ser yo misma. En esa etapa comencé por soltarme el pelo. Eran los años maravillosos, los de conocer a tientas y aquel sabor a chocolatina, piel, saliva y sudor, era lo mejor del cine, huyendo de la luz de la linterna del acomodador. No hay mejor juego que las escondidas para descubrirte. Si te aventuras y te arriesgas te lo encuentras, si no al lobo sólo lo ves pasar.

O yo a él. Pero a veces se me ha salido del cuento. Porque de mis travesuras en el jardín de los cerezos, a la escuela contestando a los maestros preguntas que ni siquiera me hicieron, a las flores en el pelo empezando a conducirme en los terrenos de la libertad incipiente, conociendo a tientas mientras me rodeaban con el brazo la cintura mirando una de romanos, al primer beso para abrir boca, al primer viaje para hacerme de mundo, a hacerme mujer, no sólo pasaron años, sino, pérdidas, ausencias, encuentros y desencuentros: amor, desamor. Y un par de matrimonios, el primero nada más fue un ensayo de pompa y circunstancia. Y el segundo es el que cuenta porque vale. Fracasos que han hecho reír y llorar también frenéticamente. Yo sola así exorcizo mis demonios. Me admira mi capacidad de producción de lágrimas, tantas que, como Alicia, me ahogo en ellas.

—Pero ni tú eres Alicia, ni éste es el país de las maravillas.

Pero hoy celebro mi día del no cumpleaños. Y lo recibo como si fuera fiesta de guardar, impredecible, inquietante, excitante al igual que una invitación a media noche o una cita a ciegas. Así me encontré con el periodismo y, como el mejor y más exigente de los amantes, me atrajo, me sedujo, me atrapó. Desde hace 20 años nos desayunamos, nos comemos, nos cenamos y hasta nos hacemos el amor. Con él la vida me ha crecido, se ha hecho más intensa, porque cada día revela una historia diferente que toca, trasciende, con informaciones que a cada momento nos hacen distintos, nos conducen a otras actitudes, a adoptar otras posiciones. Es el teatro de la vida, la de los actores que sin ser profesionales son creíbles, son reales, sin maquillajes y sin luces. Con la piel gruesa pero a flor de piel, cuando estalla la guerra que nadie quiere. Con su carga de muerte, cotidiana, colectiva, la tragedia tantas veces repetida, que de la noche a la mañana golpea, desequilibra, disloca, porque hace perder en un instante a víctimas inocentes, todos sus puntos de referencia: la casa, la tierra, el empleo, la familia y la vida..., una tragedia interminable que fabrica desposeídos, para siempre. Dar estas noticias, la de la guerra que está lejos, pero no lejana, y las batallas cotidianas de tantas y tantos que no nos pueden ser ajenas, pero también nos hacen frágiles, vulnerables, sensibles, porque es un dolor real, diario, colectivo... pero individual. Somos los transmisores pero también los receptores de las malas y las peores, es la pena que tienes que vestir desde que amanece, y que no termina de hacerte despertar, en ningún momento. ¡Cómo duele esa pena con su pesada carga que no sabe de esperanzas!, y entonces asumes que todavía hay cosas, para las que no tienes respuesta y mejor las dejas para mañana, aunque no lo haya... Y el periodismo está en todas partes, en cada cosa que lees aunque no esté escrita; en cada cosa que escribes aunque no tengas en qué anotarla. Y requiere de la disciplina de un atleta, que en este único caso fuma, bebe, come a deshoras. Despierta mientras los otros duermen. Y además hay que darlas, siempre fría, cuando están bien calientes. Si esto no es el país de las maravillas sí la antología de las cosas sorprendentes.

— Un verdadero caos.

—Un verdadero caos, buscando el orden. Todo anoto, llevo una agen-

—Una típica mujer trabajando.

—Y entonces, ¿dónde está la vida?

da y todos mis pendientes vuelven a ser los mismos al mes siguiente. Todavía no han hecho que el día tenga más de 24 horas.

Eso nos hace igual a todas. Nos junta, nos hermana y nos solidariza a pesar de nuestras diferencias. Ésta no es ocasión para un discurso feminista. Que en nombre de lo auténtico no lo soy, lo que me mueve es un interés definitivamente obsesivo pero siempre nuevo y creciente por la mujer, la de todos los oficios, de todas las profesiones, famosas o anónimas. Las mujeres trabajando me han enseñado lo que cuesta y lo que vale cada proeza cotidiana, en un juego de tres, de cuatro o de cinco bandas. Me sorprenden por incansables cubriendo horas extras, por el tamaño de sus esfuerzos, de su coraje, de su actitud de entrega. Comprendo a las que lloran y desesperan creyendo que no van a llegar a ver cómo termina el día y admiro a las que sueñan aun padeciendo sus peores pesadillas.

—La vida está en todas partes. Vivo mejor de lo que hubiera imaginado, pero todavía no como yo quiero, porque estoy aceptando que cada día puede ser mejor. También que yo pueda ser mejor cada día. Soy una mujer a la que le gusta exigirse, incluso en la forma de disfrutar la vida, de buscar satisfacciones, una mujer que se impone retos, pero que no se fija metas, porque mis aspiraciones no llevan un curso lineal. No se trata sólo de avanzar, sino de dar logros en todas direcciones; decía Moustaki: es definitivamente imposible declarar el estado de felicidad permanente, pero es intolerable no intentarlo.

—Y tú, ¿cómo lo intentas?

—Soy la primera saboteadora de mi felicidad. Dos días de contentura son demasiados, no vaya a ser que en una de ésas yo sea hasta feliz. Soy coleccionista de problemas y a cada solución, le invento uno. Sufro mucho, de veras. Sufro porque sufro, sufro por el cuadro inclinado, por la cuadratura del triángulo, por el rebozo de bolitas, sufro por mis privilegios y por mis carencias, sufro por mis alcances y por mis limitaciones, sufro por distracción, sufro por *hobby*, sólo así anestesio el dolor que me da la niña, la otra Tere, todas mis Teres y Elías, mi hermano de sangre pero del alma. Sufro porque hasta ahora me di otra oportunidad de reinventarme, de rehacerme, de rehacer mi vida, mi casa, mis bienes y hasta mis males. Y de hacerlo sola. Yo que tanto miedo le tengo a la soledad. El ser autosuficiente, totalmente independiente, el de encontrarme sin alguien que pueda calificarte o descalificarte todos los días. Además, a los 40, la vida me abre la puerta al amor y muy diplo-

188

máticamente. De pronto, lo que empezó con una mirada insistente, insinuante, sugerente, se fue convirtiendo en la obsesión hacia un primer contacto. Contacto que fue breve, intenso. Pero que me dejó con la tentación de querer más, con más tiempo, y mejor. Entonces surgió avasallador, total, pasional, de esas locuras tan increíbles como innombrables. No me lo puedo creer, yo, a los 40, con la temperatura y el temperamento de las de 20, llenando a satisfacción esos cheques en blanco del gozo para compartirlo. El día se te hace demasiado corto. Y la noche te descubre plena, enamorada, inquieta, pensativa, caprichosa, cursi y las malas lenguas que quieren saber de todo. Es de las historias dignas de ser contadas y leídas pero ésa, ésa es otra historia...

—Pinche Adela. Te quitas el maquillaje y apenas nos hace un guiño.

—La vida es lo que de ella exhibes.

— ¿Y qué más es la vida, sino eso?

La vida eres tú que continuamente me cuestionas, terrible inquisidora que te burlas de mí para enfrentarme, sí a ti, sí a ti te estoy hablando, eres tú la del espejo que proyectas a la que es pero también a la que parece. A esas dos que somos una, la misma. La vida es lo que vives, cómo la vives y también cómo la cuentas, es darte toda capítulo por capítulo. De esta realidad mía por entregas, éste es sólo un fragmento.

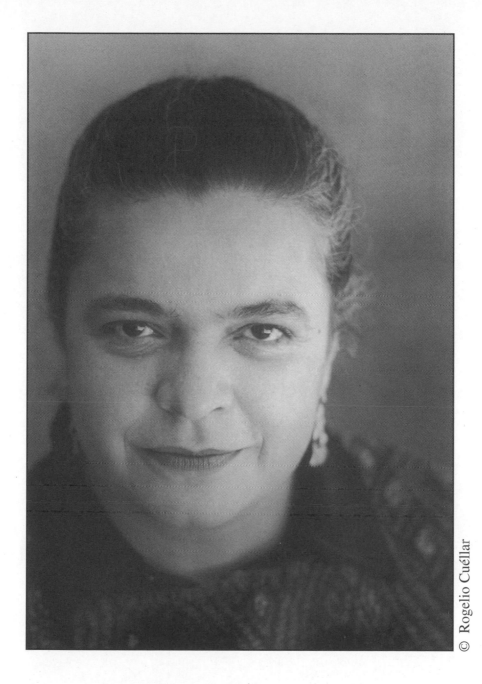

© Rogelio Cuéllar

SOBRESALTOS

Beatriz Paredes

Acepté colaborar en este libro por el respeto que merece el valor civil de Denise Dresser y su convicción por la veracidad en la función periodística. También, porque aunque no comparto como estilo periodístico el modelo intimista, en la aceptación a participar estaba implícito no poner condiciones sobre el formato de la colaboración. La razón por la que el modelo intimista no me satisface, es porque dudo que tenga algún sentido para los lectores conocer anécdotas personales, no sé si porque soy odiosamente solemne o porque me parece que regocijarse en uno mismo no siempre logra compartir algo con los demás, y tal vez hay cuestiones más importantes a compartir.

Me referiré primero al tema central: "Gritos y susurros". Cuando recorro mi memoria sobre las experiencias intempestivas que he tenido, me doy cuenta de que muchas tienen que ver con etapas infantiles o adolescentes, quizá de primera juventud. A partir de alguna época poco ha sido intempestivo, aunque mi manera de vivir —siempre dispuesta a fantasías, a lo heterodoxo, abierta a lo mágico— me coloca de forma permanente ante lo inusual, no diría lo intempestivo. Cuando no se trata de responsabilidad profesional, siempre estoy dispuesta a conocer nuevas cosas, a vivir sin agenda, a viajar a lugares insólitos, a dormir en sitios fabulosos. A recorrer kilómetros por escuchar buena música, una cantante favorita. A embriagarme con el mar, en la madrugada. El mar, cotidianamente, me hace falta.

Empiezo por comentar la tercera pregunta: ¿Qué ha sido aquello que ha constituido un reto inusual y desconcertante para ti? Con honradez, muy pocas cosas. Tal vez porque de tiempo atrás acuñé una máxima: no hay que dar las peleas que no vayas a ganar. O sea, entra a los desafíos cuando tengas claro el terreno que pisas, cuando sepas lo que vas a enfrentar y cuáles serán los resultados. Tal vez no me he propuesto retos, o no he aceptado retos en ámbitos que no conozco, o que no comprendo. Veré si en los recuerdos algo asoma como un reto desconcertante.

Tal vez sí. Fue cuando mi madre enfermó —seguramente no lo saben, pero mi madre tuvo una embolia cerebral, un TVC como dicen los médicos. Fue en 1980. Recuerdo la fecha porque estaba de viaje. Era un viaje difícil, de trabajo, y mi estado de ánimo estaba violeta, o gris oscuro, o azul pálido. Estaba triste y complicada por cuestiones sentimentales. Había ido a Copenhague, Dinamarca, a una reunión de la ONU para evaluar el avance en el cumplimiento de los "Acuerdos de la ONU sobre la participación de la mujer", y en las tareas de la delegación mexicana tuve mucho trabajo, por la confianza con la que me honraba María Lavalle, a quien mucho admiré, y porque generalmente me incorporo al trabajo, aunque inicialmente no esté considerada.

De la reunión en Dinamarca yo debía trasladarme a Japón, a alcanzar a mis colegas diputadas que iban en una delegación a China, de la cual formaba parte. La reunión de Copenhague fue muy interesante, y me permitió enajenar un poco mi angustia. Me regaló también solidificar lazos con varias mujeres a las que admiraba, integrantes del grupo, y por otra parte, conocer a una buena amiga, con quien he compartido diversos momentos y cultivado una consistente amistad, Cristina de la Garza, quien por cierto, aportó algo muy importante para mi vida: conocer una grabación de María Betania, cantora brasileña de mi mayor predilección desde esa época.

Pues bien, me trasladé a Japón a través de la ruta más loca —lo que es común en mí— y llegando al hotel en Tokio (al día siguiente partía la delegación para China), en el mostrador del mismo —tal vez el New Otani; no lo sé— me dijeron que había un telegrama o correograma urgente, que había llegado uno o dos días atrás.

Lo abrí desconcertada. Nunca he acostumbrado a que me localicen cuando estoy viajando ni reportar dónde estoy, qué rutas sigo, si regreso o no. Nunca. Desde los 14 años, pues.

Lo abrí precipitadamente, rasgándolo por un extremo.

Dip. Beatriz Paredes

La señora Berta Rangel se encuentra en estado de coma, en terapia intensiva.

Atentamente

La Dirección de la Clínica 26, ISSSTE

Lo leí, atónita. Vi la fecha del mismo, lo habían remitido de México, URGENTE, dos días antes. Quién sabe si mi madre todavía vivía.

De inmediato decidí que tenía que regresar a México. Por el horario en el que llegué a Tokio, me resultaba muy difícil conseguir los teléfonos de la clínica, y consideré bastante absurdo entretenerme en buscar teléfonos y hacer llamadas, cuando lo que debía hacer, de inmediato —eso pensé, en medio del desconcierto— era regresar para actuar ante lo que estaba sucediendo.

No hablo inglés —insuficiencia bastante grave, a lo que me referiré con frecuencia— por lo que tuve que pedir auxilio a una compañera diputada que estaba allí, quien tuvo la generosidad de apoyarme para localizar un vuelo próximo, comunicándose con apoyo del hotel directamente a las aerolíneas del aeropuerto. El primer vuelo que conseguimos salía en dos o tres horas, Japan Airlines, vía San Francisco.

Subí a mi habitación a darme un baño, y pedí que me dieran un masaje, en el breve lapso de tiempo que tenía antes de trasladarme al aeropuerto. Tenía el cuerpo totalmente agotado, después del larguísimo viaje que hice para llegar a Tokio —sólo recuerdo que fue con escala en Karachi—, y los días previos de múltiples desveladas y trabajo, y aún me esperaba una jornada larga. Ahora que escribo este relato, me pregunto por qué no hablé por teléfono a México para preguntar qué pasaba. Parece totalmente irracional. ¿Por qué no hablé por teléfono en el espacio de tiempo que tuve (¿40 minutos?), en el curso de los cuales me dieron masaje? Ahora, y visto en retrospectiva, se me ocurren las siguientes razones:

1. Cuando llegué a Tokio el horario en México debe haber sido de madrugada, por lo que consideré que no iba a localizar rápidamente los teléfonos para comunicarme, y probablemente iban a ser infructuosas mis llamadas.

2. Mi hermano Alejandro —hijo de mi madre—, único hermano, tampoco estaba en la Ciudad de México. No estoy segura, pero creo que entonces radicaba en Londres, o en Monterrey, no tenía la certeza de que ya estuviera en México, y en todo caso, no sabía cómo encontrarlo.

3. De comunicarme con quienes apoyaban a mi mamá en su domicilio, o a mí en mi oficina, además de que no portaba los teléfonos —el servicio en casa de mi madre era de entrada por salida—, no me podrían clarificar nada.

Estos argumentos parecen razonables, aunque quizá pude haber hablado a alguna amiga para que fuese al hospital y me regresara la llamada informándome cuál era la situación (no muy sencillo porque yo radicaba en Tlaxcala y la gente de mayor confianza estaba allá).

Lo cierto es que no lo hice. Preferí regresar todo lo inmediato que me fue posible, para enfrentar personalmente la situación.

Tal vez lo que tenía era un inmenso temor —así funciona el subconsciente— de que a través del hilo telefónico me dijeran que mi madre ya estaba muerta.

Después del *shiatzu* —fue la primera vez que me di un masaje, por cierto— que ejecutó una anciana japonesa centenaria, con rostro bondadoso, edad indefinida y unas manos que, simultáneamente, tenían un fuerte toque y suavidad, me trasladé al aeropuerto, y en 18 horas más, llegué a México.

Han pasado 23 años. Mi madre vive con una secuela de hemiplejía del lado derecho. Yo aprendí todo lo que se puede aprender sin ser médico sobre enfermedades neurológicas, y he acompañado, en mi extraña manera, a mi madre en su valiente e infinita batalla por recuperarse primero, y luego, por vivir con dignidad su condición de discapacitada.

Continuando con el texto que devela este relato, la pregunta sobre en qué momento y ante qué circunstancias me he sentido poco preparada, tiene una respuesta simple y una respuesta compleja. La simple es que, en términos generales procuro estar siempre preparada, con un bagaje de conocimientos y de previsión para lo cotidiano y en permanente estado de alerta para que lo extraordinario no me tome por sorpresa. Estoy bien entrenada, y ante situaciones de emergencia o conflicto, soy confiable. Muchos años de estar en el "ojo del huracán" van templando el carácter, y te dotan de una suerte de serenidad que —a veces— a mí misma me sorprende. Procuro no involucrarme en cosas para las cuales no estoy preparada. La respuesta compleja es que siempre me siento limitada, poco preparada, incluso estúpida, cuando asisto a eventos bilingües, y está restringida mi capacidad de comprensión, de comunicación, de aprendizaje, de debate, por mi falta de dominio de la lengua inglesa.

¡Con lo que admiro el lenguaje!

¡Con lo que valoro la lingüística, los idiomas!

¡Con lo que aprecio la palabra!

Todavía es más tonto por mi perfecta conciencia de que el inglés se convirtió en la lengua universal en el mundo contemporáneo, indispensable para un sinnúmero de actividades. ¡En fin!

Algo habré de hacer.

Quise dejar al final la respuesta a la pregunta ¿qué te ha tomado por sorpresa?, la que me lleva a hacer un relato de algo extraordinario que me sucedió, situaciones sorprendentes o enigmáticas que a mí me pasan a veces, y que revelan mi contacto —tangencial, por cierto, pero siempre latente— con el mundo de la magia, de lo fantástico, de lo poco explicable, y mi vocación por la aventura.

Era joven. Tal vez estaba en la preparatoria. La casa en donde vivía mi padre estaba en Huamantla —lugar que fue determinante para mi concepción de la vida. Supongo que asistía yo a la preparatoria porque era aquella época en la que yo pedía *raid* —aventones— con desparpajo, irreflexiva y temerariamente, confiando en la buena fe del mundo y en mi intuición. Creo también que era en la preparatoria porque entonces —como en los años universitarios— fui una cinéfila adictiva, que miraba cine en todos los sitios, cine clubes, cine de arte, y viajaba a México para ir al cine, a veces tres funciones en un día "para reponer el tiempo perdido" y en Xalapa, donde estudiaba, me inscribí desde ya al cine club.

La referencia al cine es porque todo se me volvió de pronto una película de Fellini, *8 1/2* o *La nave va*, no lo sé.

Iba rumbo a México y no había alcanzado el autobús. No estoy cierta si venía de Xalapa, o de Huamantla, o de alguna población rural de la región después de alguna asamblea; el caso es que iba rumbo a México, supongo que llegué a la terminal en Apizaco, y al no alcanzar el autobús decidí irme a la orilla de la ciudad, a las goteras, donde las avenidas se convierten en la carretera que se dirige al Distrito Federal para ver si podía abordar alguno de los autobuses que pasan por Apizaco y que no tienen parada formal en la terminal de ese punto.

Eran como las siete y media u ocho de la noche. Gris oscuro. Anocheciendo. Las escasas luces del alumbrado público empezaban a encender y yo me coloqué en una curva en la que forzosamente los autobuses tenían que disminuir su velocidad.

Vi un autobús que tenía los colores tradicionales de la empresa de autobuses de pasajeros, decía México en el indicativo del frente que señala el destino y levanté el brazo, la mano haciendo el gesto acostumbrado para que se detuviera y poder abordarlo.

Se detuvo.

Abrió la puerta.

Subí.

Pisé el primer peldaño, el segundo.

Veía al chofer. Arrancó.

El tercer peldaño.

Volteé el rostro hacia los asientos y ¡oh sorpresa!

Los pasajeros eran payasos,

dos docenas de rostros maquillados,

payasos sonrientes o tristes,

coloridos,

en medio de la bruma de la noche que se filtraba por las ventanillas.

El payaso que iba en algún asiento se corrió

para dejarme un lugar.

Yo quería retroceder. Estaba asustada.

Sin embargo,

el vehículo ya estaba en marcha.

El autobús continuó su camino.

DE VIOLENCIA Y AMOR

Lourdes Arizpe

—¡Martín Alonso, te voy a matar!— entró la voz por el filo de la puerta y reverberó en las paredes de la cocina ennegrecidas por el humo. Matilde se levantó de un salto y cerró la puerta de madera de dos hojas. Doña Ana salió de la cocina hacia los otros cuartos. Don Martín siguió comiendo como si nada. Miré a los demás comensales. Dos jóvenes en camisa de manta se doblaron aún más sobre su plato, otros, los fuereños, intercambiamos miradas sin palabra.

    —¡Te voy a matar, cabrón! Te quiero ver la cara. ¡Sal, cabrón! Don Martín, mi compadre, sin mirarme, me preguntó por Vera, la antropóloga holandesa que me había acompañado para el trabajo de campo en este pueblo monolingüe nahua a cuatro horas a pie de Cuetzalan. No recuerdo lo que respondí, pero sí mi intento por cubrir con palabras el avance de la fatalidad. Varias manos desesperadas golpearon a la puerta —¡Abran!— y la Güera entra corriendo con sus hijas, el aliento entrecortado: —es el Juancho con el Martín y otros tres, córrete a cerrar la puerta del corral.

    Don Martín sigue trozando la tortilla, eternizando el instante, mientras todos entran y salen apresurados, cuchicheando, sin dejar de mirarlo, todos esperamos, eterno el rato, el grito sigue afuera. Al fin se ajusta el sombrero en un rostro de surcos profundos, ojos que ven desde hace varios siglos. Es el cacique, el patriarca, el protector, el hombre fuerte de Tepetlipa, indígena que supo ganarse a Ana Rodríguez, la mestiza más bonita, de la familia de razón de más alcurnia de Zacapoaxtla. Corpulento, se ciñe el cinturón, se dirige hacia la puerta, —¡Abre! le dice a Matilde su hija cuando se le cruza en el camino. En tropel nos abalanzamos detrás de él, al porche de la casa.

    Juancho, el fortachón, enchaparrado, embebido, envalentonado, corta el aire en todas las direcciones con su machete, con el árbol grande y la iglesia en tela de fondo. Junto a él, sus acompañantes machete al cinto. Don Martín se planta en el porche. Sin decir palabra. —Ora sí, cabrón, hijo de puta, te mueres, no tenías...— la voz, engrosada por el alcohol, se le enreda en las palabras —...el caballo era mío…—alcanza a decir. —Qué tuyo ni que nada— dice doña Ana, que salió por la otra puerta y se colocó al lado de don Martín, y ahora suelta una retahíla de frases en náhuat.* —Ya anda, vete—, le va diciendo, —¿qué tu mamá no le pidió a Martín que viera lo del caballo? Es de Francisco. Juancho dio dos pasos adelante con el machete en alto, a un paso de tocar a mi compadre. Truena éste —¿Qué te pasa? Ya habíamos quedado. Levanta Juancho el machete y mi comadre da el paso para colocarse entre los dos. Trato de adelantarme y la Güera me encaja los dedos en el brazo—. Se me abalanzaban las imágenes en la mente: la sangre corriendo en línea recta después del cintarazo con un machete, la diagonal de sangre en el blanco impecable de una camisa de manta. Los muertos, tantos muertos en la noche, en la milpa, en el camino. Adentro los gritos desesperados de Rodrigo, el hijo mayor: —¿Dónde están, dónde están?—, y sus patadas rompiendo el ropero.

Doña Ana se ensarta en los ojos de Juancho y sigue hablando: —Estás borracho, ¿qué quieres aquí?— No respiramos, el machete en el aire, —ya llévenselo, sigue diciendo—, puertas cerradas, ojos en todas las grietas, las patadas de Rodrigo, allá viene Genaro con cuatro hombres armados, se suspende el tiempo, mi comadre empieza a caminar hacia Juancho, los otros empuñan sus machetes, sale Rodrigo forcejeando con dos hombres que no lo sueltan. —¡Te mato, te mato si la tocas!—. Mi comadre sigue caminando: —¿Ya te vio tu mujer? Si estás borracho. —¡No, cabrón, me las va a pagar!— y Juancho da un paso atrás. Gritos chocando, chispas de rencor, sordo rumor de miedo. Otro paso al frente, el machete corta el aire sobre su cabeza: —Usted quítese…—. Uno de sus compinches le dice —jodiste, Juancho, ya vámonos—. Sigue blandiendo el machete, filo de luna entretejido con la oscuridad. Otro paso adelante, todos hablan, menos don Martín, que apenas levantó el brazo para detener a Rodrigo y a Genaro y se detienen los dos. Mi comadre da otro paso, habla, habla siempre. La muerte aletea, se queja y se va. Juancho baja el machete, se le acerca uno de los hombres: —ya vámonos—; regresa el aire, respiramos, despacio, muy despacio, no vaya a quebrarse la noche.

Vamos regresando a la cocina, todos comentan —…si se lo llevó al otro potrero…—, —…no quiere que se maten entre hermanos...—, atizan el fuego

---

* En la Sierra de Puebla se habla el idioma náhuat, variante del náhuatl que utiliza solamente la "t" y no la sílaba "tl" en su léxico.

y nos envuelve el humo acogedor. Tengo el estómago hecho acero, me clavo en la endeble llama del fuego debajo del comal. La vi pasar, la rocé con la mano, me dejó un cintarazo que no olvidaré nunca. Entra mi comadre, se sirve un té de canela, me mira, —¿qué, no lo vas a apuntar?

¿Cómo llegué hasta allá? Por la violencia y por su antídoto, la bondad. Por Víctor Hugo y Tolstoi. Por Juana Hernández, mi nana de San Martín Texmelucan, que me contó su historia en náhuatl. Que el día que mataron a su esposo de tres balazos, ella le pidió a su hermano la pistola y de tres balazos mató al asesino. Por Emelina, la "sirvienta" de la casa vecina en la Colonia del Valle, violada por el señorito de la casa, que consiguió una pistola y lo mató. Por la violencia en el norte que se tragó mi padre. Por la violencia que mi madre, oriunda de Suiza, nunca supo entender como muchas formas de violencia. Por la violencia soterrada en la casa, por la violencia explícita en las calles. Por la violencia de los exhibicionistas sexuales en los parques, por la fuerza de la mirada que una tenía que bajar frente a cualquier hombre. Porque no había cómo entender tanta violencia y yo decidí no responder a ella. Pero sí dedicarme a saber, a entender y a buscar su antídoto, el amor. No podía yo vivir sin explicar esa violencia y sin trabajar para tratar de detenerla.

La implosión de violencia en la figura encorvada, enjuta, cubierta de un velo negro de la madre Inés: —…el Diablo está en todas partes, mira esta estampita, si ves su cola con punta como de flecha en una esquina, ¡aléjate, aléjate! Te va a tentar (¿con sus tentáculos, serpientes de cabeza de punta de flecha, que pueden metérseme en una alberca?) porque somos las mujeres las pecadoras las que tentamos a los hombres (el vómito del tentar de un hombre), el pecado original; eso somos, reza, reza, reza contra la mancha (…detuvientrejesús…no preguntes)…y si muerdes la hostia sale sangre, y el hilo de sangre manchará tu vestido blanco y todos se darán cuenta y te jalará el demonio al infierno por los siglos de los siglos (pon unas tijeras en cruz, crucifícate, mortifícate, hazte violencia a ti misma). —Sí, hijita, tienes que ser obediente, no juzgar a tus padres, no juzgar a los sacerdotes (no juzgar a los violadores, no juzgar a los asesinos, no juzgar a los exhibicionistas porque, a fin de cuentas...) ¡Tú tienes la culpa! A la única que tienes que juzgar ¡es a ti misma! ¡Y tú, ya estás condenada!

Violencia que es remota y cercana, círculos concéntricos de materia y antimateria, espirales, y en su reverso, la bondad. Manos que me acariciaban, brazos vigorosos que batían la masa hasta hacerla mantequilla de azúcar para pasteles suizos de chocolate y nuez, una mirada que me defendía, que sostenía los pilares de la casa porfiriana. Pero mi abuela, la del chongo color de nieve y miel, se fue de pronto, en un tajo de dolor hiriente, un corte del antes y después. Murió mi abuela llevándose en las manos de azúcar mi ser de cinco años. Cerré el tajo y cerré mi corazón. Sólo mucho, mucho después, se abriría de a poquito en poquito, pero la mirada se me había quedado desde lo alto y lo profundo. ¿Por qué, por qué, por qué?, empezó el batir. ¿Cuál es la razón?

La sorpresa fue encontrar en tantas páginas, la misma pregunta. Me hablaban Jean Valjean y Pierre Bezujov, Natasha y las Bronte. Muchas cosas se me volvieron tan chiquitas…, otras tan absurdas, después de Camus, y Simone y Beckett. Y miraba a mi alrededor, la misma pregunta.

Noche de confluencia, noche de Tlatelolco. Se estrelló la noche en la incomprensión, los estudiantes de antropología quedamos en el estupor y en la oscuridad del silencio cómplice. Sólo poco a poco la pudimos rasgar, rehusando callarnos, empecinando el compromiso, dirigiendo la rabia. La sorpresa fue que el coraje de las mujeres contaba también. Y rasgaba mucho más que un sistema político. Develaba toda una historia, abría una grieta de luz sobre lo oculto y por esa grieta empezamos a respirar.

Tiempo después, la sorpresa, cuando el vicepresidente Klaussen de la Unión de Ciencias Antropológicas y Etnológicas me explicó cuidadosamente que querían elegirme presidente de la Unión. Era la única mujer de su Consejo Ejecutivo, la más joven y la única de un país del Tercer Mundo. Nos encontrábamos en Zagreb, Croacia, en 1988. El régimen yugoslavo nos acababa de mostrar, en un luciente desfile de trajes y música serbios, macedonios, bosnios y montenegrinos, el éxito de la experiencia yugoslava.

Rehusé su propuesta en automático y entonces me dijo: —Ya ves, Lourdes, ustedes las mujeres piden ser tomadas en cuenta pero cuando se los proponemos, rehúsan los puestos. No había regreso posible, acepté. Esa noche, en la recepción oficial, Milosevic me estrechó la mano y me deseó la mejor de las suertes. ¿Cuál es la razón? Seguimos buscando, los antropólogos, la que nos explique la brutal violencia en la ex Yugoslavia. Leí muchos reportes, analizamos razones tras razones, vimos video tras video, lo discutimos al infinito mientras dirigí el sector de cultura de la UNESCO. Buscamos fondos para reconstruir el Viejo Puente de Mostar, la joya de arquitectura que era el único que unía dos barrios con distintas culturas, croata y bosniamusulmana. Lo están reconstruyendo ahora.

Isaac Rabin me saluda de mano y me pregunta sonriendo —¿Y qué hace de bueno la cultura de la UNESCO? —Busca la paz—, contesto sintiendo la presión de fuerza retenida en la mano que se pierde en la suya. —Cuénteme—, me dice, y le hago el recorrido los proyectos de conservación del patrimonio arquitectónico en Jerusalén, de monumentos en Belén, en Nazareth. Cada seis meses, en cada Consejo Ejecutivo, la Organización para la Liberación de Palestina presenta una resolución sobre el patrimonio cultural y Munir Bouchenaki, mi excelente director de Patrimonio y yo pasamos una tarde yendo de la delegación de la OLP a la de Israel, borrando, añadiendo, una y otra y otra vez, tantas veces como sea necesario, hasta que se vuelve aceptable la resolución para las dos partes y pueda ser aceptada, no sin discusión.

Yasser Arafat, con ojos entrecerrados, me habla tan bajo con labios nerviosos que me tengo que inclinar para entenderle: —…teatro… los jóvenes…— no entiendo el resto. Leela Shahid, la representante de la OLP en la UNESCO, me explica: quiere un grupo de teatro que presente obras con jóvenes de todas partes, quieren proyectos que rescaten el patrimonio griego, romano, árabe, cristiano, judío, islámico. La miro a los ojos y pienso: qué historia imposible. Qué gran noche de firmamento estrellado necesitaron todos ellos para seguir cejando en el arte de lo posible, que se fue haciendo delgado, cada vez más delgado, ante nuestra gran desesperación en la UNESCO.

Mi grito de infinita indignación cuando asesinaron a Isaac Rabin, que me sigo tragando cada vez que abro el periódico y sigue la espiral de violencia que los clava más en la misma historia, uno a otro, otro a uno, prisioneros de sus venganzas en la tierra más entrañable de nuestra historia humana. No hay tal choque de civilizaciones, hay un derrumbe de las civilizaciones de los hijos de Abraham.

Se lo digo al profesor Samuel Huntington, suavemente, porque se ve apesadumbrado de tanta crítica, en el Foro Económico Global de Davos en 2004. ¿Cuál es la razón? Escucho mi eco en las palabras de Carol Gilligan: el choque ocurre por las contradicciones en las normas de Occidente, el patriarcalismo, el imperialismo, el racismo. Los fundamentalismos traen de regreso un patriarcado que deriva en racismo. Estoy de acuerdo con el arzobispo anglicano de Dublín, Dairmuid Martin, tenemos que superar el estadio de las tribus. Concluimos en la búsqueda de un humanismo que pueda acordar con la Naturaleza, y que pueda darle su lugar a las mujeres y a los individuos.

Las mujeres estamos hartas de la violencia, de decisiones políticas que aumentan la violencia, de instituciones que la solapan, de hombres que no quieren enfrentarla, de religiones que llevan a que los enemigos se califiquen mutuamente de "Satán".

La Era de Acuario, ya se nos anunciaba hace mucho como sorpresas presas en sorpresas, como las *matruchkas*. ¿O como la Caja de Pandora? Si me preguntan qué he aprendido con tanta sorpresa diría que "el camino de la violencia está sembrado de buenas intenciones", cuando las ideas y las emociones son pequeñas y se confunde el miedo con la convicción. Cuando los celadores de cotos de poder políticos, culturales, religiosos atizan los miedos para volver a imponer obediencia y silencios. Cuando los que elevan la ignorancia a virtud nos desbarrancan a todos en lo que es ya una sociedad global del conocimiento.

¿Qué sorpresas quisiera? Un saber que cubra nuestra perplejidad; un participar que abra un nuevo horizonte; un amor que nos clave en la vida. Que nos haga posible sonreír aun pensando en los hoyos negros y en los riesgos de la Era Antropocena.

Desde la orilla, real o imaginaria

Carla Rippey

¿Qué me ha tomado por sorpresa? El hecho que no deja de sorprenderme, y me causa un asombro casi cotidiano, es que no estoy tan preparada para asumir las cosas como supongo. Padezco una especie de optimismo incurable, agravado por una capacidad limitada para —o poco interés en— evaluar los riesgos de las situaciones en que me meto. Por ende mi último medio siglo ha resultado bastante más accidentado de lo que era estrictamente necesario.

Esta actitud temeraria hacia la vida me ha metido en dos tipos de situaciones. Situaciones que podrían haber resultado desastrosas, pero de las cuales salí ilesa, cosa que seguramente requirió la intervención de todos mis ángeles, y situaciones de las cuales no pude salir bien, y efectivamente me resultaron desastrosas, por lo menos a corto plazo, con la posible faceta positiva de haberme proveído de la oportunidad de ahondar mi carácter por medio de la adversidad. Digo, "posible", porque mi madre reporta que desde temprana edad, cuando algo me salía mal, reaccionaba refunfuñando, "me niego a aprender algo de esta pinche experiencia".

Así me pude fletar sin rasguños, años de andar pidiendo aventón como forma preferida de viajar, en EE.UU. de los sesenta y setenta, una época más segura que la actual en la que ser semivagabundo era políticamente correcto. Sobreviví intacta viajes en la madrugada en Ohio con traileros libidinosos, y salí bien de ser abandonada a medianoche en un camino campestre de Vermont (ni los toros ni los campesinos se metieron conmigo, pues). Me hubiera pasado algo en el Chile de Allende, por andar en la calle después del toque de queda la primera noche del golpe, y no me pasó nada peor que una buena patada en el trasero proporcionada por un carabinero. Me hubiera pasado algo las veces que iba de México a Xalapa en la madrugada, a principios de los ochenta, con mis dos hijitos en un "vocho" chocado con un faro desviado, y sin embargo siempre llegué bien.

Pero donde sí me he atorado y he coleccionado un buen de cicatrices en el transcurso de todos estos años, es en el manejo de mi vida sentimental. En el tema no puedo ahondar mucho, en parte porque involucra a personas que todavía andan por ahí y en parte porque no tengo un análisis que me resulte convincente del porqué todo me salió tan complicado.

A lo mejor es aquí donde más entrarían lo que son mis "experiencias intempestivas", pero también es aquí donde de repente me entra un curioso (y no muy usual para mí) pudor. Lo que sí puedo decir es que en mi obra pictórica estos temas son fundamentales, y sin que siempre me lo proponga, ahí se tratan extensamente.

Estoy segura de una cosa. Un factor que causó que me equivocara mucho o que tomara decisiones dudosas, fue mi condición de extranjera: el hecho de que crecí con expectativas y patrones de conducta que no siempre se podrían aplicar bien en la cultura en que me he encontrado inmersa.

Aquí entramos a otra materia: la súplica de la editora de que hablemos de cosas de las cuales hemos querido hablar durante mucho tiempo. Quisiera hablar de esa cosa tan rara que es vivir la vida como "la extraña", "la que no es de aquí".

Es una condición que a veces se me olvida, hasta que bruscamente me la recuerdan. Pero es también una condición que me ha acompañado desde mi infancia en los pueblos del medio este estadounidense. Esas pequeñas ciudades atravesadas primero por el ferrocarril y luego por las carreteras en la pradera de Nebraska y Kansas donde prevalecía, y la verdad aún prevalece, un amor sobre todas las cosas por el futbol americano, la carne de res y la conservación de las buenas costumbres (por ejemplo, votar republicano). En ese medio ambiente, mis padres se veían demasiado intelectuales. Mi padre fue fotorreportero, encantador, irritable y ligeramente inestable (¿mi experiencia intempestiva primordial?), así es que lo seguíamos en su travesía de un periódico local a otro. Como resultado fui la niña nueva de la escuela infinidad de veces y a los 18 años había vivido en 12 casas. Tanto me pegó la costumbre que a los 34 años había vivido en 34 casas. En mi "madurez" me calmé: acabo de cambiarme por primera vez en 11 años.

Lo que quiero decir es que a lo mejor a muy temprana edad empecé a sentirme "yo" siendo "la extraña", "la nueva", "la rara que lee poesía". A lo mejor la vista desde la orilla, una orilla real o imaginaria, empezó a ser la única vista desde donde me podía enfocar. No sé si el margen es un punto de vista que distorsiona o si permite ver las cosas bien. Sé que aquí en México he aprendido muchas cosas que ni sospechaba en Nebraska.

En inglés, por ejemplo, no hay una sola palabra que signifique, exactamente, "matizar" (tampoco "aprovecharse" ni "tramité", pero ésas son otras historias). Porque matizar es algo que no se acostumbra. Siempre pienso en el vivir en mi país como radicarse en medio de una almohada. Es cómodo, pero no se oye bien el mundo exterior. Me di cuenta muy pronto, estando en América Latina, que de repente veía más dimensiones —podía ver el mundo como lo ven los gringos, porque esa visión nos llegaba en cada emisión de CNN (bueno, en esa época, ABC, NBC, y CBS, digamos). Pero también ya tenía otra visión, otra versión— la de aquí, la no oficial, la de la periferia.

Y la idea de visiones y versiones nos lleva a otro gran fenómeno cultural —la mentira, y las razones de su existencia. Fui criada en la tradición de Abraham Lincoln, que según nuestros libros de texto, en cierta histórica ocasión, llegó a casa después de caminar un par de kilómetros desde la tiendita y descubrió que le habían dado cambio de más. Por supuesto de inmediato dio vuelta y volvió a caminar a la tiendita a regresar lo que no era suyo (actitud que sus paisanos ya no respetan en cuanto a sus territorios, al parecer). Bueno, no sé cómo llegan estas anécdotas a los libros, pero a mí me impresionó mucho. Hasta llegaba a dejar recados en las ventanillas de coches estacionados (sí, plural, me pasó más de una vez) que rayaba en mi torpeza adolescente para aprender a manejar: "perdón, creo que rayé su coche, mi teléfono es tal".

Me parece que una de las primeras veces que empecé a "matizar" mi concepto de la honestidad fue al encontrar un diálogo en una pieza de teatro inglesa, a lo mejor de Shaw, en que un personaje comenta acerca de otro, "se piensa honesto porque no agarraría dinero olvidado en la mesa". Así me entró la idea de que las personas que se piensan honestas pueden engañarse a si mismas y de paso a otros. De ahí fue un brinquito chico a lo que se entiende comúnmente en México: la mentira puede ser autodefensa.

Entonces mi idea de la honestidad como un asunto de definición obvia y cualidad de la persona íntegra, se topó con nociones culturales más complejas. Para empezar, que la verdad podría ser algo relativo. Ésa es una lección que empecé a percibir con lo ya comentado de los noticieros. Y además, que lo que unos consideran una mentira, para otros es una defensa de su espacio personal, de su posibilidad de desplazarse libremente. Un mecanismo de sobrevivencia en un mundo de jefes arbitrarios, esposas (os) sofocantes, padres represivos, etc. Una forma de ejercer poder a pesar de tener negados otros poderes. Y claro, como es un arma, una manera de tener poder y se supone que todo poder corrompe, pues ya imagínense las posibilidades infinitas de utilizar esa arma y sus posibles abusos.

Lo que se me hace curioso (se ve que todavía no lo entiendo por completo) es cómo ciertas personas (incluyendo mi propia descendencia) utilizan la mentira como ejercicio creativo. "A ver qué puedo inventar y hasta qué punto hacer que me crean....". Así el mundo les deja de ser una prisión construida de hechos ineludibles y se vuelve un lugar fascinante donde todo varía según cómo construyes la historia. Pues sí, ¿no? como el arte. De ese modo nadie está limitado por la cruda realidad... y aunque empiezo a entender la utilidad de la mentira y sus justificaciones, aún no soy muy adicta a emplearla. Diría, máximo, miento si alguien me pregunta cuánto pagué por algo cuando siento que no es asunto suyo. Además, no soy diestra para reconocer cuándo me están mintiendo, otra indicación de mi condición insuperable de forastera.

Tampoco he podido superar un innegable acento gringo. A veces los más amables me dicen que suena europeo, que obviamente quiere decir más fino. Curiosamente son los argentinos quienes más me lo comentan. Por supuesto en su innegable acento argentino. Los mexicanos suelen ser más discretos. A mí me da mucha pena tener un acento tan marcado. No suficiente pena como para ir a Berlitz a corregirlo, pero suficiente para sacarme de onda cada vez que me digan: "¿tantos años de estar en México y todavía hablas tan mal?" A veces también me dicen que hablo bien, supongo que depende de con quién me comparan. Por supuesto que mis hijos de chiquitos no se daban cuenta de que su mamá hablaba raro. Hasta que sus amigos les preguntaban: "oye ¿y por qué tu mamá habla así?"

Mi hijo mayor jugó futbol americano desde los ocho hasta los 20 años, deporte ni practicado ni entendido por sus padres y demás parientes, salvo sus abuelos maternos que finalmente son de Nebraska, donde hay un equipo colegial fabuloso. Bueno, en el futbol conoció a su mejor amigo, amistad que dura hasta hoy día. Su amigo es descendiente de un chino-mexicano (que habla español "mexicano" normal) y de una australiana (que habla el español como australiana) y al igual que en nuestra familia, sus papás padecen de cierta adicción al feminismo y a la política. Así es que los chicos se entendían, sabían qué es crecer pensando que ese vegetal anaranjado es una "zanoria" y riéndose de las mamás que hablaban de "astronautos". Pero el mayor punto de discusión acerca del cual todavía sigue cada quien con la idea de que el otro está obvia e irremediablemente equivocado, es: cuál mamá tiene el peor acento en español. Claro, te parece menos mal el acento con el cual creciste.

En nuestra casa no se hablaba mucho inglés. En un principio porque cuando los niños eran muy pequeños y disfrutaban del breve periodo de tener dos padres juntos, ambos estábamos en el pasón de ser más latinos. Yo, por ser gringa y querer incorporarme a mi nueva vida. Y él, por llevar muchos años fuera de México y querer recuperar su tambaleante mexicanidad. Intentaba evitar el patrón de sus propios padres, que fue establecer el inglés como idioma familiar, con el resultado de tener hijos mexicanos con acentos raros. Mis hijos finalmente aprendieron el inglés en la secundaria, con la ayuda de las películas gringas, unas visitas a los abuelos y la computadora. Antes de ese punto clave en sus vidas, su experiencia de la lengua "sí y no" materna estuvo estrechamente ligada a los enojos de la mamá que los regañaba en inglés porque al estar molesta, su español alcanzaba un nivel deplorable que más bien provocaba risa entre sus hijos en vez del asombro y miedo intencionados. *Do you want a spanking*?

Mi hijo mayor también ha tenido la experiencia de ser extranjero, pero en su propio país. En 1980 mi condición de pobreza extrema (bueno, pobreza extrema para la clase media, condición provocada por una desafortunada falta de aguante a la vida matrimonial) fue aliviada por una invitación para ser maestra de grabado en la Universidad Veracruzana, cosa que me permitió entrar en la vida real como persona solvente con quincenas módicas. Dos semanas después de tomar la decisión de mudarnos y antes de que empezara el año escolar, tenía que encontrar una escuela para mi hijo. La única primaria en Xalapa donde aceptaban a este niño como alumno fue la Díaz Mirón, que tengo que decir de paso, se llama por un poeta acerca del cual tengo mis serias reservas. Mi amigo Guillermo Rousset que sabía de estas cosas, decía que Díaz Mirón escribía con una métrica perfecta, pero me parece que además de ser matón, el poeta tenía un don imperfecto para la metáfora o por lo menos para mí, molesto. ¿Qué es esto de "yo león, bla bla, y tú paloma para el nido"? ¿No van los leones con las leonas y las palomas con los palomos? En fin, a mí, sintiéndome leona y no paloma, me chocaba.

Bueno, la Díaz Mirón no tenía ningún niño rubio más que Luciano, entonces de entrada fue el Gringuito y de salida, discriminado. Cometí el error de meterlo en segundo año cuando tenía la edad de primero, porque ya sabía leer. Chico y agredido se defendió haciéndose de la amistad y de los servicios de guarura de un niño de 11 años que también cursaba segundo año, cuyo paso por nuestra casa fue notorio por la repentina desaparición de las tijeras y la infestación de piojos que sufrimos todos los miembros de la familia, penosamente traída a nuestra desinformada atención por el peluquero.

Como posible secuela de este incidente (¿con la intención de tratar de integrarse?) el joven (ya joven señor, es casado y papá) conserva hasta hoy día la costumbre de hablar a todos con quienes se topa (el que le vende cigarros, etc.) con una réplica precisa del acento de cada quien, cosa que hace sin pensar. Mi otro hijo, que siempre conserva el mismo acento, mexicano pero propio, considera esto "salvajemente camaleónico". Claro, en la época de la Díaz Mirón, este hijo (Andrés) estaba a salvo, disfrutando un corto reinado como el consentido de su preprimaria.

Hubo una época en que contemplé cambiarme de nacionalidad. Finalmente no lo hice porque no pude ajustarme a la idea de no ser de donde nací. Además, supe que en la Universidad Veracruzana, para estar en el Consejo Académico, había que ser "mexicano por nacimiento". Esto me confirmó mi sospecha: los mexicanos nacen, no se hacen. En fin. Pero cuando todavía pensaba cambiar de nacionalidad, se lo comenté a mi papá por teléfono, y él se escandalizó. "Pero qué te pasa" le dije, "somos una familia de inmigrantes, hay una tradición de siglos de cambiar de país, de Francia a Escocia, de Escocia a Canadá de Canadá a América, etc...". "Pero antes," me contestaba, "siempre nos cambiábamos hacia algo mejor...". Qué penoso me es a veces "ser de allá". Pensando en esto y en el trato que da "mi" embajada a los pobres suplicantes de visas. Y en Iraq. Y en Bush, *oh my God*.

Acabo de ser el regalo sorpresa en la fiesta de cumpleaños 75 de mi mamá en Omaha, Nebraska. Mi querida mamá —nunca pensé que al irme a los 18 no la tendría cerca más... ni modo. Otra gran verdad de los expatriados es que la familia no está muy presente como fuente de apoyo, ni es fácil ser fuente de apoyo para ellos. No les puedes pedir 25 dólares prestados hasta el lunes ni encargarles a los niños, ni quedarte en su casa si no quieres estar sola. Pierdes los cumpleaños y los Días de Gracias, y no estás para ayudar a cuidarlos cuando se enferman. Tampoco pensé en eso a los 18.

Ahora resulta que la gran noticia es que una de mis sobrinas se casa y que su prometido se va un año a Iraq como soldado. Claro, el pobre se había metido hace años a la Guardia Nacional, seguramente con la idea de ayudar a las víctimas de desastres naturales. Nadie en la familia habla del año en Iraq. Más bien el énfasis de la línea de planeación tomada por la sobrina es quiénes van a ser las damas de honor y cómo pueden arreglárselas todas para ir a la misma peluquería antes de la ceremonia (parece que esto es una parte importante del rito) cuando la mitad son negras y la otra mitad blancas y las peluqueras que saben arreglar *black hair* no saben arreglar *white hair* y viceversa. Históricamente yo me he salvado de estos dilemas, porque como buena marginada no voy a la peluquera, y solamente después de resistir mucho, de forma poco decorosa y nada apreciada, asisto a las bodas.

En fin, hay varias cosas que me llaman la atención de esta situación. Una, el papá de la joven (mi cuñado) es activista antiguerra y antigubernamental. El último *hippie*, digamos. La niña creció en una casa muy alternativa. Pero no se comporta como marginada. Se comporta como joven americana bien socializada. Quizás el chiste es arraigarse. Si has vivido siempre en el mismo lugar, como ella, te integras, a pesar de tus padres alternativos.

Ya ven, a lo mejor es cierto eso de la magia de arraigarse. Llevo 30 años en un lugar, en México. ("¡La mitad de su vida!", exclamó un taxista, al saber el dato. "¡No tengo 60 años!", repliqué indignada.) En fin, más que la mitad de mi vida. Y estoy escribiendo algo para un libro de experiencias de "mujeres mexicanas". Es más, hace unos años, representé a México (junto con Remedios Varo, otra mexicana de origen nebuloso) en una exposición en el Museo de Mujeres en Washington. Y hace poco participé en un encuentro de artistas mexicanas y chicanas, como mexicana, por supuesto. De hecho, llevo 30 años de ser "artista mexicana". Y hasta soy integrante, ahora sí, de un consejo académico, a pesar de mi lugar de origen. Entonces, lo evidente es que a pesar de todo y en medio de todas mis protestas y contradicciones, resulta que también soy de aquí. Y tendría que decir, a mucha honra.

Bueno, suena como un buen final de texto, pero tengo algo más que comentar. Realmente no me gusta demasiado admitir que he enfrentado circunstancias para las cuales me he sentido poco preparada, que no he enfrentado bien, que me han abrumado, pero ya que lo pienso, sí me ha pasado, y recientemente.

La verdad, la década de los noventa no me fue fácil. En cuanto a mi carrera, es cuando me establecí bien, supongo. Incluso ahora me quedo atónita cuando recuerdo cómo trabajaba. Por ejemplo, cuando iba a exponer en el Museo de Arte Moderno, fui a ver la sala, y me asusté. Se veía enorme; me sentía de tamaño normal, pero mi obra se me hacía... infinitamente pequeña. Bueno, de tamaño, comparada con el lugar que tenía que llenar. No sé qué es lo que impulsa a los hombres a hacer cuadros de tres por cinco metros, pero en mi obra un cuadro grande es de un metro por un metro. A lo mejor todo empieza por el hecho de que los hombres tienden a tener sus talleres en otros lados, donde sus familias no los distraen, talleres que suponemos han de ser enormes y llenos de bocetos y cuadros en proceso y elementos de instalación y tarros medio vacíos de pintura y botellas vacías de vino y cajas de pizza deterioradas, etc. Siempre he tenido mis talleres en mi casa, así puedo trabajar mientras vigilo lo que está en el horno y volver a trabajar cuando los niños están dormidos (antes cuando mis niños no eran los hombres que ahora son). Esto quiere decir que trabajo en mesas y en paredes no más altas de dos metros y pico. Además, por naturaleza me gusta trabajar dimensiones no muy grandes, es más íntimo.

Entonces para poder llenar aquel espacio me hice un calendario de lo que tenía que terminar y cuándo. Lo que más recuerdo es que decidí que no tendría tiempo para ir al cine en unos ocho meses. Pero sí llené las paredes, y después de eso las de varios museos más.

Al mismo tiempo (¿por no ir al cine?) mi vida social era cada vez más deficiente. Los círculos sociales del mundo del arte iban cambiando. En los ochenta, estuve bien dentro de ese circuito. Pero el mundo iba cambiando, y yo también, y poco a poco me encontraba más aislada. Volvía a rondarme el fantasma de ser la marginada. Y ya no tenía una pareja que me ayudara a integrarme. Es más, la mayor parte de la década no tuve pareja, y cuando la tuve, me complicaba más las cosas en vez de solucionármelas. Tenía unos amigos, buenos pero bastante ocupados, no exactamente un buen sistema de apoyo. Luego mis hijos se independizaron. Creo que fue en 1996 que empecé a vivir sola, prácticamente por primera vez en mi vida. Esto es sin contar seis meses en Boston en 1970, antes de meterme a una comuna de mujeres.

Mi hijo Andrés me regaló un gato cuando se fue. Todavía lo tengo, un siamés con mucho carácter y luego compré en el Mercado de Sonora una gata que nos resultó algo carente de carácter, pero que funge bien como mascota del siamés (Andrés y su pareja ya tienen cuatro gatos: Violencia, Crisis, Caos y Sismo. Siguen queriendo regalarme más, pero me resisto. Pero acabo de aceptar que me regalaran una corregida de este texto).

Y me pasó otra cosa. Desde 1994, empecé a tener anemia. Nadie (léase doctores) sabía por qué. Bueno, tenían sus teorías pero no me podían curar. Me había vuelto vegetariana pero volví a comer carne con la esperanza de sanarme. Y volví con una ex pareja con la esperanza de alegrarme. Ninguna de las dos cosas tuvo el efecto deseado.

En el año 2000 hice una buena exposición (es decir, una que me satisfizo) en la Galería de Arte Mexicano. Pensé: bueno, no tengo pareja, no tengo energía, pero estoy funcionando. Fui a sacar un certificado médico para tener seguro y el ginecólogo decidió que tenía un tumor en el útero. Estaba equivocado, pero sí tenía un quiste en un ovario. Luego me quiso operar y quitarme el ovario, ¿o eran los dos? y además el útero. "¿Pero por qué el útero?", le pregunté desconcertada. "¿Para que lo quieres?" me contestó.

Me hizo tomar una serie de exámenes caros y desagradables (como una tomografía). Después de varios meses de estar especulando acerca de cuándo y cómo podría morir, fui a otro doctor. Éste decidió tratar el quiste con hormonas (cosa que resultó) pero a pesar de la mejoría estaba yo cada vez más triste y sin energía. Fui a dar una plática a unos niños de preprimaria sobre qué es ser "pintora" y la primera pregunta fue, "¿por qué estás tan amarilla?" Y mi cara estaba extrañamente hinchada. Así que no me sentía muy bonita que digamos. Además, estaba pasando por la menopausia. No nos gusta hablar de eso porque es como dejar caer el dato de que estamos a punto de dejar de ser "*babes*", como dice una amiga, pero el hecho es que me estaba pasando y estaba sola. Pasaba días en el sofá sin ganas de hacer nada, y la idea de vivir 30 años más (suponiendo que llegara a tener 80) me llenaba de angustia, porque no se me ocurría nada que hacer con todo ese tiempo. Fue en ese entonces que Elia Stavenhagen me hizo una entrevista en la cual cada vez que me preguntaba algo sobre la historia de mi vida, me echaba a llorar. Siendo una persona muy solidaria, se encargó de cuidarme, es decir checar cómo me iba, aunque fuera por larga distancia desde Cuernavaca.

Finalmente me rendí y fui a un buen internista. Durante los años previos mi concepto de "doctor" había sido limitado a ginecólogos y doctores naturistas, para mi desgracia. Resulta que ya llevaba unos diez años con un hipotiroidismo cada vez más agudo. El cuerpo se vuelve lento, engordas o te hinchas, te vuelves anémica, produce depresión... muy fácil de tratar, pero tardas un rato en normalizarte. Lo que me molesta es pensar cuán distinta podría haber sido esa década si no hubiera tenido este asunto bajando mi ánimo y robando mis energías.

De todos modos, aun con la bronca médica bajo control, la interacción del hipertiroidismo con la menopausia me había producido un bajón químico que era difícil revertir. Seguía sintiéndome con una nube gris alrededor. O con un bloque de cemento encima. Seguía manejando mientras lloraba, y llorando mientras manejaba. Me recetaron un antidepresivo y no me pude parar de la cama. Se lo comenté al doctor y no me quitó el antidepresivo, pero me mandó vitaminas para viejitos. Lo dejé de tomar de todos modos. (Tomé las vitaminas.) Ahora me he enterado de que dar antidepresivos es como inventar un coctel personal para cada quien, por prueba y error, con la posibilidad de que no puedan dejar el tratamiento después. Entonces, a lo mejor no me perdí de mucho al evitarlos. También me metí a un club muy acá con vapor y máquinas y *personal trainers* y lloraba en el yoga. La instructora estaba muy conmovida. Pensó que me había provocado una experiencia espiritual. Fui con una terapeuta y salía llorando más fuerte. Como Alicia, corría el riesgo de ahogarme en mis propias lágrimas.

No fui totalmente improductiva. Eché a andar varias cosas que luego me fueron de mucha ayuda. Una fue aceptar dar una clase de gráfica alternativa en La Esmeralda, escuela de arte. Cuando empecé a dar clases ya había salido de mi bache, pero hoy día encuentro el trabajo en la escuela como una conexión orgánica y vital con el mundo que me hace mucho bien. Finalmente, ¿qué podría ser más divertido que convivir con estudiantes de arte?

También empecé una nueva veta en mi producción, piezas que tienen menos que ver con "mujeres en su intimidad", lo que solía ser mi tema predilecto, y más con la historia, historias personales, quizás, pero historia, al fin. Como que empecé a salir de mí misma, en cuanto a temática. Hice, por ejemplo, una instalación de imágenes trabajadas con transferencia y costura, basadas en fotografías de los pueblos indígenas de los extremos de América: Alaska, Canadá y Patagonia. Es una especie de narración de la época de su encuentro con los europeos, encuentro que resultó particularmente devastador en el sur. Me involucré mucho con las imágenes de esta gente al hacer el proyecto. Estaba tratando de reconstruir algo, de darles presencia y voz a pueblos marginados en su momento por su situación geográfica y su desventaja en cuanto a desarrollo, y finalmente, marginados también en el tiempo. Paralelamente me encargaron, para el coloquio de artistas mexicanas y chicanas, una ponencia con el tema "Sobrevivencia como artista". En un principio me dio pánico, entre otras cosas porque no estaba tan convencida de que había sobrevivido o de que sobreviviría. Pero resultó ser un vehículo para articularme, una forma de procesar lo que me estaba pasando.

Y tuve suerte, me enamoré. Esto fue muy útil porque el enamoramiento produce muchas endorfinas, que contrarrestan la deficiencia química. Produces tu propia droga antidepresiva. Además, la suerte fue no tanto enamorarme, sino enamorarme de alguien con quien podría desarrollar una relación que nos hace bien. No sé si podría ser receta médica, pero en mi caso, me encarriló otra vez. Así pude empezar a apreciar lo que nunca había perdido pero no estaba en condiciones de ver. Me estoy volviendo insoportablemente cursi, ya sé por qué rehuía escribir todo esto. Pero efectivamente, "fue triste mi historia, y su final feliz". Sospecho que no tengo todo bajo control, pero ha vuelto mi optimismo incurable y la ilusión de que yo sí puedo con todo... hasta con dos nacionalidades.

LA VIDA EN LOS LIBROS

Sara Sefchovich

Unas vacaciones que pasé en una ciudad al sur del país, encontré en la única librería, un libro que en mi adolescencia había sido muy popular entre mis amigas pero que a mí no me había llamado la atención entonces: se llamaba *El médico del Tibet* y el autor era Lobsang Rampa. Esta vez en cambio, no sé por qué, me atrajo poderosamente y lo compré. Y su lectura me cautivó. A partir de ese primer deslumbramiento, me volví fiel seguidora de ese autor y en los próximos meses me bebí todos sus títulos y de paso, cualquier otro libro que tuviera que ver con el Tibet.

El tema llegó a apasionarme tanto, que empecé a asistir a cursos y talleres, a conferencias de especialistas venidos de todo el mundo, a exposiciones de fotografía y a exhibiciones de películas. Además, en medio de todo eso, me sucedió el milagro de que un día, caminando por una calle rumbo a otra parte, un desconocido me obsequió un boleto para escuchar nada menos que a Su Santidad el Dalai Lama cuando visitó la Ciudad de México junto con un grupo de monjes curadores tibetanos.

Del Tibet pasé a la India así: un día una amiga me llevó a la casa de los seguidores de la maestra Gurumayi para escuchar sus cantos y aprender a meditar y otro día otra amiga me invitó a la casa de los discípulos de Satya Sai Baba, en donde nos mostraron un video en el que miles y miles de gentes cantaban y rezaban en gran paz y armonía. Conocí entonces un mundo cuya existencia ni sospechaba y que me conmovió profundamente: me refiero al mundo de las religiosidades. Empecé a frecuentar grupos distintos —sufis, cristianos maronitas, católicos, ortodoxos griegos, judíos, musulmanes, hindúes— sólo para escuchar sus cánticos y rezos, en una búsqueda que no sabía hacia dónde me conduciría pero que me hacía sentir bien, cerca de lo sagrado y de un mundo con sentido.

En ésas estaba, cuando vi revuelto entre regalos y dulces en la tienda de un hotel en una pequeñísima ciudad de provincia, un libro sobre Gandhi.

Tenía una portada en color gris clara, sin ningún dibujo y con apenas, como pidiendo disculpas, las letras del título. Puesto que era de noche el local estaba cerrado, de modo que a la mañana siguiente, muy temprano, volví pero seguía cerrado. Al mediodía lo mismo. Conseguir ese preciso libro se volvió entonces una obsesión y una prueba que me ponía el destino. Una y otra vez regresé al lugar, toqué la puerta con toda la fuerza de mis puños, dejé mensajes en servilletas y en pedazos de cartón arrancados de la caja de pañuelos desechables. Hasta que lo logré. Pude comprar el libro y me encerré en mi habitación, me tiré sobre la cama y no me volví a parar hasta que muchas horas después terminé la lectura completamente afectada y decidida a cambiar radicalmente de vida. Era tal mi agitación que no podía siquiera esperar a que amaneciera para empezar a ser otra persona.

La cual por supuesto no fui. Una semana después tuve que aceptar que seguía siendo la misma: una mujer que conoce el mundo y vive la vida a través de los libros, y que entre las lecturas sigue con sus obligaciones y rutinas, sus manías y ansiedades.

Así y todo, emprendí algunos actos que según yo, me conducirían a una vida pura y correcta en el sentido gandhiano: despedí a la sirvienta, tiré a la basura los adornos, cuadros y objetos superfluos de mi casa, vacié los armarios hasta dejar solamente la ropa más indispensable y me propuse vivir en el ascetismo y la dedicación al trabajo y a los demás.

Durante un año entero barrí mi casa con una sonrisa en la boca, lavé, cociné, tendí camas, pulí pisos y planché camisas sintiéndome en el camino del cielo, además de lo cual cumplí con mis compromisos de trabajo, aunque el cansancio me partiera en pedazos y aunque me tuviera que olvidar por completo de cualquier otra cosa. Y por supuesto, compré todo lo que pude de y sobre Gandhi, de y sobre vidas ejemplares, de y sobre religiones y lo leí, lo subrayé, lo pensé, lo sentí, lo lloré, lo soñé, lo usé para hacerme promesas y propósitos y por fin, un día ... lo escribí. Y fue así como, gracias a Dios, toda esa perfección y positividad y grandeza se salieron de mí.

Lo malo es que quedó el vacío, la inmovilidad, la nada. No podía leer, no encontraba asunto ni persona interesantes, ocupaba mis días en poner orden en los cajones, en hacer largas caminatas y en comer pan. Era yo una mujer sin presente ni futuro, con los ojos vacíos y el rostro seco, cuando surgió la oportunidad de un viaje a Europa.

Para la mayoría de la gente este tipo de oportunidades son muy deseadas. Para mí no porque los únicos viajes que me atraen son los imaginarios, los que no exigen empacar, organizar, preparar, arrastrarse por aeropuertos, dormir en lugares extraños y abandonar a los seres queridos.

Pero de todos modos fui a Europa porque no sabía qué hacer conmigo misma. Y aunque apenas despegado el avión ya me había arrepentido, cuando llegué al lugar, un balneario en las cercanías de la ciudad de Frankfurt rodeado de bosques como los que salen en las novelas, me sentí muy contenta. Al día siguiente, deliciosamente abrigada y con sólo los ojos de fuera, emprendí larguísimas caminatas respirando el aire frío y límpido del mes de noviembre, en lo que me parecía un pueblo alejado del mundanal ruido aunque estuviera en el centro mismo del planeta. Tanto me revitalizó ese paisaje, que en lugar de regresar a casa cuando la invitación de trabajo terminó, me fui en un tren a París a ver tres funciones diarias de cine durante 15 días. Y como todavía seguía feliz, tomé una decisión que constituyó la culminación de ese viaje y que se convirtió en una verdadera jornada espiritual: seguir hasta Israel.

Y allá fui. Durante tres semanas subí y bajé, entré y salí, olí y probé, escuché y callé. Vi a los soldados, esos jóvenes fuertes y prepotentes, y me dolió. Vi a los religiosos embebidos en sus creencias y sus modos de vida y me dolió. Vi la pobreza de los nuevos inmigrantes, los venidos de Rusia que tocaban sus violines en las esquinas y los venidos de África que vivían en las barracas, y me dolió. Vi los asentamientos en las zonas ocupadas, las comunidades que hacían milagros con la tierra desértica y milagros con el agua escasísima, vi a las prostitutas paupérrimas, los museos espléndidos y las playas atascadas de gente, caminé por las callejuelas del viejo Jerusalém y me senté en los cafés del nuevo Tel Aviv y hablé con la gente, con profesores, líderes políticos, viudas de guerra, muchachas enamoradas, pacifistas y con todo eso adentro me subí al avión para regresar. Llevaba conmigo un regalo que me habían hecho el día anterior a mi partida: era el último libro del escritor y activista Amos Oz que reunía entrevistas con árabes y judíos. Durante las 15 horas que duró el vuelo lloré a lágrima viva, lloré como Magdalena, lloré conmovida porque entendí que el de Medio Oriente era un problema sin solución.

Cuando llegué a casa, agotada, desolada, me hice el propósito de entender. Compré entonces todos los libros que pude encontrar sobre pioneros y constructores y luchadores y me senté inmóvil durante días y semanas a leerlos para aprender.

Y fue tal mi emoción y entrega a ese trabajo, que de repente parecieron volver aquellos años de la juventud cuando, a fines de los sesenta, soñábamos con cambiar el mundo y hacer la revolución. Una dulce nostalgia me hizo desempolvar los libros que entonces había leído, o más bien, que entonces me había aprendido de memoria (de corazón como se dice en inglés). Volvieron a mí Fidel Castro y sus discursos y hasta escenas de la vida cotidiana en Cuba que nunca había visto pero que me sabía de tanto que las había oído.

Y tuve que hacerlo. Tuve que ir y ver. Tuve que cumplirme ese sueño que había esperado 30 años. Y me fui a Cuba.

Pasé algunas semanas en la isla, tratando de entender cómo hacía la gente para vivir. Era el año 91, no había más ayuda de la Unión Soviética porque no había más Unión Soviética. Faltaba todo y el deterioro era brutal. Y aun así, yo me emocionaba cuando Fidel aparecía en la televisión y hablaba por horas y horas de cómo aprovechar el bagazo de la caña de azúcar para dar de comer a los cerdos. Y seguía soñando, como en aquel entonces, que yo podría llevármelo a la cama. Porque el comandante y primer ministro que había poblado nuestras fantasías juveniles y románticas, seguía teniendo una pinta que abría el apetito.

Volví a casa decidida a aprender cosas útiles. Basta de tonterías, me dije. Así que me puse a leer sobre agricultura y autosuficiencia alimentaria, sobre producción y distribución, sobre cuidado de la tierra y manejo del agua, sobre fertilizantes y máquinas, injertos y genética. Durante meses mi familia me escuchó hablar de la diferencia entre un grano de trigo sano y uno enfermo, entre la tierra negra y la tierra clara, entre el agua pesada y el agua liviana, entre el calor y la evaporación que producen el sol de verano y el sol de invierno. Durante semanas me vieron luchar con libros de los que no entendía absolutamente nada por más que me empeñaba y mientras tanto, los pobres se tenían que aguantar probando mis experimentos con frutas y verduras, con proteínas y carbohidratos, con dulces y sales, con líquidos y sólidos, y soportaban estoicos interminables peroratas sobre los desheredados del mundo y sobre la nueva regla doméstica según la cual cada uno de ellos debía tender su cama y lavar su plato, porque era un privilegiado en un mundo lleno de pobres.

Mi casa se convirtió en una extraña combinación de *kibutz* y *ashram*, de templo y centro agrícola, de ideal comunitario y vida individual.

El experimento terminó cuando recogí de la calle a dos niños indígenas mugrosos y descalzos a los que traje a vivir a la casa. A mi marido le pareció una locura, mis hijos se negaron a hacerles espacio en su habitación y los adoptados prefirieron volver con sus padres a pedir limosna en las esquinas, cuando los quise convencer de bañarse y lavarse los dientes todos los días, de tomar agua en lugar de refresco y sobre todo, cuando les dije que tendrían que ir a la escuela.

Fue entonces cuando me di cuenta de mi impotencia ante la fuerza de la realidad y tuve que volver a lo mío, aunque no sabía con exactitud lo que quería decir eso de lo mío, porque aún no se me quitaba de la cabeza la idea de que tanto esfuerzo invertido en vivir debería redundar en algo útil para la humanidad.

Para resolver el problema, me pareció que el mejor camino era dar el salto hacia la ciencia, de modo que, siguiendo mi acostumbrado estilo, me compré cuanto libro había y me pasé meses leyendo desde las teorías de Darwin hasta las de Einstein y desde ecología hasta medicina. Entonces me di cuenta de que, para que esto adquiriera sentido, había que entrarle a la filosofía y me puse entonces a leer desde los estoicos griegos y los teólogos medievales hasta Kant y Nietzsche. Después de más de un año de intenso trabajo, lo único que obtuve de ese esfuerzo agotador... fue una soberana aburrición.

La salvación apareció una mañana en el diario que yo hojeaba distraídamente mientras bebía el café del desayuno: la Universidad Nacional anunciaba un curso sobre literatura rusa. En menos de lo que puedo contarlo, mi alma eslava había subido su termómetro y mi cuerpo mexicano corría a las oficinas indicadas para inscribirse.

Debo decir que esa alma eslava viene de mis abuelos, emigrantes de aquellas tierras en las que nuestros ancestros habitaron durante siglos. En mi casa las palabras rusas se mezclaron siempre con el español, siempre comimos *kashá*, pepinillos en salmuera y pan negro y mi padre nunca consideró completa una comida si no incluía papas. El té se servía bien caliente en vaso de vidrio y se endulzaba con mermelada mientras que el vodka debía estar bien frío para acompañar el arenque marinado que preparaba la *babushka*, mi abuela adorada.

Mi relación con la música y la literatura rusas es muy antigua: la primera representación teatral a la que asistí en mi vida fue el Ballet Bolshoi cuando parte de la compañía vino a México siendo yo una niña. Y me gustó tanto lo que vi que a la salida informé a mis padres que había decidido ser bailarina. Afortunadamente ellos tuvieron la inteligencia de aceptar y llevarme a una academia de danza en la que no pasé del segundo curso porque jamás pude ponerme de puntas. Por lo demás, la primera vez que compré un libro de mi propio dinero fue *Crimen y castigo* de Dostoievski, que leí de cabo a rabo en un fin de semana echada sobre la cama.

El curso de literatura rusa lo impartía un maestro venido de Bulgaria que no hablaba una palabra de español. Sentado en un desvencijado escritorio nos leía poemas, relatos y capítulos de novelas en el idioma original mientras se le arrasaban los ojos con lágrimas de emoción. Él sabía que ninguno de los alumnos entendíamos, pero sentía nuestro embeleso cuando nos transmitía la fuerza de esas palabras. Recuerdo aquellas tardes de calor, en un salón de clases muy pequeño por cuyos ventanales se veía el campus y nosotros escuchando unas palabras incomprensibles pero plenas de belleza.

Fue entonces que leí a Pushkin y a Lermontov, a Turgueniev y a Tolstoi, a Bulgakov. Leí biografías de Catalina y Pedro los Grandes, de Rasputín, de Trotski y ensayos de Herzen. De los rusos me fascinó su idealismo, su amor a la patria, su apasionamiento y su manera intensa de vivir las emociones en las que yo me reconocía.

El paso de la pasión eslava al romanticismo alemán se dio con la misma naturalidad con que se había dado el paso del Tibet a la India: las aristócratas rusas de los libros que leía me condujeron a Goethe, Hölderlin y Nerval. Me enamoré de Rousseau, de Liszt, del rey Ludwig de Baviera. Y de allí me seguí hasta Lou Andreas Salomé, Walter Benjamin y Elias Canetti, Thomas Mann, Stefan Zweig, Albert Beguin y Hermann Hesse. Gracias a ellos pude recorrer castillos, pasear por Venecia, bailar en la Viena imperial, departir con las mejores actrices francesas en los salones de París. Gracias a ellos, la pasión por la literatura, la música, la pintura, la gastronomía más delicada y los amores más desgraciados se volvieron parte de mí.

Pero humanos somos y al fin volubles. Tanto romanticismo me agotó. Lo corté de tajo una noche a las 11 en punto, cuando en lugar de servirme la habitual copa de champaña me tomé una coca cola dietética que alguien había dejado por allí. El sueño había terminado.

A la gaseosa le siguió una hamburguesa y a ésta un pitillo de mariguana y la vida volvió a ser real y terrenal y divertida. Ir de bares, leer libros de Bukowski, pasarla todo el tiempo con amigos y en fiestas. El apocalipsis había llegado, había creado mi propio Nueva York y en él me instalé durante un buen rato, hasta que afortunadamente Dios Nuestro Señor me sacó de allí, pues Él no está para permitir que sus criaturas se descarríen. Y por eso puso en mi camino un libro que abrió otra puerta hasta entonces sellada: *El médico de Córdoba* de Le Porrier. El mundo árabe se abrió camino luminoso en mi vida. Una novela de Antonio Gala, una biografía de Mahoma, un cuento de Washington Irving, los relatos de Amin Maalouf, Paul Bowles, Fátima Mernissi, Isabel Eberhardt y ya estaba: eran míos el desierto de Arabia, los jardines perfumados de Granada, los viajes de Ibn Batuta y la *kasbah* de Marrakesh con sus olores acres y sus callejuelas.

Y así ha seguido la vida: un día los libros me llevan a China —desde tiempos del viajero Marco Polo hasta la revolución cultural— y otro a Chile con sus aristócratas enamoradas y sus sueños del oro de California. He estado en Grecia con el emperador Adriano, gracias a Marguerite Yourcenar y en puertos sucios bebiendo vino barato gracias a Álvaro Mutis. He llegado hasta Alaska con sus hielos monumentales y al interior de Brasil en donde hay santeras y ritos extraños, a Egipto con sus montones de faraones y sus pirámides llenas de historias entre científicas y esotéricas y a Canadá donde los bosques son rojos y los ríos limpios. Y me he quedado encerrada semanas enteras en las bibliotecas de París aunque los domingos por la tarde paseo por alguno de los muchos jardines que hay en el mundo para, como hizo hace muchos siglos el filósofo Maimónides, sentarme a pensar. He ido en barcos que cruzan los mares, he vivido en alguna playa del Pacífico y he estado en conciertos cuando se estrena alguna ópera. Me conozco todos los museos y galerías y sé muy bien quién es amante de quién y qué le fueron a contar sus pacientes al doctor Freud. Y todo eso desde mi casa, desde mi cama con sus almohadas cómodas, con mis perras echadas a mi lado, comiendo una manzana y sabiendo que en cualquier momento cierro el libro y se acabó.

Y digo se acabó por esto: porque para mí vivir es leer, como para otros puede serlo bailar, pintar, conversar o comprar, atender a su familia o ir a la oficina, viajar. Sólo que a mí me da vergüenza reconocerlo porque se supone que eso no es la vida, que la vida debería ser otra cosa. Así que lo confieso aquí ante ustedes, poniéndome colorada mientras lo escribo.

MI BRECHA

Marta Lamas

Lo que una y otra vez me toma por sorpresa es la brecha que existe entre lo que pienso y lo que siento. Mi inconsciente desgobierna mi racionalidad. El ámbito de mi vida en donde he estado menos preparada para asumirlo, y que ha constituido un desafío con efectos desconcertantes, es el del amor.

Denise, te voy a contar una historia.

1. Cuando lo conocí, la amiga que me acompañaba me dijo: "¡lánzate, está como quiere!" Era un momento de mi vida en que vivía al filo del riesgo: en puntos de prostitución callejera hacía trabajo político e investigaba el uso del condón entre trabajadoras y clientes. Llevaba rato sola, y pensé: "¡me voy a echar una canita al aire!" Nunca imaginé que me iba a enamorar.

2. Cuando entré al movimiento feminista, una de mis preocupaciones era cómo abordar políticamente la sexualidad, tan olvidada por la izquierda. A lo largo de los años fui acumulando lecturas, y ello me condujo a una reflexión sobre la "prostitución" y las nuevas formas de organización de las mujeres que se dedican a ella. Las trabajadoras sexuales son un misterio/atracción para mujeres que, como yo, se fascinan pero se desmarcan de ellas. Por mi activismo feminista conocí a una integrante del colectivo social de las trabajadoras sexuales, le propuse una acción política y en el proceso nos hicimos amigas.

3. A mi amiga, que lideraba un sector de las trabajadoras sexuales, la acompañé durante un largo tiempo con un doble propósito: informar a sus compañeras sobre el sida y organizarlas políticamente. Para que las autoridades policiacas y judiciales ya no detuvieran a las chicas que tenían la tarjeta de Conasida (una especie de control sanitario), ella trató de lograr acuerdos en aquellas delegaciones que tenían el índice más alto de "prostitución" visible.

233

Ante sus infructuosos esfuerzos por reunirse con los jefes delegacionales le pedí a un amigo escritor que solicitara las citas a su nombre. Él comprendió de inmediato lo que estaba en juego, y los delegados lo recibieron inmediatamente, sin imaginar que tras de él entraríamos mi amiga, algunas madrotas y yo.

4. A mi amiga no le parecía razón suficiente mi feminismo, ni la investigación antropológica que inicié un año después, para explicar mi involucramiento. Estaba en lo cierto. Ella percibió que, además de mis intenciones feministas, estaba mi deseo de conocer un mundo de trasgresión. Yo quería descubrir algo de mí misma.

5. Al principio ella me veía como la "decente", la de otra clase social, luego como la de los conectes, la "licenciada". Ella me usó de mediadora/defensora, yo la usé como informante. Nos volvimos una mancuerna política y aparecimos juntas en varios programas de radio y televisión: la mujer de la "teoría" y la mujer de la "práctica". Me fui convirtiendo en "especialista" en el tema de la prostitución.

6. Georges Devereux, con ironía, expresa sus dudas sobre la neutralidad y objetividad de quien investiga y concluye con sencillez diciendo que siempre ayuda descubrir exactamente qué es lo que uno está haciendo en realidad. ¿Qué estaba haciendo yo? ¿Activismo feminista, dando rienda suelta a mi curiosidad morbosa, realizando una investigación o relaborando subjetivamente cuestiones personales? De todo un poco.

7. Entre nosotras se dio un anhelo de reparación: yo le iba a dar a ella lo que no tenía y ella a mí lo que me faltaba. Obviamente esto no se verbalizó jamás así, y creo que mientras estaba ocurriendo no fuimos conscientes de lo que nos pasaba. Le di lo que pensé que necesitaba: información y apoyo político. Ella me ofreció lo que creía que me urgía: salidas divertidas con posibilidad de encuentros sexuales. Me presentó a los amigos de su galán, un joven profesional de la lucha libre, y aunque no salí con ellos, cuando al año siguiente volví a tener pareja la encontré, no en mi mundo, sino en el de ella.

8. Mi amigo también nos ayudó a entrevistarnos con el Procurador de Justicia del Distrito Federal El apoyo del procurador fue inmediato e implicó el reconocimiento a las trabajadoras con tarjeta como "promotoras de sexo seguro", el respeto a sus derechos y un alto a la extorsión económica por parte de los agentes judiciales.

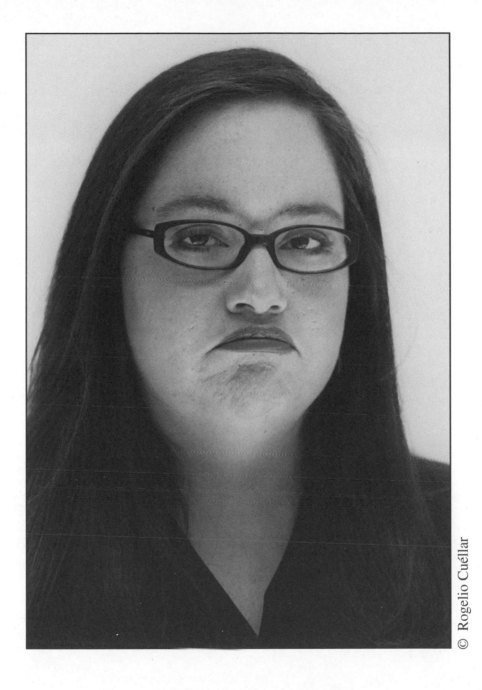

¿Cómo llegué aquí?

Katia D'Artigues

Pregunta Denise que qué me ha tomado por sorpresa. Tendría que contestar que la vida, toda ella. ¿En qué momentos me he sentido poco preparada? Mmm, en tantos que sería difícil llevar la cuenta. Tanto profesional como personalmente.

No pretendo evadir la respuesta: hoy mismo al iniciar cada entrevista, programa o columna, siempre siento el temor de que me falten ojos, sensibilidad, comprensión, parafraseando a Oriana Fallaci en *Entrevista con la historia*.

Y es que, la verdad, muchas veces me he preguntado, como hoy: ¿cómo es que llegué aquí? No deja de sorprenderme, de provocarme una sonrisa. Porque tampoco puedo alegar que no he sido corresponsable de mi camino: sé que lo soy, que hasta en las decisiones más nimias he contribuido a trazarlo hoy.

Acabé siendo considerada columnista política, hasta "analista" sin pretenderlo. Acabé saliendo en la televisión, conduciendo, cuando en la carrera siempre era la guionista, la productora, la que estaba tras las cámaras. Era —y soy— demasiado tímida, aunque la gente se ría cuando lo digo. Basta ponerme una cámara fotográfica enfrente para comprobarlo, a la fecha. Por eso me gusta a mí sacar las fotos.

De niña soñaba con ser arqueóloga, historiadora o cualquier cosa que me permitiera investigar y sobre todo, siempre estar estudiando algo y lejos de la gente, con un libro por nariz. ¿O máscara? Después dirigí mis baterías hacia la química y la biología, que me encantan. ¡Hasta estudié Área 2 y estuve a un tris de estudiar ingeniería bioquímica en recursos acuáticos! Pero se cruzó el anuncio —que no el hecho, ése tardaría unos dos años más— del divorcio de mis padres y no quise separarme de mi hermana, Mayra, a quien quiero como a nadie en la vida.

Vi en esto, el hecho de que mis padres pretendían divorciarse y que no me quería separar de mi hermana, la oportunidad de reinventarme. Adiós a la bata tan querida… y ahora, ¿qué? Ingeniería bioquímica cancelada, pues. Y mi decisión se dio por razones estrictamente geográficas: yo no quería irme a vivir a Querétaro.

De cualquier forma, pensé, siempre me había gustado escribir y leer. ¡Hasta mi propio maestro de biología, Hugo, me había sugerido que mejor me pusiera a escribir, aunque podría ser, aseguró, una buena química o bióloga! Eso lo sabía él porque en la preparatoria, con una amiga, Gabriela Pérez Lau, hacíamos un pequeño periódico caserísimo. Nos divertíamos como locas haciéndolo, mientras estudiábamos química inorgánica o peor aún, la pesadilla de estudiar cálculo diferencial e integral (materia en la que, estoy segura, fui aprobada en un acto magnánimo del profesor que vio mis ojeras de tres noches sin dormir). *El Diario de Área Dos*, que así se llamaba, tenía a lo más tres páginas y después de redactarlo, nos pasábamos toda la noche realizando los 50 ejemplares del tiraje, todos originales, en una impresora de línea. Ahí Hugo había leído mis crónicas. Teníamos hasta una sección de horóscopos que, por supuesto, inventábamos para que les quedaran a nuestros compañeros de clase.

Me topé con que los tiempos no eran precisamente adecuados para hacer una decisión responsable y meditada de carrera.

Sólo dos universidades tenían abiertas aún convocatorias a exámenes de admisión: la Iberoamericana y la Anáhuac. De todas las carreras posibles elegí tres que repetía en la fila para pedir mi solicitud como en una lista de mandado: historia-filosofía-comunicación-historia-filosofía-comunicación. Cuando la señorita preguntó qué carrera, dije comunicación. Fue así de simple. Muchas veces me he preguntado qué sería de mi vida si hubiera dicho filosofía…o historia. Muy probablemente no estaría escribiendo ahora aquí, ¿o sí?

No me aceptaron en la Ibero, que era mi primera opción. Bueno, sí, pero con una condición: que mi primer semestre lo debía cursar en León, Guanajuato. Es decir, que acababa siendo lo mismo: me tenía que ir a vivir fuera de la Ciudad de México.

Acabé estudiando en la Anáhuac… aunque diga Carlos Monsiváis, una suerte de tío heredado en la vida, que eso es como no estudiar. Un año antes de terminar la carrera ya estaba trabajando en un proyecto al que muchos le auguraron fracaso y que ya lleva diez años desmintiéndolo: el periódico *Reforma*.

El caso es que acabé siendo reportera, ¡de espectáculos!, la única plaza disponible. Fue un duro golpe para mí, que me sentía la chava más culta del mundo —o de la Anáhuac, al menos, ese pequeño mundo en el que había vivido— y que las secciones de cultura del mundo me esperaban. Me bastó una sola semana de plática con mis compañeros de redacción para comprender lo equivocada que estaba: me daban tres vueltas y media en todo.

El resultado fue que aprendí y me divertí mucho. Vi más espectáculos de los que había visto en toda mi vida; conocí gente muy interesante. Me desvelé como nunca antes. ¡Aprendí a reírme de todo, empezando conmigo misma, una verdadera revelación! Más que nada, digo yo, se me quitó lo mamona. Aprendí a manejar por la Ciudad de México (dos Guía Roji en un año fue el saldo) y comencé a comprender el compromiso que implica dedicarse a los medios de comunicación: no hay horarios, uno sabe cómo va a empezar su día pero jamás cómo va a terminar. Es una eterna aventura en la que una, además tiene el honor —y el deber— de preguntar siempre "por qué".

Descubrí que en lo aparentemente frívolo hay profundidad y que si no la había, de cualquier forma me gustaba.

Y es que para entender esto debo contar un poco sobre mi vida unos años antes. Como que pensé en ser monja, y muy seriamente.

No es tan difícil de entender después de conocer un poco la historia de mi familia. A eso voy.

Tenía 17 años y estaba comenzando la universidad. Me uní a Regnum Christi, movimiento de los Legionarios de Cristo, en un retiro espiritual nada menos que en Cotija, Michoacán, donde nació el mismísimo padre Marcial Maciel.

Me incorporé de inmediato y cumplía todos mis compromisos sin chistar y con verdadera pasión, como suelo tomar las cosas, aunque sea temporalmente: misa y rosario diario; reunión semanal con confesor, guía de vida y grupo de puras mujeres, cada uno en distinto día de la semana. Ah, también oración matutina y nocturna y por supuesto, un apostolado. Objetivo: ser Consagrada.

Era una época muy conflictiva para mí: mis padres, como muchas parejas antes de tomar la sana decisión de divorciarse, hacían de la casa en la que habitábamos un pequeño infierno. Era casi esquizofrénico ver cómo no se hablaban toda la semana, pero eso sí: todos los domingos salíamos a comer a un restaurante como una familia "normal".

Supongo que busqué en la religión algo que sigo buscando a la fecha: paz. Y también, debo decirlo, una forma muy "fácil" (digo hasta cierto punto, porque uno pone su vida completa al servicio de un Dios) de no sentirme culpable.

Y es que si de algo sé es de la culpa. De las cosas que hacemos porque nos sentimos víctimas de ella. A mi familia alguna institución debería de otorgarle un Doctorado Honoris Causa en Culpa, con mayúsculas. Habría que destacar, en la ceremonia, que la hemos cargado y por lo tanto malvivido nuestras vidas durante ya varias generaciones.

Supongo que es la historia de muchas familias, pero bueno, es la que puedo contar, la única que tengo. También me urgía escapar a un lugar con paz, que ensoñaba convento, porque tenía miedo del silencio que se vivía en la casa. Mucho después de que Luis logró, al fin, suicidarse.

La historia de Luis, hermano de mi madre, es sin duda un parteaguas en mi vida. Era un hombre sensible, con dotes de artista (cantaba y pintaba). Era homosexual y tenía una relación muy problemática, por ponerlo *light*, con su madre, mi abuela, quien a su vez le dio por tener a Dios y al catolicismo como tabla de salvación en la vida. Una tabla de salvación que, al mismo tiempo de ayudarla a ella —o eso deseo, que ella sí haya encontrado paz— lastimó a mucha gente, pero no la ahogó.

Bueno… quizá a Luis sí lo ahogó. Él vivía de una manera muy particular: suicidándose. Hasta donde he averiguado, lo hizo al menos unas diez veces. Eso sí, siempre esperaba hasta casi el último momento para que alguien fuera a rescatarlo…, para hacer esa última llamada telefónica.

Muchas veces la destinataria fue mi madre. Otras, sus amigos. No es difícil adivinar que viví mi infancia en medio de un ambiente altamente tanático.

Hace relativamente poco, un amigo suyo me confesó algo que le solía decir que a mí se me hace muy significativo: que sólo se veía y sentía feliz en un mundo animado por las canciones de Walt Disney.

Tengo gratos recuerdos de él cuando estaba bien: sus manos, grandes. Su manera de caminar, a grandes zancadas que yo trataba de alcanzar, corriendo, con mis piernas de niña. Sobre todo me gustaba su voz y la forma en que todo se alegraba cuando cantaba con sus amigos. A la fecha, el aroma (que lo es para mí) del óleo con el que pintaba me sumerge en una dulce nostalgia: y es que al menos que yo recuerde, cuando pintaba estaba bien. A la fecha tengo su caballete en la casa, está todo manchado, como debe ser, porque fue usado. Su caja de pinturas y pinceles las guardé durante mucho tiempo. Se perdieron en algún cambio de casa.

Tenía 11 años cuando Luis cumplió su objetivo. Tomó pastillas y murió a los 33 años poco después de la Semana Santa. Más significativo, imposible.

Claro, yo no lo supe hasta mucho después. Pasaron por lo menos unos siete años hasta que un día osé preguntar directamente si Luis se había suicidado.

Y es que cuando él cumplió el cometido de terminar con su vida, la familia decidió guardar un silencio turbio, espeso e hiriente. Su fotografía estaba en la sala, sonriente junto con mi madre y mi tía; sus libros en la biblioteca; su caballete en mi cuarto. Pero nadie hablaba de él. Era un silencio en el que todos nos dolíamos, seguro, pero en el que no nos atrevíamos a hablar, a acercarnos con palabras, mucho menos con abrazos.

Desde hace mucho tengo ganas de escribir de él. Relatar su vida que quizá no fue nada extraordinario, pero en la que seguramente muchas personas se sentirán reflejadas. Para mí es un poco el ejemplo de lo que la religión tomada como fanatismo puede provocar en alguien, y en toda una familia.

Pero volvamos a que quería ser monja. Evidentemente no lo fui. Suelo decir medio en broma —y por lo tanto medio en serio— que podría con todo menos con un voto: el de la obediencia.

¿Qué tiene qué ver la historia del suicidio de mi tío, el silencio de la casa, con mi deseo de ser periodista y de escribir? Para mí, mucho. Es una suerte de conjuro personal: dejar de estar callada, estar en una profesión en la que una siempre tiene que preguntar, averiguar. Y mucho más si, como yo, aunque se me ubica más como columnista le encanta hacer entrevistas de semblanza.

Eso es lo que considero lo más privilegiado de mi oficio: el tratar a través de esas pláticas cara a cara de asomarme a la persona oculta —como todos nos ocultamos, unos más otros menos—, a la persona pública: averiguar los pequeños o grandes porqués de cada uno: sus razones para levantarse en la mañana, para hacer lo que hace, cuáles son sus relaciones esenciales, sus dolores, momentos más difíciles y más felices. Su infancia, por supuesto. Cómo se percibía de niño o niña, cómo se llevaba con sus padres y hermanos, si los tenía. Qué era lo importante, sobre todo, en esos primeros años. Si identifica qué lo marcó.

Suena muy freudiano, pero creo que en esos primeros años está muchas veces la clave para entender qué lleva a una persona a algo, aunque después parezca cosa del azar, de la sorpresa.

A mí me queda claro que tras cada cosa que hago está también una búsqueda personal: la de entender mi sociedad, la gente que la habita y a mí misma. Para intentar preguntarme y responderme muchas cosas de mi vida en lugar de hacerme una larga entrevista, me sometí a un largo psicoanálisis en el que sí aprendí muchas cosas. Descubrí, por ejemplo, que sólo hay que tenerle miedo a una cosa: al miedo mismo. ¡Por supuesto que muchas de las cosas que me parecían obstáculos insalvables eran sólo espejismos que yo misma me ponía para hacerme la vida difícil! Eso no quiere decir que no tenga temores, sí los tengo y muchos, pero me divierto enfrentándolos, retándome a mí misma todos los días. Vuelvo al principio: siento nervios cada vez que tengo que escribir algo —como esto—, cada vez que hago una entrevista, pero me digo a mí misma que nada demasiado malo puede pasar. Supero mi timidez todos los días y en conciencia.

Me queda muy claro que a lo largo de mi vida he sido intensa. Me parece, ahora que lo pienso, que no conozco los términos medios. Quizá busco la entrega total que no se puede dar…o no se me ha dado aún, más que en el trabajo.

Estuve pensando en la semilla primigenia. Estoy segura que está en mi madre, Gloria Beauregard. Ella es una mujer intempestiva, aunque no se reconozca y sienta como tal ahora.

Siempre tuvo un pequeño bastidor en su cuarto que la inspiró… y de paso a mí. Lo describo. Es un pequeño cartel con una mariposa como fondo y el siguiente texto:

"*The important thing is this: to be able to* sacrifice *at any moment what we are for what we could* BECOME. Charles DuBois".

Y sí, pongo el BECOME en altas por dos cosas: porque así está en el original y también porque ése es el aliciente principal: convertirse en algo diferente de lo que uno es ahora… o al menos intentarlo.

Así es mi madre; así, también, soy yo. Dejamos lo que sea en pos de un sueño o de un deseo. Tratamos de llevar poco equipaje. Quemamos naves. Cambiamos de rumbo con la facilidad que a muchos les parecería pasmante.

Lo he hecho muchas veces. Pretendo seguir haciéndolo, pero ahora con un rumbo un tanto más definido. Supongo que he crecido. Pero eso sí, si bien es cierto que fui una niña muy seria ahora pretendo y me esfuerzo todos los días por ser una adulta traviesa.

¿A dónde me llevará la vida? No lo sé. Lo que sí sé es que no tengo nada que perder y sí mucho que ganar y que entre más vivo, más cosas se me antoja hacer con ella.

EL EVENTO MÁS TRISTE

Nina Zambrano

A mis tres hijos: Tito, Alexandra e Ian,
el mejor regalo del hombre a quien tanto amé
y que tanto nos amó.

Cómo olvidar el evento más triste de mi vida. Por años he querido borrar de mi mente y de mi cuerpo las sensaciones que se apoderaron de mí, al escuchar las palabras del médico comunicándonos la noticia que iba a cambiar, en un instante, mi vida y la de los seres que más amaba. Era el mes de noviembre de 1990.

La muerte siempre ha sido un evento conocido, pero no por eso aceptado, en mi familia. Para la mayoría de las personas es uno de los más grandes misterios, el único evento que no tenemos capacidad de cancelar o modificar y que afecta de manera definitiva nuestras vidas.

Estoy convencida, porque me tocó tomar la decisión, de que cada una de las personas que habitamos este mundo terrenal tenemos en nuestras manos la capacidad de decidir cómo vamos a enfrentar la terrible noticia de la muerte.

Recuerdo vívidamente cómo mi abuelo, unos meses antes de morir, se enojó mucho con sus médicos porque no lo dejaban vivir lo que él consideraba su mejor aventura, la muerte. Ciertamente la experiencia puede ser tan sólo una tragedia y sentir lástima, o podemos vivirla como una experiencia puramente espiritual, o tal vez decidamos que puede ser el detonador de un sinfín de experiencias enriquecedoras.

La muerte, totalmente inesperada, no bienvenida y sin lugar a dudas sorpresiva, empezó a dar signos de vida en abril de 1990. Intuía que lo que iba a sucederle a la familia, dejaría una huella importante en el futuro de nuestras vidas, no podía permitir que fuera sólo una tragedia más, había que convertirlo en algo que nos ayudara a aceptar nuestra realidad sin resentimiento.

En ese tiempo mi marido se encontraba tomando un curso en Iowa, Estados Unidos. Al hablar por teléfono con él le noté una ronquera inusual en su voz, y comentó que posiblemente era gripe pues hacía un frío terrible. No presté más atención al asunto y seguimos hablando de otros temas.

Héctor y yo nos habíamos conocido en 1968 en Venecia. Él viajaba con sus padres y hermanos, y yo con un grupo de amigas. Cansado y un tanto aburrido de estar con su familia, salió a dar una vuelta por la plaza San Marcos, y en un golpe del destino, se tropezó conmigo. Él tenía 21 años y yo 18. Me invitó a tomar una copa en un pequeño y agradable bar que estaba a un lado de la plaza, y nuestra conversación transcurrió tal y como procede en un intercambio entre jóvenes: preguntas, respuestas, más preguntas. En dos minutos ya nos sentíamos completamente a gusto, intercambiamos historias, pero nunca direcciones ni teléfonos, y al día siguiente partimos cada uno a la siguiente ciudad según nuestras respectivas agendas de viaje.

Dos años después, en julio de 1970, de nuevo me encontré viajando, pero esta vez a Puerto Rico. Iba con una de mis primas más cercanas a pasar el verano en casa de una amiga puertorriqueña. Esta pequeña isla del Caribe me parecía un lugar lejano y exótico, y no podía pensar en un lugar más divertido para pasar el verano. Sin yo presentirlo, iba a encontrarme otra vez con el hombre que cambiaría radicalmente mi vida. El 27 de diciembre, después de 120 cartas y decenas de llamadas telefónicas, llegó a visitarme y, al día siguiente, me propuso matrimonio. Era la novena vez en la vida que nos veíamos en persona, pero no dudé ni un instante en aceptar ser su esposa.

Recuerdo, como si fuera hoy, lo orgullosa que me sentía al caminar a su lado el día de nuestra boda. En ese momento, ni aun conociendo lo que iba a suceder unos años después, me hubiera cambiado por nadie. Era la mujer más dichosa del mundo, no me importaba dejar a mi familia, mi país o mis amigos, lo único que quería y deseaba con toda mi alma, era estar con él sin importar dónde, siempre y cuando estuviera a su lado.

Al año y medio de nuestra boda nació el primero de nuestros tres hijos: Tito, un hermoso bebé que trajo una inmensa alegría a la familia. Era el primer nieto del lado paterno y el primer nieto varón en mi familia. Alexandra nació dos años después y el más pequeño, Ian, cinco años más tarde. El amor que sentíamos el uno por el otro fue acrecentándose y madurando con el paso de los años. Si en algún momento extrañaba a mi familia, los niños y el ajetreo diario me hacían sentir completa y realizada. Siempre nos sentimos igual de enamorados y atentos uno con el otro. Por supuesto que teníamos diferentes puntos de vista en algunas cosas, pero en nuestros proyectos importantes de vida, la mirada siempre estaba puesta en el mismo lugar.

Recuerdo bien una tarde del verano de 1988, un hombre maduro, desconocido para nosotros, se presentó en la empresa de mi marido y tuvo una conversación con él, al poco rato pidió ver su mano. Ante tal petición, Héctor se asombró, sin embargo accedió y después de algunos minutos de observarla le dijo: "vas a morir muy joven". Héctor, en lugar de asustarse, descartó el comentario, se despidió amablemente de él y nunca volvió a tocar el tema. Estoy consciente de que innumerables personas no creen en predicciones de ningún tipo, y mucho menos en premoniciones, pero tuvimos, en los últimos años de nuestra vida en común, un sinnúmero de mensajes que al final resultaron ciertos: el proyecto de vida de un joven padre y esposo, iba a terminar demasiado temprano, en el preciso momento en que todo parecía tan perfecto.

Y ahí estábamos Héctor y yo, en Tampa, Florida, el 24 de noviembre de 1990, en un cuarto de hospital. Lo habían operado por la mañana y el doctor, un reconocido otorrinolaringólogo, casi nos había asegurado que su constante ronquera era tan sólo producto de unos pólipos, seguramente negativos dijo, en sus cuerdas vocales. Esperaba el resultado de una segunda biopsia.

Nos pidió verlo a la mañana siguiente en su oficina y nos retiramos al hotel. Contentos y en paz llamamos a los niños y a nuestras respectivas familias para comunicarles que todo había salido bien y que en pocos días estaríamos de regreso.

Al día siguiente acudimos muy puntuales a la cita, nos hicieron pasar al consultorio y enseguida el doctor entró, de sólo ver su cara sentí que el mundo se empezaba a derrumbar a mi alrededor. "No tengo muy buenas noticias", nos dijo. "Héctor, el resultado de la segunda biopsia es positivo, tienes cáncer en la cuerda vocal derecha." Yo no podía creer lo que escuchaba, un silencio ensordecedor se apoderó de mi interior y tan sólo recuerdo ver fijamente al doctor por lo que pareció una eternidad. Nadie más existía en ese momento, éramos sólo el doctor, yo y la sangre que se había paralizado en mis venas.

Héctor no decía ni una palabra, me levanté de la silla y, como siempre me sucede cuando me encuentro en una situación de extrema urgencia, una extraña tranquilidad se apoderó de mí, en un instante me volví una máquina de hacer preguntas. Necesitaba conocer nuestras opciones, qué nos aconsejaba hacer, qué debíamos hacer...

De la misma oficina llamé al doctor en Puerto Rico, parecía que era otra persona la que hablaba, no me reconocía a mí misma. Le comuniqué las malas noticias, que en varias ocasiones él había comentado como posibilidad pero que, hasta ese día, Héctor me las había ocultado para no preocuparme, y le pedí que nos hiciera un plan de emergencia. Teníamos que ganarle la batalla al cáncer y había que empezar enseguida, no podíamos perder tiempo.

Salimos de la oficina, y Héctor seguía sin pronunciar palabra. Caminamos largo rato tomados de la mano hasta que las lágrimas empezaron a asomar a nuestros ojos. ¿Cómo nos podía pasar esto? Éramos tan jóvenes, nuestros hijos todavía necesitaban a su papá. Su salud, hasta unos meses antes, había sido excelente, si acaso algún dolor de cabeza de vez en cuando, pero jamás ningún indicio de que el cáncer pudiera alojarse en alguna parte de su cuerpo.

Pasaban las horas y yo seguía en estado de alerta. No podía pensar claramente, no razonaba, no sentía, era como si la vida se hubiera detenido instantáneamente y no encontrara cómo volver a empezar. "Cáncer", pensaba, "¿por qué otra vez?"

Regresamos al hotel y Héctor me pidió no decirle nada a nuestros hijos, mucho menos a nuestras respectivas familias. No era mi decisión, pero lo menos que deseaba en esos momentos era contrariarlo. Por experiencia propia sabía que no debíamos ocultárselo a nuestros hijos. Cuando murió mi papá, a consecuencia de un cáncer bronquial, yo tenía solamente nueve años. Nadie me había hablado de su enfermedad para no preocuparme, pero eso en nada me preparó para su muerte. Ése fue mi primer contacto cercano con el dolor. Recuerdo con claridad asombrosa el momento en que repentinamente nos comunicaron que mis padres viajaban a Estados Unidos. Llegué tarde al aeropuerto para despedirlos y ya estaban dentro del avión, por alguna razón inexplicable me dejaron subir y la última imagen grabada de mi papá es sentado en una silla de ruedas en el pasillo del avión, abrazándome.

Sin yo saberlo, era la última vez que lo iba a ver con vida. No le pude asegurar cuánto lo quería porque no tuve la oportunidad y no deseaba que lo mismo le sucediera a nuestros hijos.

Volvimos a Puerto Rico fingiendo que todo estaba bien, pero era casi imposible disimular la tristeza profunda que sentíamos, el miedo poco a poco se iba apoderando de nuestras vidas. El tratamiento que habían diseñado para Héctor empezaba a principios de enero en Boston, en uno de los mejores hospitales especializados en su enfermedad. Quería con toda mi alma sentir esperanza para poder transmitirla. Asistí a todas las conferencias sobre cáncer en el hospital, hablé con la psicóloga especializada en el tema. La enfermedad se fue tornando el tema central de nuestras vidas. Poco a poco, ante mi insistencia, les fuimos compartiendo a nuestros hijos la razón por la que sus papás pasarían varias semanas en Boston. Ellos nos acompañaron la primera semana, visitaron el hospital y el apartamento en donde íbamos a vivir, y fueron haciendo preguntas de acuerdo con su edad y su curiosidad.

Por esos mismos días Héctor me pidió algo que seguramente será el favor más difícil que tuve que cumplir en mi vida: "tengo algo muy importante que pedirte, necesito que me permitas manejar mi enfermedad y mi tratamiento tal y como yo lo decida". Le aseguré que iba a respetar lo que él decidiera, aún sin saber cuánto me costaría hacerlo, y así lo hice hasta el último segundo de su vida.

Regresamos a Puerto Rico a mediados de febrero. La radiación había sido intensa, el pronóstico no era precisamente el que esperábamos y debía regresar para otro tratamiento en unos meses más. Una vez en casa, decidió no volver y empezó con tratamientos alternativos, convencido de que podía acabar con su enfermedad. Yo sentía que cada día que pasaba el favor que me había pedido pesaba más en mi interior. No sabía cómo convencerlo de volver a Boston, porque él ya no quería escuchar nada sobre doctores. Pasó por todas las etapas: sorpresa, miedo, negación de la realidad, enojo ante su situación y al final aceptación y paz. Yo no estuve exenta de algunos de esos sentimientos y, mayormente, la adrenalina fue mi fiel compañera durante los 14 meses que duró la enfermedad y su posterior muerte.

En más de una ocasión, lo abracé y acaricié mientras él comía o intentaba beber algo de agua para distraerlo del dolor tan inmenso que le producía el sólo intentarlo, tanto fue que poco a poco dejó de alimentarse y llegó al punto de perder tanto peso que se estaba muriendo de desnutrición delante de mis ojos. Al fin aceptó que lo alimentaran por sonda, pero aun así siguió deteriorándose paulatinamente y ya no podía hablar.

Es imposible explicar con palabras la tristeza y la desesperación que sentía dentro de mí. Ver a la persona que más amas en la vida perder poco a poco su personalidad tan seductora, su alegría, su espíritu, su cuerpo, es verdaderamente terrible. No me agradaba que me vieran llorar y mucho menos mi marido, estaba convencida de que debía ser constantemente fuerte, tenía que ser la fortaleza para todos en la familia. Todavía me pregunto por qué no le permitía a nadie que me ayudara, es imposible pensar que uno está por encima de las circunstancias, especialmente unas tan dolorosas.

Tomé la decisión de ocuparme cien por ciento de Héctor, le pedí de favor a una amiga que me ayudara con las clases de Ian, nuestro hijo menor, y Alexandra, con tan sólo 15 años, se portó con una madurez asombrosa para su edad. Al estar Tito estudiando en Estados Unidos, le tocó a ella ser la responsable y lo hizo sin reproches. Durante una de las estancias de Héctor en el hospital, aproveché un momento en que dormía para ir a casa y darme una ducha. Ahí me encontré con Alex, y al verme llegar tan triste me abrazó muy fuerte y me dijo: "mami, está bien que llores". Y ya no pude contenerme más. Mi supuesta fortaleza se había derrumbado y no podía dejar de llorar. Más tarde, al tranquilizarme, me dijo: "ahora me toca a mí, necesito que me abraces", y empezó a llorar. Fue un momento que le he agradecido con toda mi alma, pues necesitaba de alguna manera aliviar el dolor y el miedo que me seguían noche y día.

En una de las crisis más agudas de su enfermedad, tuvimos que llevarlo al hospital de emergencia. Fue la primera vez que lo vi realmente asustado, el tumor había crecido tanto que casi no podía respirar. El doctor le hizo una traqueotomía y al salir de la sala de operaciones me llamó aparte: "Nina, la medicina alópata ya no puede hacer nada, te sugiero que trates con medicina alternativa, no hay ninguna esperanza".

Era la primera ocasión que me hablaba tan directo y sentí que el universo mismo se me venía encima. Al ver mis lágrimas por primera vez, recuerdo que dijo: "no, no te puedes derrumbar ahora". Y pensé: "¿por qué no?, ya no sé qué más hacer". Su reproche me pareció insensible y desafortunado. Pasaron tres días y no encontraba fuerzas para comunicarle a Héctor semejante noticia, hasta que una mañana escribió en una pizarrita que tenía: "supongo que si no me has dicho nada al respecto, es que las noticias no son muy buenas, ¿verdad?" Por alguna incomprensible razón todavía se le dificultaba entender la gravedad de su enfermedad. ¿Cómo decirle que ya no había nada que hacer y que iba a morir pronto? "No, mi amor, no son en realidad muy buenas", le dije. Me pidió la pizarrita de nuevo y escribió: "dile al doctor que me puede operar y extraer la laringe". Pero yo sabía que eso era imposible, el tejido había quedado muy lastimado por la radiación y lo más probable es que se hubiera desangrado en la operación. "Esa opción ya no es viable, el tejido de tu garganta no lo puede soportar." "¿Entonces ya no hay nada que hacer?", me preguntó. Puedo asegurar que ése fue uno de los momentos más terribles de toda su enfermedad. Nunca he podido mentir, ni antes ni ahora, y le contesté: "a través de la medicina normal no, pero todavía nos queda la medicina alternativa y ya estamos mis hermanos y yo en eso, deben estar aquí en los próximos días".

Meses atrás, cuando estábamos viendo las alternativas de su tratamiento, el grupo de doctores en Boston sugirió que se extirpara la laringe completa para tener mejores posibilidades, pero Héctor nunca lo aceptó. Antes de su primera operación estaba realizando prácticas de vuelo. Necesitaba su voz para obtener su licencia de piloto. Nunca pensó que la enfermedad le iba a ganar la batalla. Siempre, hasta en los momentos más difíciles, creyó que podría superar la prueba. Todavía hoy, después de 11 años de su partida, mi inconsciente se resiste a revivir lo que yo sentía en esos momentos. Es como un sentimiento de zozobra y de pesadez constante en mi pecho.

Mis hijos iban a sufrir la pérdida de su padre y en eso yo tenía experiencia, mi papá me ha hecho falta todos los días de mi vida. ¿Cómo iba a querer algo semejante para las personas que más amaba en la vida? Además, ¿por qué se repetía el patrón familiar de viudas jóvenes con total responsabilidad de los hijos? Como no encontraba ninguna explicación en este plano de existencia que me diera paz, tuve que recurrir a las enseñanzas que se encuentran en otros niveles de conciencia.

El día de la traqueotomía, recibí una llamada en el cuarto del hospital, era mi cuñado que vivía en California. Estaba tomando un curso con un doctor que había ayudado a personas que tenían algún familiar enfermo en fase terminal y me preguntó si deseaba hablar con él para ver la posibilidad de ayudarnos. Acepté con gusto. Se puso al teléfono y lo primero que me dijo fue: "sé que tu marido está al lado tuyo por lo que te pido me contestes sólo sí o no".

Su primera pregunta fue: "¿tu esposo está muy grave?", sí. "¿Está próximo a morir?", sí. "¿Quisieras que les ayudara?", sí. "Muy bien, no puedo asegurarte que lo pueda curar, pero sí que puedo ayudar a tu familia a entender y a procesar su enfermedad y posible fallecimiento y a dejarlos preparados para lo que sigue. Sin embargo lo más importante es que le preguntes a él si quiere que yo vaya a ayudarlos."

Inmediatamente le comenté a Héctor quién era él y le pregunté si le gustaría que viniera de California a ayudarnos, a lo que sorpresivamente accedió. A los dos días, justo cuando regresábamos a casa, tocó a la puerta un doctor americano, joven y enérgico. Llegaba justo a tiempo para empezar uno de los procesos más difíciles y más interesantes que pudiera yo imaginarme. Sería imposible explicar con detalle el proceso por el que pasamos, madre, hermanos, hijos, esposa, cuñados y amigos de Héctor. Fueron cuatro intensos meses de cerrar círculos, de hablar, de agradecer, de amar, de pedir perdón. Todos y cada uno estuvimos envueltos intensamente en el proceso.

Para nadie fue fácil, pero para algunos fue realmente difícil. Nadie quería llorar delante de él para no mortificarlo, sin embargo, constantemente el médico nos pedía que le dijéramos cuánto lo queríamos y lo mucho que lo íbamos a extrañar y eso, irremediablemente, nos llenaba a todos los ojos de lágrimas. Empezamos por escribir en varias cartulinas, mis hijos y yo, las razones por las que queríamos que se curara y siguiera viviendo. Las colocamos en todas las paredes del cuarto para que las tuviera siempre presentes. Acto seguido, cada uno a solas, le agradecimos todas y cada una de las cosas que recordábamos que hubiese hecho por nosotros. Esto nos ayudó a reconocer y a recordar todo aquello que de manera amorosa y desinteresada habíamos recibido de él. Fue muy especial ver la luz en sus ojos, al momento de escuchar cuánto agradecimiento y amor recibía de nuestra parte.

Seguido viene a mi memoria una mañana en que el doctor me pidió que fuera a ver a mi marido al cuarto y le dijera todo aquello que no me había gustado de mi matrimonio. "¡Por supuesto que no!", le respondí, "debes estar loco, es absolutamente inapropiado hacerlo, ¿no ves el estado en que se encuentra?"

Me escuchó atentamente y muy tranquilo me respondió: "tienes dos opciones, la primera es ir sola y sentarte en la cama a hablar con él, y la segunda, te cargo, abro la puerta y te empujo adentro". Como ya conocía su firmeza en lo que planteaba, empecé lentamente a caminar hacia la recámara. Me detenía a cada instante y lo miraba incierta, ¿estaría haciendo lo correcto?, me preguntaba, pero al fin me decidí y abrí la puerta. Estoy segura de que Héctor intuía que no me era fácil tener esta conversación. Le dije que quería hablar sólo de cosas positivas y que había infinidad de ellas en los casi 21 años de vida en común que teníamos. Inmediatamente tomó su pizarrita y escribió que era muy importante para él saber qué situaciones no me habían agradado para tener la oportunidad de pedirme perdón por ellas. Los dos estábamos conscientes de los desacuerdos que, aunque pocos, existieron. Los comentamos, nos pedimos disculpas respectivamente, y debo admitir que fue una gran liberación hablar de esos temas. No fue fácil y no quisiera tener que hacerlo de nuevo en esas condiciones, sin embargo estoy convencida que fue lo mejor para los dos.

Recuerdo otra ocasión, ciertamente igual de difícil, cuando tuvimos que pedirle permiso para llamar a un abogado que redactara su testamento. En estos momentos, alejada de la situación, me parece algo muy práctico, pero ante la circunstancia tan penosa en la que nos encontrábamos yo pensaba que él podría tomarlo como una señal de pérdida de fe y esperanza de mi parte; me costaba mucho pedírselo, pero lo aceptó inmediatamente y escribió que le parecía una excelente idea.

Fueron 14 meses intensos, desafiantes y tristes. Todas las emociones imaginables hicieron su aparición y al mismo tiempo fueron momentos de gran lucidez espiritual, de comprobar que todo aquello que tanto habíamos estudiado y practicado, estaba dando resultados. No quedó nada por decir y me quedé con la paz y la tranquilidad de que hice todo lo que podía hacer y, sobre todo, que cumplí con lo prometido al principio de su enfermedad. No fue nada fácil, pero hasta que perdió el conocimiento, unas horas antes de morir, él manejó su enfermedad tal y como deseaba. Esta situación provocó que su médico de cabecera se enojara conmigo, decía que yo debía tomar las decisiones porque él no estaba en condiciones, pero su mente se mantuvo con lucidez casi hasta el final y era lo menos que podía hacer por él.

Si la esperanza ya nos había abandonado y la vida se le iba de las manos, yo no podía abandonarlo también. No puedo negar que en varias ocasiones no estuve internamente de acuerdo con las decisiones que tomaba, pero siempre respeté su derecho a decidir.

Al principio de mi nueva soledad tomé una decisión: iba a poner mi atención en todo aquello amoroso y tierno que había recibido de ese hombre excepcional que el destino puso varias veces en mi camino y que me dejó disfrutar por muchos años. No voy a negar que me hubiese gustado llegar a la vejez a su lado, hubiera preferido que mis hijos tuvieran a su papá presente en sus vidas mientras crecían, hubiera dado cualquier cosa por evitarle tanto dolor físico y emocional y por supuesto mil cosas más, pero la realidad es que terminó su proyecto y decidió que era su momento de partir.

Me quedó siempre muy claro que lo único que me quedaba por hacer era agradecer la oportunidad de haber conocido, amado y compartido parte de mi vida con un ser tan excepcionalmente especial. ¿Qué más podría yo pedir?

El reto era, y sigue siendo, cómo llenar el vacío de su padre en la vida de mis hijos. Antes de morir le pregunté si tenía alguna sugerencia de cómo le gustaría que los educara y me contestó que tenía la absoluta seguridad de que lo iba a hacer muy bien; esa confianza que demostró en mí me ayuda todos los días de mi vida. No podría afirmar si lo hago bien, lo que sí puedo asegurar es que los amo profundamente y deseo sólo lo mejor, lo más excepcional para ellos. Aspiro a que experimenten, como me sucedió a mí, la posibilidad de amar intensamente y que encuentren quien los ame como Héctor me amó cada minuto de nuestra vida en común.

Han pasado 11 años desde el momento de la separación. En ese tiempo, y por el proceso que viví, he aprendido a pedir ayuda a los demás cuando la necesito, tengo la absoluta certeza de que no debemos dejar nada por hacer o decir para después, porque existe la posibilidad de no tener la oportunidad de realizarlo jamás. La vida sigue y nuevas historias empiezan a ser escritas, sin embargo estoy totalmente convencida de que el hecho de haberme sentido tan amada y amar con tal intensidad a un hombre, me permite la posibilidad de volver a amar y sentirme amada y ése es el mejor regalo que alguien puede recibir. La vida es una gran aventura, no cabe duda; sin embargo, la muerte puede ser, si se lo permitimos, la más grande de todas las aventuras que podamos vivir.

EL VIENTO Y LA CASA

Guadalupe Morfín

I

En mi trabajo como defensora del pueblo de Jalisco (1997-2001) me tomaron por sorpresa las dificultades para dialogar en torno a la defensa de los derechos humanos, con algún miembro de la jerarquía de la Iglesia católica. Después de las afortunadas homilías de Juan Pablo II en la Jornada Mundial por la Paz, cada primero de enero, pensé que en esa Iglesia, que se asume como madre y maestra, habría un espacio de claridad y convicción para promover derechos fundamentales. Me topé con que los intentos de aplicación prácticos de esas normas éticas universales chocaban con intereses enraizados en las estructuras del poder político y económico. No en forma generalizada, hay que reconocerlo. Conté con poderosos aliados para mi trabajo los cuatro años que estuve al frente de la Comisión Estatal de Derechos Humanos de Jalisco (CEDHJ). Pero el complejo contexto en que se desarrollaba nuestro trabajo nos hizo necesario a mi equipo y a mí impulsar campañas de educación y divulgación que desmitificaran aquello de que se nos culpaba: de promover la delincuencia, de oponernos a políticas de seguridad ciudadana. Al final de mi mandato tuve la fortuna de contar con más amigos nuevos.

"Trabajamos para los convencidos y también para los que no lo están", solía decir Daniel Ponce, entonces consejero ciudadano de la institución. Y sí, me tomó por sorpresa que había un conglomerado de no convencidos a los que había que dirigirse con infinita paciencia, con persistente claridad, incluso con firmeza, con entereza. Pero también me sorprendió la afinidad profunda que pude encontrar con personas de las más distintas características: un general de división, algún obispo, los policías municipales de mi tierra, algunos agentes del ministerio público que entendían la raíz ética de nuestros pronunciamientos. Aprendí por lo tanto algo de seguridad ciudadana, de auténtica seguridad ciudadana, aquella que se diseña de cara a la sociedad civil y no de espaldas a ella; que la toma en cuenta, que previene antes que reprimir; que se gana la confianza en vez de imponer unilateralmente.

Hubo una vez un foro en mi tierra, convocado por personas de ultraderecha. Lo titularon "El claroscuro de los derechos humanos". Los personajes que ahí desfilaron como conferencistas, con la asistencia en primera fila de no pocos funcionarios públicos, eran una antología de lo que no han sido los derechos humanos: emisarios del pinochetismo, de la dictadura argentina, de las líneas neonazis españolas, en fin, un rompecabezas mundial para contrarrestar que en la CEDHJ nos oponíamos a la tortura, a la expulsión policiaca de los limpiaparabrisas de las calles de la ciudad, como medida de seguridad pública; a la explotación de los migrantes en los campos de cultivo del jitomate en Sayula, bajo un patrón similar a la esclavitud, en galeras inhumanas y riesgosas como vivienda. ¿Qué habíamos hecho mal, nos preguntábamos? Y eso nos llevó a empeñarnos en educar desde el principio, en un *abc* de los derechos humanos. Tuvimos generosos mecenas para editar y distribuir folletos y logramos un mejor presupuesto para impulsar una campaña en medios. Y sí se pudo. Al final, la CEDHJ era un lugar de ganada confianza. Ah, pero cuánta dureza de corazón tuvimos que vencer y convencer. No era una tarea de fuerzas; era una tarea de luz y de paciencia. A veces nos dolía el corazón. Sólo a veces.

Me tomó por sorpresa que un general de división DEM del Ejército mexicano me preguntara por las líneas que unen la defensa de los derechos humanos con la poesía. Nos embarcamos en un diálogo que duró un rato. Era al final de un desayuno. Nadie nos interrumpía. El general escuchaba con mucha atención citas de Rilke, de Hölderlin. Al final me dijo: "Ya entendí: ustedes defienden cosas que nos son comunes a todos los seres humanos". Ese mismo general me invitaría luego a dialogar con militares que estudiaban posgrados en seguridad nacional. Y yo les decía: "hemos estado muchos años unos y otros detrás de un espejo divisorio; es preciso cruzar ese espejo y comenzar a mirarnos, a hablar. No es cierto que todos los militares sean autoritarios, como no es cierto que todos los civiles sean demócratas; hay que intentar el diálogo de militares demócratas y de civiles demócratas. La disciplina no es obstáculo para la democracia". Y me siguieron invitando y me pedían de vez en cuando algunas copias de mis poemas. Creo que cruzamos el espejo. Para mí fue una sorpresa. Una sorpresa muy grata conocer los anhelos de civilización que se cobijan también en la casa de las Fuerzas Armadas.

II

No estaba preparada para dirigir una institución con grandes conflictos laborales, como la CEDJH. Había un sindicato que no era problema en sí mismo, sino en la desconfianza profunda que su líder tenía hacia cada una de mis acciones iniciales. Eso duró tres años. Aprendí sobre la marcha. Al final de mi mandato, ese líder impulsó una campaña para que yo fuese ratificada en el cargo. Cuánto costó ganarme su confianza. Fueron años de trabajar por parámetros de justicia laboral y administrativa, por establecer reglas claras; por promover al personal bajo un sistema similar al escalafonario; por dialogar en circunstancias muy difíciles, dialogar siempre. Una noche ese líder entró a mi oficina a reconocer que se había equivocado; que yo no era una comparsa del gobierno. Fue para mí un galardón. De día siguió exigiendo lo que le correspondía exigir. Pero ese gesto suyo no se me olvida, ni el afecto que llegué a sentir por la gente del sindicato, mi sindicato, que era como mi gente de confianza. Con unos y otros trabajé con igual ánimo.

Tampoco estaba preparada para lidiar con presupuestos y litigarlos cada año ante las coordinaciones políticas del Congreso, ante la Comisión de Hacienda, ante la Secretaría de Finanzas. Conté con buenos apoyos, personas que con paciencia me explicaban cuadros y estadísticas que luego defenderíamos en un rosario de juntas y peregrinajes. Cuando te invitan a ser *ombudsman* no te aclaran que tendrás que hacer el trabajo de conseguir con qué. Y eso te somete a un desgaste que no te corresponde. Por eso me dio gusto cuando se anunció un organismo técnico autónomo del Congreso para auxiliar a los organismos públicos en ese calvario. Pero finalmente no se ha hecho en Jalisco. Algo los detuvo. Quizá a alguien le conviene ese calvario de caravanas que no nos hace ningún bien. Lo nuestro era una argumentación continua, no caímos en la indignidad de comprometer la autonomía de la institución. Pero el diseño del proceso no ayuda. Ésa era otra faena de entereza, y de aprender a hablar el lenguaje de los números, los porcientos, no había de otra.

No estuve preparada para tener escolta. Y menos para, un año después de tenerla, enterarme de que habían desaparecido, ¿asesinado?, a mi primer comandante, por quien llegué a sentir un hondo respeto. Lo lloré. Lo extraño. Pocos me han cuidado como él. Era un hombre admirable, siempre bien dispuesto al humor, disfrutaba de su trabajo, con inteligencia preventiva, malicioso. Venía de una familia muy humilde. Tenía una apariencia temible, pero habitaba en él, curiosamente, el candor. Platicábamos largo en las carreteras. Me costaba convencerlo de que descansara. Estaba empeñado en que yo llegara a la Comisión Nacional de Derechos Humanos. "N'ombre, le decía yo, ¿no ve que apenas puedo con estos 130 (empleados)? ¿Qué voy a hacer con cerca de 900 que son allá? Me vuelvo loca." "No le hace, licenciada, me decía, vámonos a la grande." Pero el que se fue a la grande fue él. Hay un reconocimiento social a los defensores de derechos humanos. Pues debería haber uno muy grande para los policías honestos. Son heroicos, son entrañables. Todavía extraño a Eduardo.

El compañero de Eduardo en ese primer equipo de escoltas que tuve de sopetón en enero de 2001, me vio llorando un día, mientras ellos y mi chofer compraban *hot dogs* en una esquina cercana a mi casa. Era ya tarde y había que merendar. Me traía una coca cola chica y yo tenía puesto un CD de José Alfredo, con *La vida no vale nada*. ¿A quién se le ocurre? Claro que afloraron las lágrimas. El escolta me vio y entendió. Me dijo: "no se preocupe; Eduardo y yo vamos a dar la vida por usted". Lloré con más fuerza. "¿Y qué cree, que con eso me consuela?", le reclamé. "Me hacen el favor de cuidarse también ustedes", le dije. Las que luego lloraban eran mis hermanas cuando les conté la anécdota. "A nosotras no nos han dicho eso en muchos años", se quejaron. "¿Cómo le haremos para tener una escolta que dé la vida por nosotras?" "Pendejas", les dije. Y se quedaron tranquilas. Y yo dejé de llorar y comencé a conocer otro lado, el lado humano de los ex "judiciales", ahora agentes de la AFI, hay que decirlo.

Me sentí poco preparada para proteger a cinco custodios del Cefereso 2 de Puente Grande, Jalisco, amenazados por el poder que había tomado el control del Centro los días previos a la fuga de El Chapo. Me sentí sola, impotente, con rabia porque había fallado la estructura que debía protegerlos. Grité. Grité mucho esos días. Ninguno perdió su integridad. Están vivos. Sirvió el grito.

No he estado preparada para perder la fe. Tres días la perdí hace años, hacia mis 25. Nomás tres días, pero fue intenso y total. El mundo se quedó sin eje, dejaron de seguir su ruta mis estrellas. Chesterton me rescató. Leer su autobiografía. La explicación que da sobre el misterio; la manera como los niños aceptan el misterio en sus vidas y todo vuelve a tomar cohesión, consistencia. La facilidad con que entran en sus vidas duendes y hadas y la vida se vuelve más rica por esas presencias que no tendrían explicación racional. Acepté entonces el misterio y nunca me ha dejado. No es que tenga una simple pastilla de cuajada para mi explicación del universo. Ni es simple ni todo se acomoda. Ni me empeño en convencer a nadie de que las cosas son así. Casi todos mis grandes amigos han dejado de creer. Otros comenzaron a creer, a diferencia de cuando los conocí. Me siento muy orgullosa de mis ateos y gnósticos y de los que me llevan la delantera en cosas de fe. No nos unen las explicaciones, sino los afectos. Y yo sé que daríamos la vida unos por otros y viceversa. Y que nos reímos juntos de muchas cosas. ¿Qué más pedir? Pero eso sí, en lo público, ejerzo el laicismo que es piso común para todos.

No me sentí preparada a mis 25 años cuando mi padre enfermó de cáncer ni a los 26 cuando lo perdí, ni estoy preparada para reconocer que existe una veta triste en mi madre, que siempre se ha manifestado alegre. Creo que tampoco ella la reconoce, así que es mejor que deje el testimonio de que es una mujer muy despierta, muy coqueta, que se aferra a las cosas buenas de cada día con sabiduría infinita. Y que me contó muchos cuentos lindos en mi infancia, y me cantó muchas canciones. Y eso con nada se lo puedo agradecer lo suficiente, pues crecer con cuentos y canciones y con una mamá muy jovial es como treparse en el tren de la vida bien abastecido. Y eso ha sido mi mamá para mí. Por eso me gustan las hamacas y el agua termal; porque siento que estoy otra vez en la panza feliz de sus 20 años, cuando me llevaba al mercado y al parque y a comprar el combustible para el bóiler, que ya no venden, y me regalaba anticipadamente muchas bienvenidas. Ya sé que me van a decir que soy candidata al psicoanálisis, pero ¿qué quieren que diga? A mí las hamacas y el agua caliente me encantan y me curan de toda fatiga.

III

Mi amistad con los contrarios ha sido un reto inusual y desconcertante. Venía de un mundo social donde el disenso era no sólo prohibido sino impensable, y sin embargo, crecí en una familia que disentía del entorno político, vinculada a movimientos y posturas de oposición. Y poco a poco en esa misma familia, hemos aprendido a disentir con respeto, unos de otros, sin dejar de ser solidarios y entrañables. Valoro poder ser amiga de los que no piensan como yo.

Fue un reto inusual participar en la campaña de México Posible como candidata externa para una diputación federal plurinominal. Implicó un cambio de hábitos, rutinas. La alegría inagotable de Patricia Mercado pudo más que el cansancio de hacer maletas varias veces todas las semanas. Y el entusiasmo con que recorrimos la ruta del Caballo Blanco, también de José Alfredo, que salió un domingo de Guadalajara, con la mira de llegar al norte... Cada vez que nos veíamos en esos días, una le preguntaba a la otra: ¿cómo está la yegua blanca?

Fue un reto inusual poder fabricarle a mi hija una falda verde en media hora para un disfraz de Campanita al regreso de un viaje donde lo que más añoraba era dormir, dormir. Y además, nunca había hecho una falda. Pues para mi sorpresa, y para la de ella, la falda salió. Quizá Chesterton tenga la explicación. Para mí fue puro misterio.

Contra lo que parezca, no es un reto inusual tener que estar viajando durante mi tiempo laboral, del DF a Ciudad Juárez y Chihuahua. Mi papá instalaba pararrayos y en verano todo era un continuo ir y venir en mi casa de niña para acompañarlo o encontrarlo por los caminos de México. A veces era el Bajío, otras Michoacán, o más al norte, o más al sur. La aventura se nos da. Y la agilidad de la empacada, como gitanos. Lo inusual del reto es la materia prima con que trabajo: los feminicidios, esa afrenta, y el discurso que intenta decir: aquí no ha pasado nada. Y sin embargo, hay noches cuando sólo dialogo con mis preguntas. Y el cuerpo me duele, el cuerpo. Ese que es casa y refugio. Ese que nos hace ser, unos de otros, huéspedes amables, presencia luminosa. ¿Dónde está la verdad?, me pregunto, entre tantas versiones. Aquí sé que la recompensa no está al final del camino, sino en el camino. En ese abrir y cerrar maletas, en ese continuo ir y venir, entre unos y otros entre unas y otras, con llaves en las manos para cerraduras enmohecidas. Empeñada en abrir puertas y ventanas para que el viento, la verdad, circulen. ¿Será posible? ¿Vendrá el Viento a poner su casa entre nosotras?

© Rogelio Cuéllar

Aᴄᴀᴘᴏɴᴇᴛᴀ ʏ ᴍɪ ʜᴇʀᴍᴀɴᴀ Lᴏʟɪɴᴀ

Consuelo Sáizar

La vida es fácil, una se la complica, sobre todo cuando entran en juego los sueños, y los cariños cobran dimensiones que no imaginábamos. Sin embargo, al mirar atrás y seleccionar los hechos culminantes de la existencia, una percibe que —salvo irrupción de la tragedia— los acontecimientos suelen ser sencillos, simples, cobijados por nubes indiferentes que pasaban por ahí o se detenían, contemplaban y seguían su curso. Me detengo y afirmo: dos hechos del inicio han marcado mi vida: nacer en Acaponeta, Nayarit y ser hermana de Lolina Sáizar.

Crecer en un pueblo te rodea de una gran familia: las bodas y los nacimientos se celebran colectivamente; se cierran las calles con largas bancas de madera para velar a los muertos; una enfermedad acaba por convertirse en epidemia; se comparten las tragedias y se escuchan los mismos sonidos: las campanas que anuncian el peligro de una inundación, el timbre de la fábrica que convoca a la fatiga, la chicharra que indica la hora de entrada a la escuela, el grito del voceador que anuncia las noticias, los acordes de la banda escolar y la música de la tambora en el centro social. Todos somos parientes, o lo seremos. Dejas de tener nombre e identidad propia y te vuelves referencia o sólo un apellido: la nieta de, la hija de, la sobrina de; o esta niña es Sáizar, así, sin más distintivo; y si llevas el nombre de tu madre, siempre se refieren a ti en diminutivo. Sin complicaciones: la vida es cálida, sin invención. O eso creemos.

Pero también nacer en un pueblo en el México de los años sesenta del siglo XX te puede confinar a la marginalidad, a no descubrir nunca que, ya no digas el mundo, sino tu país, es tuyo en sus cuatro costados. Estudiabas en libros de texto que recomendaban visitar por las tardes el Museo de Antropología y el Castillo de Chapultepec y sabías que un buen número de habitantes de Acaponeta no visitarían jamás la Ciudad de México, por lo que las referencias les resultaban tan lejanas como ilusorias. Muchas otras ciudades eran casi abstracciones: no podía haber mucha diferencia entre la Nebulosa de Andrómeda y Mérida, las dos igual de inalcanzables, casi igual de incomprensibles. Otros países sonaban más como leyendas que como realidades.

Cuando me fui a vivir a Tepic en 1976, yo tenía 14 años y en Acaponeta todavía no se veía la televisión, la emigración a Estados Unidos apenas se iniciaba, el narcotráfico era tema de historietas, el teléfono funcionaba por operadora (descolgabas la bocina y dabas el número o el nombre de la familia con quien querías hablar), se hacían 18 horas de viaje a la Ciudad de México en autobús y 24 en tren. Todavía había trenes. Los periódicos nacionales a los que mi abuelo se suscribía llegaban tres semanas tarde, enrollados en un papel estraza que yo rasgaba y desplegaba para leerlos. Alguna vez me llegué a preguntar si los periódicos hablaban del pasado o del futuro, difícilmente suponía que hablaban de un presente que, a fin de cuentas, me era incomprensible. Como no había teatros ni cines, se exhibía durante dos meses la misma película que aparecía cuatro años después de su estreno. Las tardes transcurrían leyendo, nadando en el río, jugando con los niños de tu edad, montando bicicleta, observando hormigas, aprendiendo a tocar guitarra y piano, ensayando obras escolares, bañándote en la lluvia que caía de los techos de teja. Mientras, yo esperaba a ser grande para vivir en la Ciudad de México.

A principios de los sesenta, el México rural era muy diferente del México urbano. Ana Lilia, mi prima que vive en Tepic, precozmente lo definía con claridad al decir que si bien entre Tepic y Acaponeta había dos horas de distancia, las separaba un siglo de civilización. Es tal vez el acento costeño o quizá lo habitual de ver los domingos a coras y huicholes haciendo sus compras en los puestos de verduras y comida, o el ritual de dar vueltas a la plaza (los hombres en un sentido, las mujeres en otro) o que la independencia de los niños se medía por si sabían orientarse al salir del mercado que ocupaba toda una manzana (si salían por la puerta equivocada, el llanto atraía a uno de los dueños de los puestos que preguntaba a qué familia pertenecía y lo devolvía a su casa; señal infalible que todavía no estaba listo para caminar a solas por las calles del pueblo) o tal vez las cantinas que frecuentan todos los días a todas horas casi todos los hombres, casi todos machos, lo que da sentido a esa afirmación. O tal vez, sería todo lo que no teníamos: hasta 1976 no se veía regularmente la televisión, hasta el día de hoy no hay una librería.

Pero Acaponeta tiene la magia —tan similar y tan diferente— de todos los pueblos marginados, con su propio sentido del tiempo, con un cielo que casi ni cambia. Y por supuesto, con personajes de nombres míticos. Los ancianos Bibiana y Teófilo Tello vivían justo al lado de nuestra casa, inmensamente ricos (o así lo pensábamos) no tuvieron hijos. Así, la esperanza de mi hermano era heredar las innumerables ollas de dinero que, según se decía, yacían enterradas en el enorme patio de su casa. Cuando mis hermanos y yo éramos chicos, a la vuelta de casa de mi abuela, vivía la hermana menor de Pedro Infante, una mujer cuya belleza se explicaba por su parentesco con el ídolo de todo México, casada con uno de los hombres que más me impresionaron en la infancia, por su elegancia y refinamiento. Todos vivían pendientes del crecimiento de las gemelas más famosas del pueblo, Blanca y Margarita: una de ellas fue Señorita México 1979 y puso a Acaponeta, y podría decir a Nayarit, en el mapa del país.

En ese mismo pueblo cuyas calles de norte a sur tienen el nombre de los estados de la República y de oriente a poniente los de próceres de la historia de México, nació uno de los grandes poetas del siglo XX mexicano, Alí Chumacero. Gracias a él comprobé lo evidente: que el origen nutre y estimula, más que ser impedimento. Ora sí que no importa de dónde vengas sino a dónde quieres ir. (Durante mi adolescencia leí *Páramo de sueños* y *Palabras en reposo* con devoción; durante mi juventud busqué coincidir con él en eventos públicos y conversar fugazmente; ya adulta, tengo la oportunidad de trabajar a su lado en el Fondo de Cultura Económica). Por lo demás, el Maestro Alí sí es profeta en su tierra: la Casa de Cultura, la biblioteca, un jardín y hasta la cancha de basquetbol llevan su nombre.

Los Sáizar somos de Acaponeta por una situación tan trágica como azarosa: mi bisabuelo Antonio era minero. Mientras trabajaba en la explotación de una veta de oro en San Dimas, Durango, conoció a una huichola que no hablaba español y cuyo nombre desconozco, con quien tuvo tres hijos. Desde muy chica escuché la historia que mi abuela paterna contaba: "Martín sólo recuerda que cuando tenía tres años su padre le extendió la mano y le pidió que tomara su sombrerito y que lo acompañara. Salieron de la casa, del pueblo, caminaron todo el día y al anochecer llegaron a un mineral. Al amanecer del día siguiente, don Antonio se metió a la mina a trabajar. Un derrumbe lo sepultó y rescataron su cadáver varios días después. Como Martín era tan chico no supo informar dónde había vivido hasta el día anterior, ni el nombre de su madre. Los mineros no sabían qué hacer con el huérfano. Días después llegó al lugar el hombre que surtía los comestibles. Era Guillermo Casillas, comerciante de Acaponeta, quien al conocer la tragedia accedió a la petición de llevarse al niño y hacerse cargo de él". Mi abuelo Martín sólo sabía que había nacido el 11 de noviembre de

1900 —el 11-11 del 00, decía siempre— y que su padre se llamaba Antonio Sáizar. En Acaponeta fue el mozo de la familia Casillas: limpiaba la casa, hacía mandados, ayudaba en las tareas. No fue a la escuela, aprendió a escribir a los 12 años de forma autodidacta, se volvió masón y vivió siempre en Acaponeta. Con Romana Quintero tuvo seis hijas y un hombre, mi padre, a quien llamó como el suyo, Antonio. Fue dueño del periódico local y le heredó a la familia la pertenencia al pueblo y la pasión por la información. Siempre vistió de blanco y nunca entró a una iglesia, ni siquiera durante las bodas de sus hijas. Organizó a los acaponetenses que vivían en Estados Unidos y todos los años asistía a las escuelas primarias y entregaba donativos de los paisanos: cuadernos, lápices, plumas. Cuando Toño, mi hermano, que es zurdo, entró a la primaria, mi abuelo se dio cuenta que no había pupitres adecuados para su escritura, mandó preguntar cuántos niños en esa condición iban a esa escuela y donó 14 sillas necesarias, acondicionadas para facilitarles el estudio a todos los niños zurdos.

Y en ese pueblo, entonces de dos escuelas primarias (una solo para niños y la otra para niñas exclusivamente), una secundaria, sin preparatoria y con una sola clínica de salud, nació Lolina mi hermana, el 23 de enero de 1964.

Debí haber tenido tres años, tal vez cuatro, cuando, con Lolina en sus brazos, escuché a mi madre decirle a mi padre: "Toño, la niña no oye". Seis meses antes, una epidemia de rubéola había azotado al pueblo, sin respetar a las mujeres embarazadas, muchas de la edad de mi madre y amigas de ella. Ni quién se imaginara cuando se fue lo que la rubéola había dejado.

A pesar de las recomendaciones de abortar, mi madre decidió tener a la bebé. Estoy segura que si hubiéramos vivido en una ciudad, mis padres hubieran tenido otros recursos para rehabilitar a mi hermana. Al vivir en un pueblo, Lolina sólo contó con la devoción y el cariño de mi madre, maestra de kínder que se entregó en cuerpo y alma a su educación sin descuidarnos a Toño, mi hermano, y a mí, y a Laura, quien nació cuatro años más tarde.

Cuando Lolina empezó a crecer, demostró una hiperactividad hasta entonces desconocida en los niños de la familia. Mis padres contrataron a alguien para cuidarla todo el día, porque era incontrolable: corría más rápido que todos nosotros, escalaba árboles, brincaba desde las azoteas, jugaba con animales... para ella el mundo silencioso no era pequeño ni carente de cosas asombrosas; sus ojos y sus manos daban sonido a lo que hallaba a su paso.

Con el tiempo he sabido que no fui una buena hermana para ella: yo era taciturna y solitaria y su arrojo contrastaba con mi timidez. Hasta los cinco años, sólo supo decir *apiquilia*; era el único vocablo que podía pronunciar y sin embargo tenía más amigas que yo.

Mis padres decidieron rehabilitarla con ayuda profesional y mi madre se instaló en la Ciudad de México y nos mandó a Toño y a mí a Compostela, con mi abuela materna. Mi padre permaneció en Acaponeta, trabajando la imprenta y el periódico. Hace poco, mi madre encontró una de las cartas que le envié entonces y al releerla me conmovió mi enorme preocupación por lo que yo, a los siete años, llamaba "la enfermedad de mi hermana".

La separación de la familia duró un año, y al volvernos a encontrar, Lolina articulaba muchísimas más palabras. Nunca tuvimos grandes conversaciones pero ella era implacable cuando yo me equivocaba o hacía mal cualquier cosa. Su crítica cáustica duraba días, mezclada con burlas, imitaciones y risas.

A la vuelta de la casa, vivían los señores Quintero, que tenían seis hijos: tres mujeres (amigas-hermanas de Lolina) y tres hombres. La señora Yolanda era pianista y tocaba en las ceremonias de la parroquia, tenía en su casa alrededor de 50 pájaros, en decenas de jaulas, que no cantaban si desconocían a quienes los rodeaban: varias veces fui testigo de la sorprendente relación de mi hermana con los pájaros. Los contemplaba arrobada, como si pudiera escuchar cada uno de los sonidos que emitían. (Un recuerdo entrañable de mi infancia es ver a la señora Yola caminando a la parroquia, seguida por sus hijos y Lolina cargando las jaulas de los pájaros que deberían cantar durante el desarrollo de las ceremonias. Finalmente no había ceremonia alguna que se preciara de tener categoría, si no había canto de pájaros que acompañara a la música.)

Éramos muy chicas cuando mi madre insistió en que tomáramos clases de ballet y yo, torpe como he sido siempre, desistí casi de inmediato. Lolina asistió durante varios años, y adquirió una destreza y elegancia en los movimientos que, durante las exhibiciones, alguien no enterado previamente no adivinaba que no escuchaba la música y que se movía por imitación, por haber aprendido de memoria cada uno de los pasos.

Desde chica, Lolina fue una ávida lectora: antes de empezar a leer nos quitaba a Toño y a mí las historietas que mi padre nos compraba los domingos; en cuanto tuvimos los primeros libros, insistía en abrirlos antes que nadie. Nos hacía entender que los libros ya leídos previamente olían diferente y que ese olor no le gustaba.

Mi madre fue fundamental en su desarrollo, no le permitió que se autocompadeciera o se minimizara ante situación alguna. Pero lo que más me sorprende es cómo nos educó a los tres hermanos restantes: nos preparó para protegerla sólo en caso necesario, para ayudarla como ayudábamos a alguien en plenitud de facultades y a no hacerla sentir que merecía un trato privilegiado. Lo resolvió con una frase que hoy, todavía, me conmueve: "adoro a mis cuatros hijos —solía decir—, a Chelito por ser la mayor, a Toñito por ser el único hombre, a Lolina por ser diferente y a Laura por ser la menor". Así, sin complicaciones.

A los 14 años me fui a Tepic, a vivir a casa de la tía que me abrió las fronteras de la imaginación, que modeló mi vocación, marcó límites a mis ímpetus y acabó por convertirse en mi segunda madre, mi tía Raquel. Azorada, descubrí una ciudad con bibliotecas públicas, librerías, periódicos nacionales del mismo día, varios cines, escuelas de idiomas, canchas de tenis y modales sociales que hacían más grata la convivencia. Me permitió, además, conocer mejor a mis cuatro primas. Allí descubrí que la conversación es la clave de la complicidad entre las hermanas. Lamenté no tenerla con las mías, con Lolina por los impedimentos descritos y con Laura por la diferencia de edades. Siempre me ha llamado la atención darme cuenta de que por cada cosa que vivimos, hay otra que se nos revela de manera diferente hasta en su ausencia.

Mi tía Raquel me dio las herramientas sociales que me permitieron aventurarme profesionalmente en el mundo de la tinta y el papel y continuó fomentándome el espíritu de libertad inculcado por mi madre, aceptándome, no cuestionando ni coartando mis decisiones. Mis primas me dieron las conversaciones interminables alrededor de la mesa, las carcajadas sin límite por tonterías, la posibilidad de intercambiar ropa, la complicidad de hermanas.

A los 17 años me mudé a la Ciudad de México a estudiar la carrera de ciencias de la comunicación. Atrás había dejado a mis inevitables amigas de primaria y secundaria, a mis entrañables amigas de preparatoria y a mis primas. En la universidad —además de acostumbrarme a recibir los comentarios del tipo de "eres la primera persona de Nayarit que conozco"— encontré en las aulas y fuera de ellas amigos que se han vuelto compañeros de viaje en la vida. Son los hermanos que elegí. No recuerdo, en ese tiempo, haber intercambiado ni una sola carta con Lolina. Con gran facilidad, "mañana" se convierte en muchos, muchísimos días en la vida, hasta que de pronto, uno de esos días te das cuenta del tiempo transcurrido, del tamaño de la brecha y de lo voluminoso de los recuerdos.

Un día recibí la noticia: Lolina había conocido a un médico y decidió casarse con él, tras dos años de noviazgo. Hoy, casi 20 años después de su boda, tiene tres hijas que, junto con los cinco nietos restantes (tres hijos de Toño, dos de Laura) son la pasión de mis padres y la mía. Años después descubrí que, sin quererlo, Lolina y yo habíamos firmado una especie de contrato emocional: ella me relevó de la responsabilidad de dar nietas a mi madre, que si no hubiera sido por esta circunstancia me habría vuelto imposible la vida con su insistencia, y yo a cambio, junto a ella y Ramón, su esposo, y a una distancia que nunca lo es tanto, vigilo la educación de sus hijas.

Cuando fui estudiante entendí lo que significa ser provinciana: el mundo se reducía al espacio del auto y a un buró donde guardaba todas mis pertenencias; no había referentes geográficos ni refugios emocionales que apaciguaran el hambre o la enfermedad. La arrogancia de los capitalinos, lamentablemente, no termina en Cuautitlán, y la frase predilecta para descalificar a alguien, todavía hoy, es tacharlo de provinciano. Y sin embargo, en esta ciudad donde elegí vivir, que adoro recorrer y que disfruto día a día, fue precisamente una chilanga la que le confirió dignidad a mi oriundez. (Como el término se usaba cada vez menos, me gustaba cada vez más.) En alguna ocasión llamé a mi amiga Fátima Fernández Christlieb para desearle Feliz Navidad y avisarle que me iba a Nayarit a pasar vacaciones de diciembre, y ella me dijo que me envidiaba tener un lugar de encuentro con los seres amados, un depósito de recuerdos. Si bien en ese momento sonreí seguro con tristeza y respondí que cambiaría gustosa esas vacaciones por un sitio donde comer todos los días, con el tiempo le he agradecido el permitirme expresar con naturalidad mi no pertenencia a esta ciudad. Ahora, cuando digo "soy de Acaponeta", mis palabras se llenan de rostros, de olores, de imágenes que dan un sentido especial a mi realidad y a mi identidad. Y me gusta. Lo disfruto inmensamente.

He realizado este ejercicio de la memoria precisamente por la petición de una de mis grandes amigas, Denise Dresser, a quien conocí cuando apenas cruzábamos la frontera de los 20 años. A principios de los ochenta compartimos libros, conciertos, películas. Sueños que, en la mayoría de los casos, acabaron por convertirse en realidad. Nos dejamos de ver por casi tres lustros y cuando nos rencontramos, la conversación fluyó a borbotones y me obligó a poner en orden mis ideas y a darle jerarquía a mis afectos.

En un largo viaje a Guanajuato, hablamos de la fidelidad a las vocaciones que encontramos siendo jóvenes; de su marido, sus hijos y su madre; le hablé dc mi familia, de las hijas de Lolina y los hijos de Toño y Laura que, todos los días de una u otra forma están en mi vida, le conté que uno de los lazos más fuerte que me unen con ellos es que sienten por sus madres la misma devoción que yo por la mía y que aspiro a que me quieran tanto como yo a mi tía Raquel.

Cuando Denise y Julia de la Fuente me propusieron colaborar en este libro, me negué enfáticamente: hace años tomé la decisión de ser sólo una editora al servicio de los escritores. No me dejaron opciones. Por la obligación impuesta he escrito estas líneas que me sirven para reafirmar lo intuido: nacer en Acaponeta y ser hermana de Lolina Sáizar le han dado forma a mi pasado y a mi destino. No son lo único, pero son parte esencial de lo imprescindible.

ATAR LA VIDA

Olga Sánchez Cordero

Los hombres se ahorcan con los
cabos sueltos de la vida
Anónimo

Decimos —algunos quizá con demasiada frecuencia— que quisiéramos detener el tiempo, hacerlo nuestro, que no corriera, que no pasara, que se estacionara perpetuamente en ese fluir interminable que es nuestro desarrollo. Ese frecuente deseo de inmovilizar el tiempo deviene, en mayor o menor medida de la felicidad que se alcanza en ciertos instantes, algunos fugaces, otros más duraderos, en los que el tiempo no fluye, en los que parece detenerse para nuestro bien, en los que se queda y nos atrapa los instantes que luego habremos de invocar en momentos de crisis. Para fortuna nuestra.

Este texto, para quienes se adentren en la aventura de leerlo, no tratará del tiempo, pero sí de la vida. No de esa parte de la vida biológica que se reseña en los libros de ciencias naturales, ni de aquella parte de la vida que muchos han querido convertir en *su verdad,* en *su tiempo,* en *pasos difíciles hacia la modernidad* o tantos más. Estas líneas, que de ninguna manera pretenden ser autobiográficas, provienen de una invitación cordial, de un gesto de generosidad y paciencia que Denise Dresser ha tenido para conmigo al invitarme a atar cabos con tan distinguidas mujeres, a contar esta parte de la vida que suelen traer las experiencias intempestivas, a develar esas áreas de silencio y sorpresa de la vida.

"Calladita te ves más bonita", solía decir mi madre. Y esa frase, que se volvió luego parte fundamental no sólo de mi vocabulario sino de mi vida, es la frase con la que quisiera iniciar justificando mi participación en este texto: ¿por qué develar públicamente ese lado de mi vida que forma parte de la "información reservada", como ahora se califica en nuestras leyes, de mi persona? ¿Por qué narrar esos momentos definitorios que en mi vida han causado sorpresa o desconcierto, silencio o alarido? ¿Por qué hablar de sentimientos tan propios como ésos?

La única razón que encuentro, luego de buscar por todas partes, es que éstos son tiempos de hablar. Son tiempos de hacerlo de frente, sin reserva, sin límite, sin cortapisas. Son tiempos de hablar, porque, como dije en el discurso de aniversario del voto femenino: queremos ser escuchadas. Por tanto, son tiempos de diálogo, pues para alguien que habla se requiere alguien que escuche, porque para el diálogo hace falta voz, porque ya queremos superar esa oscura y triste etapa del silencio, porque no queremos vivir más en un país que no escuche sus voces internas, las de los indígenas, las de los niños, las de sus hombres y mujeres. Porque queremos un país mejor, más culto, entendiendo que la cultura está hecha a base de silencios que después se vuelven voz.

Luego de esta larga apología sobre mi participación en este libro, quisiera referirme solamente a un par de experiencias que habrán de confluir en un punto que, desde mi perspectiva, ha resultado la lección de estas experiencias intempestivas: el poder del equilibrio. La revelación de mis momentos de sorpresa y desconcierto —mal recurso literario el que lo anticipe desde ahora— ha sido ésa: la fuerza del equilibrio.

Soy hija, esposa y madre de abogados. Nací en el seno de una familia en la que los temas: justicia, razón y verdad (fines primordiales del derecho), si bien no estaban a diario en la sobremesa, sí eran muy cotidianos. Luego, he tenido la fortuna de compartir la vida con un hombre que, además de ser un gran ser humano, es un gran abogado, y, como corolario, tengo dos hijas y un hijo que comparten conmigo la pasión por el derecho. Mi vida, por tanto, ha girado en torno a muchos centros, pero si algunos pudieran destacar serían precisamente estos que he enunciado, mi vida ha girado en torno a los fines del derecho. He respirado estos ideales, los he bebido, los he digerido, los he padecido. Justicia razón y verdad, por tanto, son para mí la fuerza que mantiene al mundo. Sin ellos, mi mundo, al menos, no existiría, sin ellos, el mundo se vendría abajo. Son por tanto la fuerza del equilibrio, el poder del equilibrio.

El derecho ha sido, es y será mi mundo, las experiencias más difíciles, pero también las más gratas de mi vida se han desarrollado en ese mundo. En ese mundo me casé, en ese mundo he crecido y me he desarrollado, en ese mundo, lo anhelo con toda mi alma, habré de morir. En ese mundo han venido las experiencias más imprevistas, que han sido, paradójicamente, las más oportunas; en ese ámbito, ya de por sí lleno de sorpresas e imprevisibles, han venido las mayores sorpresas de mi vida. Voy un poco más al detalle.

Mi formación la hice, principalmente, en el campo del derecho civil. Desde ese ámbito de lo jurídico, se adquiere una perspectiva particularmente profunda de lo que representan los derechos de las personas, ya sean de carácter patrimonial o extra patrimonial. Desde el derecho civil se puede mirar también lo que representan instituciones tan fundamentales para la vida como la familia o el comercio, las sucesiones, las operaciones comerciales, los contratos. Mi universo particular en el ancho mundo del derecho —todo esto lo enuncio como referencia de lo que enseguida habré de narrar— lo viví desde una notaría. Primero, desde la de mi padre, en la que aprendí el *oficio de notario*, con todas sus peculiaridades: el gusto por la minucia y el detalle, la atención a los clientes, el cuidado de las escrituras y sobre todo de los intereses de los mandantes, el trabajo sistemático, la pasión por el derecho. Esta perspectiva hizo surgir en mí un ideal de la justicia que, lejos de apartarse del ideal filosófico o moral del término, le adicionó la fuerza que dan los hechos cotidianos.

Así, me hice notaria pública en marzo de 1984, hace exactamente 20 años. No como halago en boca propia, sino, insisto, como mera referencia, fui la primera mujer que logró alcanzar la patente por concurso de oposición en el Distrito Federal. A la par de esa función, desempeñaba mi labor docente en la Facultad de Derecho de mi querida Universidad Nacional, en la que previamente había tenido la experiencia de compartir con los alumnos muchas de sus circunstancias personales: las dificultades con algún profesor, la discrepancia por una calificación, las incomodidades de algún salón, en fin.

Debo agregar —quizá más en ánimo de quienes desempeñan esa doble jornada que como halago— que además de todo ello, me ocupaba de ser ama de casa, con todo lo que una mujer sabe que significa.

En ese microcosmos se movía mi vida. Y sería quizá mucho ufanarme el decir que era un cosmos que, paso a paso, alcanzó un equilibrio verdaderamente satisfactorio. Tenía, como sigo teniendo, para mi fortuna, la posibilidad de combinar las múltiples facetas que la vida puso en mi persona. Por cllo, quizá, el equilibrio que viene de poner cada cosa en su lugar y asignar un lugar para cada cosa.

Dicen quienes se ocupan de cosas tan importantes, como la termodinámica, que en equilibrio el *tiempo del sistema* no fluye. Yo no había entendido esa frase, sino hasta el momento en que comenzaron a desatarse ciertos acontecimientos en mi vida que me hicieron ver que el tiempo corre cuando se está en desequilibrio. Y que corre más apresuradamente de lo que uno se puede percatar.

Un buen día del mes de marzo de 1993 recibí una llamada de quien entonces era el coordinador jurídico del Departamento del Distrito Federal, diciéndome que se renovaría la conformación de los magistrados del Tribunal Superior de Justicia del Distrito Federal y que le gustaría que mujeres con mi perfil profesional se integraran a la magistratura de dicho tribunal; y que, en síntesis, que estaban buscando a alguien como yo, que cubriera esas vacantes, pues a su juicio mi trayectoria y currículum, cumplían sobradamente con los requisitos.

Si pudiera hoy describirme sentada en mi escritorio de la notaría, con una pila de escrituras por revisar, a punto de salir a dar fe de una diligencia, y con una agenda tan apretada para ese día que podría muy bien parecerse a la de un alto mandatario que gobernara además su casa, tendría que hacerlo con una palabra: pasmo.

Pasmo en casi todas las acepciones que el diccionario refiere. Pasmo porque la razón y el discurso quedaron en suspenso; pasmo porque sentí el romadizo dolor de huesos que sólo había experimentado en el frío de la Patagonia. Pasmo, en fin, porque a fin de cuentas ¿quién era yo para que de pronto un buen día se fijaran en mí para tan alta responsabilidad?

"Todo fluye, nada es estacionario", decía ya en los albores del nuestra civilización Heráclito de Efeso; ya en el siglo VI a.C., este sabio advertía que "si uno no espera lo inesperado, no lo encontrará". Y efectivamente, por más equilibrio "estacionario" que pueda existir en el sistema de nuestras vidas, todo está siempre en movimiento, pues en el fondo de nuestro ser, por más equilibrio que encontremos, siempre estará esa bendita *capacidad de insatisfacción* de la que hablaba Ortega y Gasset, que nos hará siempre esperar, esperar lo inesperado.

Faltaría a la verdad si dijera que esta experiencia que narro no fue una de las más importantes de mi vida, por insignificante que parezca; pero también lo haría si sólo me concretara a narrarla, si sólo me ocupara de la revelación y no de algo más importante: la lección.

Toda mi vida había transcurrido hasta entonces desde una sola perspectiva, todas mis miradas, en lo profesional y por consecuencia en lo personal, habían venido desde uno solo de los lados de la balanza con que se suele representar a la justicia. Sólo había mirado la perspectiva del derecho desde el lado de quien reclama y no desde la perspectiva de quien es reclamado, de quien debe decidir los reclamos. La oportunidad de incorporarme a la magistratura en el Tribunal Superior de Justicia del Distrito Federal, me hizo situarme en un sitio privilegiado desde el cual, el ideal de justicia pasó, como dice Felipe González, de la "ética de los principios, a la ética de las responsabilidades".

La impartición de justicia, que siempre había yo visto desde una perspectiva más reducida, más concreta, incluso diría hasta un poco árida, se transformó en uno de los sitios más fecundos y que mayor acercamiento me han permitido con uno de los ideales que, como decía, han sido la marca de mi vida: con un ideal verdaderamente tangible de justicia. Estar a diario frente a los problemas más importantes en la vida de una persona y de su patrimonio, fueron una oportunidad invaluable que derivó del pasmo de aquella llamada y que sirvió para completar la idea que yo tenía sobre los fines del derecho.

Justicia, razón y verdad, se volvieron Francisco, María, Susana. Y uno se siente siempre impreparado frente a los nombres. Uno guarda ese asombro y respeto del *Don José* de Saramago que lo lleva al silencio del reto inusual, de lo inesperado, de lo sorpresivo. El pasmo viene cuando uno se enfrenta al hombre, en sus más bajas o más altas pasiones, en su intimidad, en su grandeza y su miseria, en los conflictos que tiene.

Pero si entonces me sentí poco preparada, mi desconcierto fue mayor cuando el entonces presidente de la República, Ernesto Zedillo, me incluyó en la lista de 18 personas para integrar "la nueva Corte".

La etapa que comencé en 1995, al ser nombrada por el Senado ministra de la Suprema Corte de Justicia de la Nación, ha sido, aún con mayor fuerza, un campo fértil para la comprensión de ese fenómeno llamado justicia, al que mucho aludimos y poco comprendemos. Esta etapa, que me sigue llenando de sorpresas y momentos imprevistos, inusitados, complejos, ha sido quizá el ámbito de mi vida en el que mayor número de retos inusuales y, por qué no decirlo, a veces desconcertantes, he tenido; pero es el periodo de mi vida en el que, paradójicamente, mejor he podido enfrentar esos retos. Si en un principio hubiera podido pensar que no estaba preparada para asumir tan alta responsabilidad, el tiempo y la misma vida en la Corte, me han dado la certeza de que es posible enfrentar esos retos con convicciones, con ideas, pero sobre todo, con el ideal de encumbrar los fines del derecho a través del constitucionalismo. Asuntos tales como el llamado "aborto", el caso 68, el "Fobaproa" o los relacionados con la extradición, me dieron la oportunidad de corroborarlo.

Las rutas que sigue nuestro desarrollo en todos los campos —el biológico, el social y el cultural— tropiezan a lo largo del camino con muchas circunstancias, confusas, accidentales, erróneas, y a pesar de ello, todas llegan a desempeñar roles decisivos. Lo importante, como decía, es aprender la lección de las experiencias intempestivas. Éstas, por lo regular, vienen a mover aceleradamente muchos acontecimientos en nuestra vida, a desatar acontecimientos encadenados, a liberar facultades y emociones, a mover nuestro equilibrio. Atar la vida no es posible y prenderla para sí mismo, queriendo asirla, es una grave actitud de soberbia que a lo único que pudiera conducirnos es a pensar que estamos por encima de las circunstancias, cuando en realidad no es así. Como citaba al inicio, los seres humanos nos ahorcamos con los cabos sueltos de la vida. Por ello, quizá, este proceso de autoexorcismo que con estas líneas pretendo llevar a cabo. A veces las experiencias más inesperadas de nuestra vida son cabos sueltos que uno debe atar. El esfuerzo de Denise Dresser para atar nuestros cabos, me lleva a elogiar el poder del equilibrio. Me lleva a decir que lo que permanece no fluye, no mejora ni se transforma; lo inesperado, lo impensable debe ser siempre esperado, buscado, escudriñado hasta el cansancio.

Dice Robert Burton que cuando dejamos de cambiar dejamos de ser. La sorpresa es un factor indispensable de la vida que nos rompe el equilibrio, ese equilibrio que es siempre sano buscar, que debe ser el objetivo de la vida; pero la sorpresa está siempre asociada al cambio, a ese cambio que no debemos dejar de buscar en su faceta de realización de lo que está en potencia. En México, en nuestros días, las mujeres tenemos de frente el reto del cambio, del cambio de estructuras y paradigmas, del cambio de inercias y desviaciones, pero el cambio debe venir de dentro, de lo más profundo del ser. De esa profundidad que nos da el pasmo, el silencio de la vida, el poder del equilibrio.

Cebras y rayas: Mujeres y poder

Sabina Berman

1.

Isabelle se reclinó contra el refrigerador hecha una facha: el pelo rubio revuelto, el pantalón caqui tiznado de polvo, un whisky en la mano y en la otra mano un cigarro, y dijo:

—¿Cómo se dan órdenes? ¿Cómo se ejerce la autoridad?

Isabelle había tenido un día largo. A las seis de la mañana había iniciado el rodaje de un comercial para una camioneta Chrysler y a las seis de la tarde había terminado de retratar a la maldita camiona corriendo por caminos polvosos como un pura sangre cromado (o así querían los de Chrysler que se viera). A las nueve de la noche tuvo junta de producción conmigo: éramos socias en un proyecto para teatro que estaba por arrancar. Y ahora se había servido un whisky en la cocina amplia, me había servido un whisky, se recargó contra el refrigerador hecha una facha y dijo lo que dijo para agregar luego ya con exasperación:

—¿Cómo carajos ejerce una mujer la autoridad?, es decir: cuando la tiene.

Lo que me contó espejeaba mis sensaciones al dirigir teatro. Ambas empezamos de asistentes de dirección en nuestros oficios y nos había costado un ovario llegar a dirigir. Y ahora, ya con la autoridad de dirigir, dar órdenes nos creaba sensaciones incómodas.

Si alza una la voz se siente histérica. Si es una suave y sonriente ("femenina" en la forma tradicional) no le cumplen las indicaciones, se las toman como sugerencias.

—La incomodidad —dije—está en nosotras, pero también, y más importante, en la gente afuera. Cuando se trata de quién da las órdenes, mujeres y hombres tienen en la mente una imagen distinta a una mujer de pelo largo. Así que si te portas "femenina" agravas el problema. Y si te portas "masculina", firme, o te enojas si no te hacen caso, te odian. No sólo te sientes histérica cuando te enojas, a todo, mundo le pareces una perra histérica. Es un problema cultural.

(Estoy hablando del año 1997. Seguramente este texto leído en el año 2030 tendrá sólo un valor testimonial. Ojalá.)

Isabelle dijo:

—Estoy hasta la coronilla de saber que es difícil para una mujer esto o aquello. Cuántos libros he leído sobre cómo no podemos: demasiados. Prefiero saber como sí se puede. Te propongo esto: un documental sobre las mujeres poderosas del país, las que sí pueden y saben cómo.

Seguimos hablando. Lo primero era eliminar el tema de la victimización del asunto. No enfocarnos a cómo y por qué las mujeres no logran llegar a puestos de autoridad. En efecto existe una enciclopedia del martirologio de las mujeres ambiciosas.

Lo segundo era decidir parámetros estrictos de qué mujeres podíamos considerar poderosas. No buenas o malas: poderosas. Una mujer poderosa es a tal grado un tabú cultural —o quizá exagero: una excepción cultural— que las que existen suelen estar rodeadas de adjetivos negativos.

Pensamos: seamos candorosas: si vamos a investigar el poder, vamos a lo que primero salta a la mente, el Poder político. Entrevistemos mujeres políticas. Secretarias de Estado o gobernadoras. Elijamos a las diez más interesantes que ocupan o han ocupado esos puestos de poder.

Trato hecho. Isabelle Tardan pidió una beca Rockefeller para arrancar el desarrollo del proyecto. Se la otorgaron. Antes de avanzar más buscamos una televisora interesada en financiar y transmitir la serie.

En ese trámite íbamos a descubrir a qué grado en la cultura las mujeres y el poder todavía eran una asociación difícil de imaginar.

Mujeres y poder: esas dos palabras no podían ir juntas.

2.

Todo mundo quería hacer más femenino el proyecto. O más masculino. En mi primera visita a Televisa me dijeron:

—Sabina, mejor escríbenos una telenovela.

En la segunda visita, a otro productor de Televisa, el señor me dijo:

—Interesante hablar con políticos, candorosamente, de lo que es ejercer el poder. No se ha hecho en nuestro país eso.

Noté que en su mente las mujeres se habían ido al limbo del olvido. Se lo hice notar:

—Se trata de entrevistar mujeres poderosas.

—Okey —dijo—, incluyamos a dos mujeres.

—No se ha hecho en nuestro país —dije— ni en ninguna parte del mundo: entrevistar diez mujeres de poder sobre el tema de ser mujeres y detentar poder.

—Por eso, incluyamos a dos.

"Las dos de la foto" llamo al síntoma. A partir de los años setenta del siglo xx, con el inicio de la segunda ola de feminismo, (la primera fue la que buscó el sufragio universal en el arranque del siglo), ningún consejo que se presumiera democrático podía existir sin una mujer. Textualmente se incluía a una mujer, como si una sola representara a la mitad de la población.

A partir de los años noventa la cifra ascendió a dos. Una ya parecía sexismo. Y dos mujeres bastaban para dar la estampa de democracia.

A Isabelle le fue peor. En una empresa productora cuyo nombre no viene a cuento, el director la envió a tratar el asunto con su esposa. Su esposa tuvo una idea genial:

—¿Y qué tal si entrevistamos a estas mujeres fuertes en sus cocinas? Imagínate a la ex-secretaria de Pesca cocinando. Ya sabes: hay que humanizarlas.

O sea: entrevistar a mujeres que han salido del viejo ámbito femenino —el hogar— y no sólo han cumplido el sueño de las mujeres del siglo xx— tener una vida en el espacio exterior al hogar—, sino que han alcanzado el primer círculo de poder de una sociedad, y pedirles que se disfracen de amas de casa. Isabelle replicó según me cuenta:

—Guau, es una gran idea.

Una idea de gran hipocresía. Reaccionaria. Inútil culturalmente.

En el Canal 22 nos dijeron que sí de inmediato. Pero curiosamente a nadie le interesó saber cómo serían los diez programas. Iba yo al 22 y charlaba con su director sobre la novela que él estaba escribiendo y cuando *yo* insertaba algo sobre la serie *Mujeres y poder*, terminábamos hablando del Holocausto judío en la Segunda Guerra Mundial.

Soy judía y el Canal 22 recién había transmitido el documental *Shoa*, sobre el Holocausto judío. Yo judía: Holocausto judío. La instantánea asociación en la cabeza del director me inquietaba.

Debo haber ido siete veces a hablar de literatura, el Holocausto, *Shoa* y nada de *Mujeres y poder*.

Se nos acababan los canales de televisión existentes y yo entercada en asegurar una salida al aire de *Mujeres y poder*.

En el Canal 40 nos ofrecieron para el proyecto aire televisivo, una mesa y dos sillas.

—Queremos hacer algo muy visual —insistió Isabelle—. Seguir a estas mujeres a sus oficinas, al Congreso, ir a sus estados de origen, tomarlas trabajando y en sus casas.

La mujer que nos atendió en el Canal 40 dijo:

—Perfecto. Una mesa y dos sillas.

Como para llorar.

En Televisión Azteca me mandaron con la esposa del dueño. Una mujer educada en una universidad norteamericana que me dio a vistas confianza. Era segura, guapa —de pelo quebrado rubio y espigada—, deportiva en el vestir —blazer negro, falda plisada por debajo de la rodilla y mocasines—. Se veía como una empresaria neoyorquina. Era de Monterrey sin embargo, una de nuestras ciudades más modernas en asuntos de finanzas y más conservadoras en los temas culturales.

Le expliqué de esta manera la tesis de la serie:

—La mitad de los graduados de las universidades mexicanas son mujeres. Esto a partir de 1990. Las mujeres masivamente han entrado a la educación superior, cuando sus madres y sus abuelas, salvo excepciones, no estudiaron profesiones. Pero (y enfatizo el pero) sólo el 8% de las empresas medianas y chicas tienen una directora mujer. Ninguna empresa grande la tiene. Y sólo 12 mujeres en la historia completa del país han sido secretarias de Estado o gobernadoras. Aberrante, ¿no te parece? ¿Qué se interpone entre las altas aspiraciones de estas mujeres y su logro?

Ninfa me dijo rápido:

—Están cuidando a sus hijos en sus casas.

—Algunas —dije yo, y quería seguir pero ella dijo:

—Eso les pasa, no hay duda.

—Bueno, pero si estudian profesiones, es que querían algo distinto.

—No, estudiaron mientras esperaban casarse.

—Algunas —volví a decir—, pero…

—Así es con casi todas —dijo ella ejerciendo su poder.

Intenté enfocar el asunto por otra faceta.

—¿No te parece interesante saber qué piensan estas mujeres?

—No, no me interesa. Ni le interesa a nadie lo que opine una gobernadora o una secretaria de Estado. En la tele el *rating* manda, no hay más.

—El programa puede alcanzar 2.5 de *rating*, como los otros programas de análisis político que ustedes ya tienen —argumenté. —Y tal vez jale más, porque les interesará en especial a las mujeres, que son la audiencia mayoritaria de las telenovelas. Yo sí creo que a una ama de casa le intrigue qué piensa Elba Ester Gordillo.

Expliqué: sin ser gobernadora o secretaria, Elba Ester Gordillo era la mujer con mayor poder político del país: líder real del sindicato de maestros, el mayor sindicato de Latinoamérica.

Ninfa llamó a su secretaria, una jovencita llenita de carnes y el pelo chino pintado de rojo.

—Margarita –dijo amable—, ¿quién es Elba Ester Gordillo?

—¿Elba Ester Gordillo?—musitó Margarita a sus 19 años floridos.

De pronto se iluminó: —¡La nueva estrella de la telenovela de las cuatro!

—Bravo Margarita—dijo Ninfa. Y la despidió del despacho. Me miró despacio con aire de triunfo.

—Tengo una gran idea –dijo. —Vamos a entrevistar diez actrices famosas.

De nuevo el regreso al pasado. Las actrices fueron durante siglos las únicas mujeres famosas en sí mismas, no por sus ligas con un esposo, un padre o un hijo poderoso o conspicuo.

—Las actrices son famosas pero poderosas no —dije yo.

—¿Te digo yo qué? —se impacientó Ninfa—. Es muy difícil dialogar contigo.

Me explicó que ella daba conferencias inspiracionales en Monterrey para mujeres como yo, es decir con dificultades de relación humana. Me explicó también que yo no tenía poder por mi terquedad.

—Yo no quiero poder —dije. —Poder político o económico no quiero.

—No me digas.

—Pongámoslo así: no trabajo en conseguir uno u otro. Pero sí quiero autoridad sobre mi vida. Y también sí quiero que cuando las circunstancias de mi trabajo me exijan ejercer autoridad en un pequeño ámbito, por ejemplo el diseño de un programa de televisión, sepa ejercerla. Quiero decir que no creo que todo en la vida sea territorio del poder. A mí me interesa también el placer, que tiene mucho que ver con lo contrario al poder: tiene que ver con el dejarse ir, el perder control, el dejar ser: el soltarse por un río de vida sin ahogarse. Me interesa igual la belleza. Me interesa el lenguaje. Me interesa la formación colectiva de ideas. Pero regreso al asunto del poder, donde soy analfabeta como buena parte de las mujeres. Quiero a la mano la capacidad de ejercerlo cuando es necesario, y estas políticas pueden enseñarme a mí y a otras sobre el poder. Y déjame aclarar por qué. Porque ellas lo ejercen a gran escala y todo el tiempo.

Para cuando terminé mi explicación Ninfa roncaba profundamente. Falso: me miraba tranquila y relajada pero por dentro sí que roncaba dormida. Notó mi silencio y despertó para decir:

—Yo soy una mujer poderosa.

—Con poder derivado –corregí—, derivado de tu marido, que es dueño de un canal. Si mañana él decide que no estás aquí, ¿dónde quedó tu poder?

Ninfa fue extremadamente amable al acompañarme a la puerta. A la puerta de su despacho, y luego de bajar las escaleras y cruzar un vestíbulo, a la puerta que daba a la calle. Igual me acompañó hasta ahí para cerciorarse que de verdad me iba. Y yo siento de verdad pena que se haya divorciado y ya no dirija la Fundación Azteca, donde su autoridad fue benéfica, según me cuentan.

Así que un año después de nuestra plática en la cocina, Isabelle y yo seguíamos en la impotencia de conseguir aire para *Mujeres y poder*.

Era diciembre cuando Isabelle se llenó de pánico. La invitaban a un coctel de los becarios de la Fundación McArthur Rockefeller. Me pidió que la acompañara y a la entrada a la casa colonial de la cita me enseñó un cheque por 30 mil dólares.

—Se los voy a regresar —dijo.

3.

Pero en el camino de regreso de la reunión Isabelle traía todavía el cheque. Se había puesto a platicar con los distintos becarios y se maravilló de ciertos proyectos pero de otros se indignó.

Un experto en computadoras le había distribuido a varios amigos sensores para que cuando salieran de viaje le enviaran señales que se registraban en un mapamundi virtual. Así había logrado multitud de señales próximas y otras remotas, desde la Antártida, desde Australia, desde China.

—¿Y luego? —le había espetado Isabelle. —¿Qué vas a hacer con tu mapamundi virtual tachonado de señales?

—Nada. Es una suerte de *performance*.

Isabelle se pasó media hora indagando por qué al hombre virtual no le parecía inmerecida su beca. Y su ligereza y buen humor la ofuscaron.

Luego habló con una señorita que se aplaudía a sí misma cada que decía algo que le parecía brillante. Así como una foca: lo decía y luego palmeaba las manos con cara de sorpresa. La señorita en cuestión estaba realizando una encuesta.

—Sobre calcetines y sexo. ¿Afectan los calcetines la sexualidad?

La señorita se aplaudió medio minuto mientras a Isabelle se le subía la rabia a la cabeza.

—¿Capturas el fino humor?

La señorita volvió a ovacionarse e Isabelle se dio la media vuelta y se fue a otra esquina del coctel.

Pero no regresó el cheque y esos dos becarios la pusieron optimista. Haríamos la serie aunque nadie la quisiera transmitir.

—Es decir —dije yo—, vamos a trabajar un año para lograr diez programas maravillosos que sólo unos cuantos amigos y amigas van a ver. Estás bromeando, espero.

Isabelle puso su cara más seria.

—Será una suerte de *performance* —dijo con aire elegante.

Isabelle juntó al equipo técnico para la empresa. Quién sabe cómo a ellos sí los convenció de que valía la pena trabajar en *Mujeres y poder* aunque cobraran hasta que se vendiera a una televisora, o sea que lo más seguro nunca. Platicó con varias conductoras televisivas y se decidió por Denise Maerker. Y empezamos a reunirnos con varias mujeres poderosas.

4.

Creíamos en ser estrictas en los parámetros para elegir entre las varias mujeres poderosas en política a diez. Que fueran o hubieran sido secretarias de Estado o gobernadoras. Bueno, lo primero fue vencer la resistencia del equipo a esa claridad.

Nuestro editor, Saúl Larson, dijo:

—¿Pero por qué no Rosario Ibarra de Piedra?

La señora Ibarra de Piedra había formado el grupo de madres de los desaparecidos por el gobierno mexicano en la guerra sucia contra la izquierda. Es una mujer admirable, con enormes virtudes, pero si algo nunca ha tenido es poder.

—Es una mártir —dije yo.

—Por eso —dijo Larson.

—Por eso —insistí yo.

Nuestro sonidista propuso:

—Elena Poniatowska.

Otra mujer admirable, no sólo con un corazón gigante sino con la rara capacidad de apalabrarlo. Un faro moral en México.

—Sí, pero no tiene poder.

—Cómo no.

—Elena escribe a menudo sobre la injusticia y sobre el sueño de un país más justo. Pero sus palabras no se vuelven hechos. Si se volvieran, qué maravilla de país tendríamos ya. O de otra manera: sus palabras son sus hechos, ni más ni menos.

Era algo que se nos iba a atravesar a cada rato. Si alguien habla de hombres poderosos puede enlistar a Nixon, Carter, Castro, Fujimori, sin objeciones.

Son hombres poderosos aunque uno los aprecie o no. Pero con las mujeres y el poder es distinto, los adjetivos buena y mala se cruzan a cada rato.

De las mujeres fuertes se espera, inconscientemente, una pureza de grandes madres buenas. La ausencia de esa pureza incondicional las vuelve de golpe odiosas. Y al revés: el ajuste a esa pureza de algunas mujeres públicas las vuelve adoradas y las confunde con personas de poder real.

No en vano: nuestra madre es el ser más poderoso que hemos conocido. Durante dos, tres años tuvo en su mano nuestras vidas. Su bondad fue nuestra tabla de sobrevivencia y sus pocos o muchos alejamientos de esa bondad nos arrojaban a la desesperación. Desesperación que con la reiteración se traducía en odio. Escindimos a esa madre ambivalente para soportar depender de ella: a un lado queda la madre odiada y al otro la perfecta pura.

O se les ama como a perfectas (honestas, hacendosas, sensibles, justas) o a la primera frustración de nuestra expectativa se les odia como a brujas: a las madres en nuestra infancia, y en un nivel inconsciente y en la vida adulta, a las mujeres poderosas.

Por lo menos esa fue mi impresión por aquel entonces en que hicimos la serie. Todavía me parece que así es: todavía son una novedad y la cultura no tiene modelos históricos para situarlas de una manera menos severa.

Denise puso en la mesa a Rosa Luz Alegría:

—Primera secretaria de Estado mujer, allí en el sexenio de López Portillo.

La mesa saltó, alguien había dado un manotazo sobre la madera.

—Pero no se lo merecía. Llegó por ser novia de López Portillo.

—Cómo llegó no importa —dijo Isabelle—. Le preguntaremos sobre eso. Pero en la selección es irrelevante. Esto no es un juicio, nada más queremos sus historias.

Alguien dijo:

— Priistas no. Odio al PRI. Todo menos el PRI.

—Ay bueno —dijo Denise—, esa objeción ya es espectacular.

En un país que fue gobernado de 1930 a 1970 exclusivamente por priistas y luego, y hasta la fecha, mayoritariamente por priistas, estaba duro.

De hecho las 12 mujeres que cumplían nuestros requisitos eran priistas y eso nos metía en otro brete. La serie sería, involuntariamente, un comercial de diez horas del PRI.

Así que decidimos que 7 entrevistas, la mayoría, fueran con las seis priistas que cumplían nuestros parámetros, y otra con Elba Ester Gordillo. Guardamos espacios para dos perredistas que parecían estar a un brinco del poder: Rosario Robles, que parecía poder llegar a gobernadora pronto, y Amalia García, pre-candidata a la presidencia del Partido de la Revolución Democrática. Y decidimos entrevistar a una de los tres fundadores del Ejercito Zapatista de Liberación, la Comandante Elisa.

Alguien filtró la noticia entre las mujeres del PAN que hacíamos la serie y ninguna panista estaba incluida. Me encantó que nos lo reclamaran cuando nosotras todavía ni televisora teníamos. Por eso invité a cenar a una de ellas y me deleité oyéndola presionarme.

—¿Pero por qué ninguna? Es inequitativo.

—Porque ninguna panista ha sido secretaria, gobernadora, líder de sindicato, presidenta de partido ni comandante de un ejército.

—Han habido candidatas a gobernadoras. Ahora mismo el PAN presentó en Durango una candidata.

—Claro. Presentan candidata siempre y cuando la elección esté perdida para el partido de antemano. Más bien: presentan cándidas a las elecciones malas.

Caramba, ustedes ni cuotas tienen en su partido. No han exigido nada y nada han recibido.

Me ofreció el típico argumento de la derecha:

—Sería sexista tener cuotas.

Le deseé a mi amiga panista toda la suerte. Ojalá sin cuotas ni otras acciones de presión ejercidas como grupo, las mujeres panistas pudieran acceder a puestos de poder.

—Si les enoja la imagen que da el PAN como el único partido donde las mujeres son sacrificadas a cada rato; si les enoja en concreto su exclusión de una serie llamada *Mujeres y poder* —dije—, úsenlo: presionen con esto a sus líderes.

Cinco años después las mujeres del PAN no lo han logrado. En el primer gobierno panista, el presidente panista nombró a dos mujeres en el gabinete, ("las dos de la foto democrática"): ni una ni otra eran militantes de tiempo atrás del PAN; y a medio sexenio, discretamente, una de ellas fue retirada del cargo.

5.

Contra toda sensatez iniciamos las grabaciones de *Mujeres y poder*. Ya encaminados (ah, el sexismo del lenguaje: por el privilegio de contar con un camarógrafo, un sonidista y un editor espléndidos y varones, debíamos hablar ya de nuestro equipo en plural masculino), ya encaminados, recomienzo la oración, se nos olvidó un poco el porvenir incierto. Era demasiado interesante lo que oíamos de las entrevistadas. Era demasiado útil para nosotros y también para ellas.

Descubrimos con ellas que una vez transpuesto el cliché ideológico de afirmar que las mujeres teníamos el mismo derecho al poder que los hombres, el tema se ramificaba por lugares poco apalabrados. Las políticas mismas nos pedían poder ver las entrevistas ajenas.

En medio de ese tiempo de entrevistas, Isabelle logró una cita con la directora del Canal 11. De plano era la última televisora donde no nos habían dicho NO. Además, fortuna de fortunas, era el único canal con una directora mujer.

Para abrir boca Alejandra Lajous dijo:

—A mí esto de que las entrevistas sean nada más a mujeres me da flojera. ¿Qué más da? El poder no tiene género.

Isabelle miró despacio a la única mujer que en la historia de la televisión nacional ha tomado las decisiones finales de un canal.

Alejandra siguió:

—Pero mira, lo que importa es la calidad del material. Vamos a verlo. Y no me enseñes una selección. Déjame asomarme al cofre.

Isabelle había llevado un baúl con los videos acumulados. Unos 40 casetes que contenían las seis entrevistas realizadas hasta entonces, sin editar. Alejandra tomó un casete al azar. Era una de las siete horas grabadas con Rosa Luz Alegría. Lo metió en la videograbadora y desde un sofá prendió el monitor.

Se quedó pálida. Rosa Luz hablaba de su relación íntima con el presidente José López Portillo.

—Era un sueño cumplido, un sueño de la conciencia colectiva: una pareja de amantes dirigiendo un país.

Rosa Luz sonreía.

—Sí, fue agradable —dijo. —Fue muy agradable.

Alejandra tomó del cofre otro video. Elba Ester Gordillo en pantalla.

—Ay, se fracturan las mujeres en el poder. No resisten. Se enamoran de alguien que se los quita. O a la menor confrontación lloran y se hacen solitas del lado.

Alejandra frunció el cejo, preocupada.

Siguió, en ese orden azaroso, nuestra entrevistada guerrillera.

—Los disparos nos despertaron. Corrí a prender la luz pero luego pensé que era mejor no enseñarles dónde andábamos. Para cuando salí al patio el ejército había cercado la casa y estaban tirados dos muertos de los nuestros. Otros trepaban la barda de adobe. Pero los balazos abrían agujeros cerca de sus manos.

Alejandra se paró para estirar sus largas piernas de jugadora diaria de tenis. Había decidido comprar la serie.

—Pero que conste que me da igual que son mujeres.

Puso a nuestra disposición las máquinas del Canal 11 y lanzó la serie con buena publicidad. No ejerció ninguna censura, aunque sabemos que al ver algún tramo de algún programa se mordió la lengua para no ejercer su veto y en otra ocasión, a raíz de otro programa, recibió un llamado de la Presidencia.

Un año después le habría de llamar a Isabelle para felicitarla. Le habían comunicado que la serie había ganado el Premio Nacional de Periodismo.

6.

Al estrenarse *Mujeres y poder* Alejandra Lajous reunió a las 10 entrevistadas y a nuestro equipo para una comida. Las políticas se conocían entre sí, varias habían colaborado cuando legisladoras en la Comisión de Género del Congreso y/o se habían reunido por otros motivos, cuidando que sus juntas feministas no trascendieran a la prensa.

Se estimaban, según afirmaban, pero eran tiempos de competencia electoral, se votaría pronto por nuevos legisladores y algunos gobernadores, así que su mutua estima no se notaba mucho.

Parecían diplomáticos de países enemigos. Serias, hablaban en frases cortas, calculadas, se pedían la sal con sonrisas misteriosamente amplias, en los silencios se escuchaban los cubiertos chasquear contra los platos.

Fue una comida donde nada sucedió más interesante que unos camarones al ajillo con chile ancho.

Esta sería la primera vez que yo las vería reunidas.

Luego, en el año 2003 volví a verlas encontrarse y esta vez la junta de mujeres políticas no fue discreta. 29 mujeres de la política decidieron mostrarse unidas para celebrar el aniversario 50 del otorgamiento del voto a las mujeres y la noticia llegó a las primeras planas de los diarios, a los programas de comunicación masivos, a las portadas de las revistas.

En la portada de la revista *Proceso* aparecieron los perfiles de las tres en el momento más poderosas: Rosario Robles, Elba Ester Gordillo y Marta Sahagún, bajo el encabezado "El argüende".

Nadie creyó que se reunieran solamente para un festejo. Tanto poder no podía reunirse en vano. Imaginemos a los 29 políticos más fuertes del país: no lo harían nada más por motivos simbólicos.

Tal vez las mujeres fuertes formarían un partido, se decía. Con menos inocencia se comentaba una alianza para sacar adelante leyes. También se hablaba del anuncio de una candidatura de mujer a la Presidencia.

Yo pensé en la última sección de nuestras entrevistas a las políticas. Una sección que hablaba del futuro. De un futuro donde las mujeres con poder dieran un gran paso adelante para las mujeres todas.

En las entrevistas las respuestas en esta sección habían sido esquivas. No, el gran plan era el País. No, era impensable llamar a las ciudadanas a votar en bloque. No, el ascenso de las mujeres no admitía golpes de exigencia ni arrebatos de ambición que pasmaran a la sociedad. Nada intempestivo.

Pero habían pasado cuatro años, pensé con esperanza. Lo menos, las mujeres de poder propondrían ahora un programa para el mejoramiento de la condición femenina. Diez puntos que nadie pudiese objetar. Bueno, por lo menos un programa de tres puntos. Pensé tres al vuelo. El tratamiento en clínicas del Estado del cáncer cervico-uterino, una enfermedad que diezma a las mujeres. La interrupción de la matanza de mujeres en Ciudad Juárez desde 1993. La verdadera implementación de la ley anti-discriminación.

Era un escándalo delicioso. A las políticas se les acusaba de conspirar. De romper los muros de sus partidos para cooperar por la causa de las mujeres. Ah, si lo viera Virginia Wolf.

La celebración se realizó en el Claustro de Sor Juana, en el centro de la Ciudad de México. Para alivio de quienes temen el poder femenino organizado y decepción de quienes lo aguardamos, en efecto fue, ni más ni menos, una celebración de lo sucedido hace 50 años.

Se leyó un discurso que asentaba el derecho de las mujeres al poder político. Luego se leyó un poema de Rosario Castellanos. Luego Eugenia León cantó con esa su voz que es agua clara corriendo. Y luego, y con toda tranquilidad, la noticia de la reunión, tan bien portada y tan inconsecuente, pasó a las páginas diez de los periódicos.

"Femeninas" a la manera tradicional, nuestras políticas no usaron su poder. Sonrieron a las cámaras. Dijeron: ya ven, no somos grupo, somos simplemente mujeres.

Daban ganas que sus críticos más paranoicos, los que hablaron de una conspiración que rebasaba los límites de los partidos y rompía con la tradición, hubieran sido sus estrategas.

Se tomaron la foto las 29, sonriendo. Las espectadoras nos aburrimos como ostiones. Y las mujeres del país, muy bien, gracias.

Seis meses después las tres mujeres de la portada de *Proceso* ya eran mucho menos poderosas. Elba Ester Gordillo fue removida como jefa de la bancada priista en el Congreso. Rosario Robles fue orillada a renunciar a su partido, el PRD. Y Marta Sahagún era obligada a renunciar a sus aspiraciones presidenciales.

Las mujeres del país, sin un pacto real con estas mujeres políticas, sin nada concreto que esperar de ellas, y con todavía la decepción de su foto simbólica en el Claustro de Sor Juana, no dijimos ni pío.

Sigue lejos un pacto real de mujeres para el avance político de las mujeres. Es decir, ahora que lo escribo, en el año 2004.

(Ojalá esta afirmación leída en 30 años tenga sólo un valor testimonial. Ojalá.)

7.

Yo espero que a algunas mujeres la serie les haya adelantado ideas, como a quienes la realizamos. Sé de cierto de unas cuántas a las que sí. Me lo han contado. Me han descrito cómo ésta o aquella idea les iluminó una zona más del cerebro, cómo otra les hizo una nueva sinapsis en la neurología de su autoridad interior o cómo alguna más afianzó su capacidad de decidir hacia el mundo.

Abarcar el tema, complejo como es, en varios niveles fue la meta. En el nivel de lo anecdótico: cada historia de ascenso al poder tenía su fuerza narrativa. En el nivel pragmático: quisimos y logramos que nuestras entrevistadas plantearan tácticas para transponer los obstáculos psicológicos y culturales entre las mujeres y el poder. Y en el nivel utópico: la última sección de cada entrevista sirvió para imaginar un futuro donde las mujeres se organicen propositivamente para su propio avance, es decir para asumir la mitad del poder de la sociedad; y aún más: sirvió para imaginar cómo ese poder real podría cambiar a las mujeres y a la cultura.

Pero más allá de las ideas que la serie contuvo, que las dificultades para reunir en las mentes de nuestros posibles socios esas dos palabras —mujeres y poder— suenen increíbles ahora, cinco años después, es su mayor logro.

Atribuyo a la serie haber lanzado al aire colectivo esas dos palabras unidas en el momento preciso. En el momento en que en sus pláticas personales las mujeres profesionistas ya hablaban de puestos de poder por alcanzar; o las políticas ya se reunían discretamente para hacer alianzas en relación a temas de género; o las universitarias jóvenes ya se prevenían entre sí de las trampas que pueden impedirles sus aspiraciones.

En estos tres grupos se vio mayormente la serie porque reflejaba su propio interés, me parece.

Salieron al aire público y ahí queda la asociación de estas dos palabras. Ya no parecen juntas un matrimonio incompatible. *Mujeres y poder*. La serie le quitó a esta unión de palabras el pudor con que antes se les reunía, separadas por muchas otras palabras. Vaya, hasta las panistas las unen ahora con desenfado. *Mujeres y poder*. Desde que la serie se transmitió hasta hoy, cada día internacional de la mujer se renueva en los periódicos la proliferación de la frase que ya suena a hecha. O aparecen variantes. Mujeres con autoridad. Poder femenino. La otra mitad del poder. Política y mujeres. Empoderar a las mujeres. Liderazgo y mujeres.

Ahí quedaron y seguirán apareciendo precisamente hasta que las mujeres tengan de verdad poder.

Cuando las mujeres no seamos una minoría en los lugares de poder de la sociedad; cuando seamos ahí una mitad, como en la vida, sonará ocioso decir: Mujeres y Poder.

Como decir: cebras y rayas.

Eɪ poder... de decidir

Rosario Robles

El día 29 de septiembre, un día después de tomar posesión como jefa de Gobierno, la Ciudad de México fue sacudida por un sismo de 7.5 grados en la escala de Richter. Gastón Luken, con quien platicaba en ese momento en las oficinas del antiguo Palacio del Ayuntamiento, me estaba comentando algunas cuestiones relacionadas con la Contraloría General que en unos días pasaría a manos de León Alazraki. De repente sentí el movimiento. Debo añadir que le tengo pánico a los temblores desde aquel fatídico 19 de septiembre del 85, cuando bajé corriendo las escaleras desde un cuarto piso con Mariana en los brazos pues en aquel entonces sólo tenía dos años de edad. Automáticamente me mareo. Pero ahora gobernaba la ciudad y tenía que aparentar calma a pesar de que por dentro estaba alarmada. Lo primero que hice fue asomarme a ese enorme balcón cuya vista a la Plaza Mayor, nuestro Zócalo, es maravillosa, y pude observar que muchos empleados y trabajadores del gobierno ya se congregaban ahí. En ese momento, Toño Santos, mi eficiente secretario particular, me pidió que desalojáramos el edificio que a mi juicio parecía un barco. Mientras bajaba las escaleras de ese histórico palacio, no pude dejar de pensar en el acontecimiento. Vaya recibimiento. El primer día marcaría el tono que caracterizaría a esta nueva etapa del gobierno.

Ya en la plancha del Zócalo recibimos los informes de que no se habían registrado percances mayores y entre risas y bromas algunos comentaban que no era para menos pues una mujer gobernaría ahora la ciudad, aunque hay quienes cuentan por ahí que ya en los tiempos del otro Cuauhtémoc, también una mujer heredaría provisionalmente la estafeta, cuando él dejó Tenochtitlán para instalarse en Tlatelolco. Verdad o mito, lo cierto es que en pleno siglo xx, la Ciudad de los Palacios sería testigo de cómo el Cuauhtémoc de ahora, el de apellido Cárdenas, cerraba el círculo y dejaba la ciudad en manos femeninas.

Nunca sabremos a ciencia cierta las razones que lo llevaron a tomar esa decisión. Ya había dado muestras de su audacia al nombrarme secretaria de Gobierno, cuando nadie siquiera se imaginaba que la designación caería en una mujer. Y en esta ocasión, aunque la decisión era un poco más previsible por haber ocupado el segundo cargo en el gobierno y por las funciones inherentes al área política, lo cierto es que varios nombres se habían estado mencionando, y que en la Asamblea Legislativa, donde habría de llevarse a cabo por ley el nombramiento, al interior de la fracción del PRD había voces interesadas en impedir que yo tomara la estafeta. Sólo la autoridad moral de Cuauhtémoc Cárdenas, y la labor intensa de Martí Batres y Carlos Imaz garantizaron que la sucesión contara con el respaldo unánime de los diputados perredistas y que, incluso, el PAN, el PT y otros partidos votaran a favor de la designación.

Jamás voy a olvidar cuando me informó, porque no era cosa de andarlo discutiendo, que había pensado en mí para sucederlo en el cargo. Fue una mañana en sus oficinas de Galileo en Polanco. Después de una reunión de trabajo me pidió platicar a solas y me dijo, así como es él, directo y sin mayores rodeos, que lo más conveniente era que yo me quedara al frente del gobierno. Fue con una anticipación razonable para empezar los preparativos del relevo, pero sobre todo para prepararme pues no era poca cosa asumir esa responsabilidad. En esta ocasión, al igual que cuando me propuso lo de la Secretaría de Gobierno, había que guardar absoluto silencio. La discreción con la que actuamos llevó incluso a que algunos columnistas pensaran que eran otros los elegidos. La decisión seguramente no fue fácil. Cuauhtémoc se iba a la campaña presidencial y al mismo tiempo había que garantizar la continuidad en el gobierno y que la capital, segunda plaza en importancia política, refrendara su apoyo al PRD en las elecciones del 2 de julio. Mi única experiencia estaba relacionada con los dos primeros años de gobierno y si bien había hecho mi trabajo al frente de la Secretaría de Gobierno, lo cierto es que siempre había contado con la presencia y orientación del jefe de Gobierno.

Además yo soy mujer. Ya de por sí el ingeniero había roto el paradigma cuando me nombró secretaria de Gobierno. Nadie, absolutamente nadie, sospechaba siquiera que una mujer acompañaría como brazo derecho al nuevo jefe de Gobierno. Si bien había sido la única mujer convocada para participar en la Comisión de Enlace entre el gobierno saliente y el entrante todos pensaban, incluso yo, que me asignarían el área de Desarrollo Social pues como diputada había sido presidenta de esa comisión. No fue menor mi sorpresa cuando en las oficinas de la Fundación para la Democracia me solicitó platicar unos momentos. Me pidió que le propusiera nombres para la Secretaría de Desarrollo Social pues había pensado en mí para el Gobierno. Así, sin más preámbulo. Recuerdo que en medio de mi sorpresa mencioné algunos, de manera particular el de Clara Jusidman, cuya trayectoria y honorabilidad eran indiscutibles. No se dijo más. Nos despedimos, bajé las escaleras y con una aparente tranquilidad me subí a mi carro, un Jetta guinda que había adquirido durante la diputación. No podía creerlo. Ni siquiera sabía en realidad qué me había propuesto. ¿Qué era eso exactamente de Gobierno? ¿Una dirección, alguna subsecretaría? ¿Qué? Yo no me había atrevido a preguntarle nada. Una y otra vez repetía en mi mente sus palabras y las analizaba. Sí me había mencionado que quería conformar cuatro subsecretarías y los nombres de los que probablemente se harían cargo de ellas, además de la persona que estaría al frente de la Dirección General de Gobierno, de hecho me estaba proponiendo ser la titular de la Secretaría. No pude más y detuve el carro en las calles de Durango. Nunca siquiera pensé que recibiría tal distinción y tanta confianza.

Me dirigí a una reunión convocada por Roberto Eibenshutz, Emilio Pradilla y René Coulomb, en la que personalidades que habían participado en gobiernos de izquierda en algunas ciudades latinoamericanas nos transmitirían su experiencia. Ahí estaba también Julio Moguel. Inmediatamente le pedí que saliera del salón pues tenía algo urgente que decirle. Salimos del hotel Sevilla Palace, donde se desarrollaba el evento, y empezamos a caminar por Reforma. Y se lo dije. No pudo contener su emoción y me abrazó muy fuerte. Pero yo seguía con las dudas. Le mencioné que no estaba completamente segura, que a la mejor yo había entendido mal. Que Cuauhtémoc no había sido muy explícito y convinimos en esperar. El tiempo se encargaría de poner las cosas en su lugar. Y así fue. Con nadie se podía comentar, ni siquiera Mariana o mi familia podían saberlo. Fue un alivio cuando Andrés Manuel me preguntó si el nuevo jefe de Gobierno ya había hablado conmigo. Pudimos platicar y él me dio algunos consejos. Recuerdo el principal: "enfrenta los problemas, no los rehúyas".

En todos lados se mencionaban otros nombres, por supuesto todos de hombres, como los posibles ocupantes del despacho segundo en importancia. La expectativa sobre quién ocuparía la Secretaría de Gobierno era muy grande y las quinielas iban y venían. Por eso fue una sorpresa cuando el nuevo jefe de Gobierno dio a conocer su gabinete el 4 de diciembre. Los más benévolos se preguntaron quién era yo y por qué se había pensado en mí para esa enorme responsabilidad. Los menos, como la columna "Fray

Bartolomé" del periódico *Reforma*, atribuyeron el nombramiento a mi amistad con los hijos de la familia Cárdenas Batel.

Eso nos ocurre a las mujeres. Piensan que ocupamos un cargo o una gran responsabilidad por razones ajenas a nuestro talento y capacidades. Había que vencer el prejuicio. Por eso no pude evitar enviarle una carta a Beatriz Pagés Llergo, cuando leí un artículo en la revista *Siempre!*, que ella dirige, señalando que mi presencia en la Secretaría de Gobierno se debía a Lázaro Cárdenas. En una corta pero emotiva y confidencial misiva le escribí que seguramente ella no aceptaría que dijeran que estaba al frente de la revista por su padre y no por su capacidad. Le dije que las mujeres no podíamos permitir esos comentarios y que por eso me atrevía a manifestarle mi indignación. Beatriz reaccionó con una gran solidaridad.

Cuando me preparaba para asumir la Jefatura de Gobierno no podía dejar de pensar en todo lo que había vivido desde ese histórico 5 de diciembre. Por un lado, la sorpresa al interior del PRD y en las filas de la clase política tradicional al saber que yo me haría cargo de la segunda posición en importancia en el primer gobierno democrático del Distrito Federal. Por otro, la emoción con la que muchas mujeres recibieron mi nombramiento y el de Clara Jusidman en la Secretaría de Desarrollo Social. Esa misma mañana las dos nos desayunamos con un desplegado de plana entera en el que destacadas mujeres hacían un reconocimiento a nuestra trayectoria y a la decisión del ingeniero Cárdenas, pero lo que más me emocionó —se me salieron algunas lágrimas al leerla— fue una sencilla frase dirigida a las dos que decía: "Rosario y Clara: estamos con ustedes, porque sabemos que ustedes están con nosotras y nosotros, con los millones de hogares menos favorecidos de esta ciudad".

Había pasado un año y diez meses desde ese momento y ahora tenía ante mí la oportunidad de convertirme en la primera mujer gobernante del Distrito Federal, de la capital de todos los mexicanos. El reto era enorme pero también la oportunidad de demostrar que podíamos hacerlo, que se podía gobernar con firmeza y mano suave, y que esta nueva generación a la que yo pertenecía, proveniente además de la izquierda, podía asumir la estafeta. Había que trabajar intensamente. Varias veces me reuní con el ingeniero Cárdenas para platicar ampliamente sobre los asuntos pendientes y recibir algunos consejos. Me sorprendió gratamente su confianza y su absoluto respeto.

En tan sólo tres días los acontecimientos se precipitaron. Cuauhtémoc Cárdenas viajó el fin de semana a Guerrero para estar presente en el acto de cierre de campaña de Zeferino Torreblanca, que a la postre se convertiría en el presidente municipal de Acapulco. Ese domingo, fui a visitar a Lázaro y Mayra a un hospital con nombre de abecedario pues había nacido Lazarito. Desde ahí hablamos con él para ultimar detalles. Al día siguiente se realizó la reunión con los diputados perredistas y la dirección del partido en el Distrito Federal. Yo no estuve presente, pero algunos medios registraron que el ya candidato presidencial había sido sutil pero contundente al decirles: "Ésta es una respetuosa propuesta hacia la Asamblea Legislativa... después del Jefe de Gobierno quien tiene mejor contacto con la ciudadanía, cercanía con otros gobernadores, y con el gobierno federal es la secretaria de Gobierno. Ella tiene los contactos con otros partidos políticos, con los asuntos de seguridad pública y puede tener liderazgo político". Las cartas estaban echadas. La fracción cerró filas y al día siguiente ante la Comisión de Gobierno se presentaría su renuncia, así como la propuesta del PRD de que yo ocupara el cargo a partir de ese momento.

Muy temprano en la mañana me entrevistó en mi casa Joaquín López Dóriga y como en aquel 5 de diciembre otra vez las mujeres me dieron la sorpresa. Unas cuantas palabras dirigidas a mí en un desplegado en *La Jornada* me llenaron de valor y de orgullo: "en la conquista de espacios para las mujeres, estamos orgullosas de ti. Gracias por abrir la brecha". En la noche anterior, Julio y yo hablamos con Mariana y con mi familia. Mi mamá estaba feliz y al mismo tiempo temerosa por la responsabilidad que me había echado encima. Llegada la hora nos dirigimos a Donceles. Mucha gente estaba esperando y los camarógrafos y reporteros nos cerraron el paso. En ese momento, lo único que me preocupaba era mi hija que se había quedado atrapada. Con muchos trabajos logramos entrar al edificio para escuchar desde las oficinas de la Comisión de Gobierno los posicionamientos de los partidos. Finalmente, se aprobó la renuncia de Cuauhtémoc Cárdenas, y por 50 votos a favor del PRD, PT, PAN y PCD mi nombramiento como la nueva jefa de Gobierno.

Después me llamaron para que acudiera al recinto legislativo. Al rendir protesta no pude dejar de sentir un nudo en la garganta al convertirme en la primera mujer que gobernaría nuestra gran ciudad. Al salir del evento, algunos reporteros entrevistaron a Mariana, le cuestionaron si creía que su mamá iba a salir adelante con la encomienda y ella, con sus 16 años encima, les dijo muy quitada de la pena: "si ha podido conmigo, por supuesto que va a poder con la ciudad". Al llegar a la comida que entre todos habían organizado no pude contener las lágrimas cuando mi madre me dijo al abrazarme, "tu padre estaría muy orgulloso de ti".

Una verdadera prueba

Como capital de la República, el Distrito Federal es escenario de múltiples inconformidades que escapan al ámbito de su competencia, pero que inciden directamente en su vida cotidiana. El hecho de que los poderes de la Unión tengan su asiento en la Ciudad de México provoca que sus calles sean escenario de movilizaciones y luchas que al parecer, durante nuestro periodo, fueron desatendidas de manera deliberada por las instancias federales con el objetivo de trasladar al gobierno capitalino los costos políticos de su no solución. Varios fueron los momentos que generaron tensiones y que obligaron a nuestro gobierno a actuar en un equilibrio muy delicado con el objeto mantener el orden en la ciudad, pero por sus características destaca la huelga en la Universidad Nacional.

A los pocos días de estar al frente del gobierno, tuvimos que enfrentar la primera y tal vez más dura prueba de todas las que se presentaron a lo largo de nuestra gestión. La huelga en la Universidad Nacional llevaba ya varios meses y no había visos claros de solución. Antes de que estallara, el Gobierno de la ciudad había expresado su respeto absoluto a la autonomía universitaria y su respaldo a la decisión de la mayoría de los universitarios de defender la gratuidad y de oponerse al aumento de cuotas que se había aprobado en una sesión del Consejo Universitario realizada a espaldas de la propia comunidad. Varias manifestaciones multitudinarias se desarrollaron por las calles de la ciudad sin que hubiera un solo problema. En ese momento, el CGH contaba con un amplio respaldo de sus habitantes. Sin embargo, en la medida que el tiempo fue pasando, frente a la cerrazón absoluta de las autoridades universitarias y la falta de canales de diálogo, los sectores más duros se fueron apropiando de la dirección del movimiento y con ello se fue perfilando la decisión de enfrentar y desgastar al Gobierno del Distrito Federal. Un primer problema se había presentado frente a las instalaciones de algún Conalep en el que había clases extramuros estando todavía Cuauhtémoc Cárdenas como jefe de Gobierno. Desde ese momento, y debido a la inadecuada actuación de la policía y de los granaderos, se decidió que cualquier intervención de la policía en la vía pública relacionada con la huelga universitaria tendría que tomarse en coordinación con la Secretaría de Gobierno. Desde entonces supimos que estábamos afrontando una de las situaciones más graves, pues se pretendía enfrentar a un gobierno de izquierda, cuyo origen tenía que ver con las históricas luchas universitarias, con una comunidad que simpatizaba, en su mayoría, con ese proyecto democrático.

Ya estando como jefa de Gobierno se me presentó muy rápidamente una situación crítica. El 14 de octubre un grupo reducido de estudiantes que había marchado de las instalaciones de Televisión Azteca a Televisa decidió bloquear los carriles centrales del Periférico, ocasionando que cientos de automovilistas quedaran varados en esta ya de por sí conflictiva e importante arteria vial. De manera inmediata se procedió a dialogar con ellos para que la desalojaran pacíficamente, al tiempo que la Secretaría de Seguridad Pública organizaba un dispositivo con las mujeres policías del batallón Cisne y con granaderos, todos ellos desarmados, con el objetivo de presionar para su apertura. Los jóvenes no aceptaron y empezaron incluso a agredir a los automovilistas lo que, desde el punto de vista del titular de la SSP, hizo inevitable la intervención policiaca.

Las imágenes de esta confrontación le dieron la vuelta al mundo. Una joven golpeada arteramente por granaderos y mujeres policías apedreadas por algunos de los manifestantes, quienes también utilizaron petardos. Tal vez muy pocos saben lo que sentí y pensé cuando fui informada de los acontecimientos. Me tocaba ahora enfrentar una gran disyuntiva. Era una universitaria forjada al calor de las luchas estudiantiles y sindicales, y ahora como gobernante tenía la obligación de proteger el interés mayoritario de la población más allá de cálculos políticos que tuvieran que ver con mi carrera u origen personal. No podíamos aceptar que el conflicto universitario se trasladara con violencia hacia las calles de la ciudad y que rehuyeran su responsabilidad quienes tenían que resolverlo. No podíamos aceptar que nos mancharan las manos quienes habían provocado la huelga y quienes se empeñaban en prolongarla de manera deliberada.

Reuní de manera inmediata al equipo político que me acompañó durante toda mi gestión en la toma de decisiones. Pronto estuvieron ahí Leonel, Javier, Saúl Escobar, Ricardo Pascoe, Alejandro Encinas, Toño Santos y Enrique Flota. Ahí decidimos manifestar una posición muy firme y de cara a la sociedad, pedir el castigo de los granaderos involucrados en los hechos de violencia ante la Comisión de Honor y Justicia, así como la intervención de la Comisión de Derechos Humanos del Distrito Federal y de doña Rosario Ibarra, un símbolo en la lucha por los derechos humanos, en la investigación de los hechos. Con enojo por la provocación de la que habíamos sido objeto, pero también con tristeza pues percibía que la dirigencia estudiantil se estaba alejando de las prácticas democráticas del movimiento universitario, me fui a la casa a redactar el documento que leeríamos en conferencia de prensa al día siguiente y me comuniqué con Cuauhtémoc y Andrés Manuel para informarles de lo sucedido, pues ambos eran nuestros candidatos, y seguramente enfrentarían los cuestionamientos de la prensa.

Antes de dar a conocer nuestra postura le solicité también su opinión a Carlos Ímaz, Armando Quintero, Salvador Martínez della Rocca y Adolfo Gilly. Todos coincidieron en los argumentos expuestos y al filo del mediodía presenté un informe ante la opinión pública sobre las medidas que habíamos tomado ante los hechos. Reiteramos nuestra decisión de impedir los bloqueos en avenidas tan importantes para la ciudad, pusimos bajo arresto a los granaderos que participaron en la agresión, y le solicitamos a la Comisión de Derechos Humanos abrir una investigación paralela. También hicimos una planteamiento político indispensable en esos momentos.

Días después, la CDHDF emitió un comunicado señalando que no se habían violentado los derechos humanos en el operativo policiaco y la opinión pública nos respaldó en las medidas tomadas, aun cuando para algunos medios de comunicación la decisión de castigar a los granaderos fue un signo de debilidad. Para nosotros era absolutamente indispensable demostrar que en caso de violentar garantías de terceros (como el derecho al libre tránsito) estaríamos dispuestos al uso racional de la fuerza pública, pero eso no significaba que toleraríamos excesos. El mensaje era para ambos. Seguiríamos siendo profundamente respetuosos del derecho a la libre manifestación pero no permitiríamos bloqueos en vías de comunicación fundamentales, y tampoco extenderíamos un cheque en blanco a la policía para que procediera como lo había hecho por años. Son los equilibrios con los que es indispensable gobernar.

Ningún llamado era escuchado y la huelga universitaria transcurría sin que se vislumbrara alguna solución y sí, en cambio, mayores contratiempos para la ciudad y sus habitantes. En un abierto reto al Gobierno del Distrito Federal, el CGH convocó a una marcha para el 5 de noviembre que recorrería nuevamente el Periférico, de Televisa San Ángel a Los Pinos. Ellos le apostaron a que actuaríamos de manera violenta pero se equivocaron pues el incidente anterior nos había dejado importantes enseñanzas. Era necesario instrumentar una estrategia que dejara claro que se trataba de un gobierno diferente y, al mismo tiempo, ratificar que éramos capaces de tomar decisiones y que nuestro gobierno no sería rehén de intereses ajenos a los de la ciudad. La opinión pública y, sobre todo los medios de comunicación, estaban a la expectativa sobre nuestra actuación. Algunos dudaban sobre mi capacidad para impedir que una vez más el Periférico fuera bloqueado, pues consideraban que por mi origen universitario no actuaría con firmeza. Otros le apostaron a generar un enfrentamiento de consecuencias imprevisibles para la ciudad y para un gobierno de izquierda, y no pocos se frotaron las manos, sobre todo desde los altos círculos de poder, porque pensaron que ésa sería la tumba que nos llevaría a romper de manera definitiva con uno de los sectores que mayor respaldo le habían dado a Cuauhtémoc Cárdenas y al PRD.

Con la asesoría de varios funcionarios y ex líderes estudiantiles perfilamos una táctica. Había que tomar la delantera y anticiparse a los acontecimientos. Acreditar hasta el último momento nuestra voluntad de diálogo. Cinco días antes de la marcha, en un desplegado público firmado por el secretario de Gobierno, le solicitamos al Consejo General de Huelga una reunión para discutir medidas de seguridad y definir el recorrido que garantizara su derecho a manifestarse pero que impidiera el cierre del Periférico. Varias veces insistimos en este llamado pero no obtuvimos respuesta. Les pedimos también a diversos organismos civiles defensores de los derechos humanos que participaran como observadores con el objetivo de que pudieran ser testigos directos si se presentaba alguna provocación para lo cual Leonel Godoy y Javier González sostuvieron una reunión con todos ellos. Para estar en el lugar asignamos a Gabriel Mendoza, nuestro novelista metido a apagar fuegos de este tipo, acompañado de los universitarios que estaban en el gobierno y que habían sido líderes estudiantiles como Óscar Moreno, Inti Muñoz y Adolfo Llubere.

Acordamos también enviar una delegación del más alto nivel a dialogar en el lugar de los hechos con los propios estudiantes. La decisión sobre quién la encabezaría fue tal vez la más difícil. Algunas voces proponían que estuviera la jefa de Gobierno acompañada de un contingente de mujeres vestido de blanco. Se impuso la idea de que nuestro subsecretario de Gobierno, Javier González, estuviera al frente de la negociación por diversas razones: era un reconocido luchador de la izquierda, participante del movimiento del 68, conocido por quienes encabezaban la marcha y con gran capacidad política. Toda nuestra apuesta era por el diálogo, pero también había que preparar la retaguardia por si fracasaba.

Alejandro Gertz propuso y se aceptó que el operativo policiaco lo encabezara la policía montada y una valla impresionante de granaderos. Como él mismo lo dijo, la razón era muy sencilla: "si les ponemos a los caballos enfrente, aunque demos la imagen de duros es lo más efectivo para persuadirlos. No es conveniente volver a poner al Agrupamiento Cisne". En efecto. El 14 de octubre el grupo de mujeres había sido apabullado por lo que no nos garantizaba efectividad en la intención de disuadir un enfrentamiento. Los policías fueron capacitados en los días previos para no aceptar ninguna provocación y para actuar acatando solamente órdenes de sus superiores. Notarios públicos y los organismos de derechos humanos certificaron en el lugar que estaban desarmados.

Los medios de comunicación constituían la otra arista muy importante. La presión ejercida por los mismos para actuar de determinada manera podía constituir un factor negativo. Por ello, en un desayuno al que fui invitada por Edilberto Huesca, presidente de la Asociación de Radiodifusores del Valle de México, les pedí a los empresarios ahí reunidos, entre los que se encontraba también Joaquín Vargas en ese momento presidente de la Cámara Nacional de la Industria de la Radio y la Televisión, que nos ayudaran permitiendo al gobierno actuar con toda responsabilidad y prudencia, informando de manera objetiva de los hechos, y apoyándonos para que sus comunicadores pidieran a los automovilistas que procuraran no circular por el Periférico a esas horas. Por nuestra parte, nos comprometimos a mantenerlos informados permanentemente del desarrollo de los acontecimientos y de nuestras decisiones. Todo estaba listo.

Unas dos horas antes de la marcha, nos reunimos en mi oficina. Javier se dirigió al lugar. Nunca nos imaginamos que los medios de comunicación, sobre todo los electrónicos, darían esa cobertura. Varias veces repitieron las escenas del violento desalojo que la policía estatal había llevado a cabo en Jalisco un día antes contra los integrantes de El Barzón. El gobierno panista ya se había manchado las manos de sangre ante la opinión pública nacional. Ahora había que transmitir en vivo y directo cómo un gobierno perredista era igualmente represor. Paradójicamente, la transmisión directa y tantas cámaras en el lugar nos ayudaron a inhibir la provocación y nos permitieron estar en contacto directo con los ciudadanos todo el tiempo. No fue nada fácil. Javier se paró frente a los 12 000 jóvenes y les propuso marchar por la lateral. Les dijo que el gobierno no accedería a que lo hicieran por los carriles centrales. No aceptaron. Me lo informó de manera inmediata pues estábamos comunicados a través de los radios y de los celulares. En mi oficina seguíamos directamente los acontecimientos en el monitor que teníamos para ello, así como por las televisoras. Mientras esto sucedía, los jóvenes decidieron avanzar encabezados por un camión blanco que tenía todas las intenciones de servir de ariete contra la policía. Me comuniqué inmediatamente con Alejandro Gertz y me informó que no me preocupara que ya tenía resuelta la manera de evitar que el camión se desplazara contra la policía montada.

En esos minutos recibí llamadas de viejos compañeros de la Facultad de Economía, de amigos y amigas de las organizaciones civiles que estaban presentes, de miembros del gobierno, pidiéndome que desistiéramos y que cediéramos a la presión. Yo sabía que eso hubiera significado un revés para el gobierno. De hecho ahí se estaba jugando la posibilidad de continuar o no al frente del mismo con autoridad moral. Era necesario demostrar que podíamos enfrentar esos retos, tomar decisiones y, al margen de costos políticos, garantizar la gobernabilidad de la ciudad. Además, aunque nadie lo decía públicamente, en el fondo también estaba la interrogante relacionada con mi condición de mujer. Javier se volvió a comunicar conmigo y me dijo "de plano no aceptan el diálogo". Le respondí: "por favor, aunque sólo quede un milímetro entre el primer caballo y el camión blanco, no te muevas. Vas a ser mártir de la patria pero no te muevas, el país nos está viendo y no vamos a ser nosotros quienes lancemos la primera piedra".

Nuestro comisionado se mantuvo firme y logró que se abriera la comunicación. En un hecho inusitado, nuestro gobierno propició un diálogo público que fue transmitido a todo el país. Lo que no habían conseguido las autoridades universitarias y el Gobierno federal, lo obtuvimos nosotros: dialogar con los huelguistas. El propio aparato de sonido instalado en el camión que encabezaba la protesta sirvió para que las dos partes expusieran sus argumentos y sus razones de cara al país y los manifestantes. Las posturas eran claras: el Gobierno del Distrito Federal no podía permitir que la marcha se realizara por los carriles centrales y atentara contra el derecho de libre tránsito de la ciudadanía. Los dirigentes estudiantiles plantearon también sus argumentos. Todo frente a las cámaras y el cordón de paz instalado por los organismos civiles. Los integrantes de la comisión de seguridad se reunieron en la descubierta de la marcha para decidir qué hacer. Diez minutos duró la deliberación. Convencidos del descrédito y la animadversión que sus acciones tendrían ante la opinión pública, así como el riesgo de un enfrentamiento con la policía capitalina, los contingentes de diferentes facultades de la UNAM, organizaciones sociales y estudiantes de otras universidades decidieron caminar y expresarse por los carriles laterales del Periférico. Desde el monitor pudimos observar que los últimos grupos se desplazaron hacia la lateral, obligando con ello a sus dirigentes a negociar. Todos habíamos ganado. El Gobierno de la ciudad había sorteado con firmeza y diálogo lo que había sido un reto extraordinariamente difícil y por lo menos en esos momentos el CGH echaba por tierra la imagen de intransigencia. Ahora el problema era para el Gobierno federal que se veía muy mal si no recibía a una comisión una vez que la marcha se acercara a Los Pinos. Cuando llegó a nuestras oficinas, el subsecretario de Gobierno fue recibido por un caluroso aplauso. Yo me sentía orgullosa de mi equipo y por supuesto también de que en la ciudad todos pudiéramos dormir tranquilos.

313

Descubrirme cantante

Eugenia León

La mayor sorpresa de mi vida ha sido descubrirme cantante. Ocurrió cuando estaba estudiando en el CCH. Yo presentía que sucedía algo distinto en mí y me preocupaba que mi familia no se diera cuenta y que pasaba el tiempo. Caí en una especie de depresión a los 17 años, por no saber adónde ir o quién ser. Cuando entré a la universidad fue para demostrarle a mi mamá que yo sí podía hacer algo con mi vida. Iba a entrar a antropología, pero sólo por no dejar. No tenía la menor idea de qué estudiar pero quería tener ese acto de valentía frente a mi mamá. Y un día a la salida de clases, algunos de los compañeros sacaron una guitarra y mi hermana y yo nos pusimos a cantar. Me volví cantante por casualidad, porque alguien dijo "oigan, qué bien cantan las hermanas, ¿por qué no hacemos un grupo?" Formamos el grupo Víctor Jara que duró como siete u ocho años y con el que nos hicimos profesionales. Allí fue donde descubrí "¡soy cantante!" Al fin había encontrado mi vocación.

Allí empezó todo y llevó a muchísimas confrontaciones, descubrimientos, tomas de conciencia. Mi mamá no quería que fuera nada, porque no creía en mí. Estaba absolutamente convencida de que a mí me faltaba un tornillo, que tenía algún retraso, que no iba a destacar como mis hermanas que eran las niñas de diez en todo. Mi mamá intentaba que sus hijos chicos emularan a las hermanas y hermanos mayores. Somos cinco y a mí me tocó ser hija *sandwich*. Un día que logré con todo mi esfuerzo sacar nueve en promedio, mi mamá vio mi tarjeta de calificaciones y dijo: "ay, tu hermana sacó dicz".

Cuando empecé a cantar descubrí que todo lo que presentía sobre mí misma era cierto; que realmente era especial, que realmente tenía un trabajo y un camino muy específico que recorrer. Antes, me desesperaba no saber nada, ser analfabeta en muchísimas cosas, no saber por dónde empezar, cómo estudiar, cómo aprender. Me sentía perdida. Siempre adolecí de hiperactividad y era insoportablemente inquieta. No atendía como los otros compañeros, y era bastante regular como alumna. Cantar fue mi salvación. Me ubicó en una sola cosa, me centró en un oficio. Descubrirme cantante fue sorprendente porque habían pasado 17 años de negación.

También me sorprenden los sentimientos y las sensaciones que produce mi voz en los demás. Para algunos ha sido una especie de consuelo y para otros una especie de exorcismo. Hay muchas personas que me han hablado de dolores profundos y de cómo mi música les ha ayudado a sobrellevarlos. Escucharme les ha ayudado a ahuyentar fantasmas. A algunos les ha servido para enterrar a un ser querido. Recientemente estuve en Acapulco y al final del concierto, una chica se subió al escenario. Me estrujó la mano con fuerza y me dijo que a mi música le debía haber renunciado al suicidio. Se sentía muy contenta, porque me había encontrado. Otra me dijo que yo era como su madre. Lo que yo siento y lo que sale de mi voz es totalmente compatible con lo que siente la gente que me escucha, y que se pregunta las mismas cosas y que tiene las mismas necesidades afectivas que yo. Gracias a mi voz tengo una familia muy grande.

Recuerdo varios momentos memorables y definitorios de mi vida como cantante. Varios, por ejemplo, en la Sala Netzahualcóyotl. El estado de concentración y de casi levitación que se produjo en algunos de esos conciertos fue memorable. Fue único. No lo podría olvidar. Fueron momentos de comunión y éxtasis. Recuerdo ocasiones maravillosas cantando a José Alfredo Jiménez, cantando cosas de Mar Adentro, cantando en la Sala Miguel Covarrubias. Recuerdo estar cantando "según tu punto de vista, yo soy la mala con un machete en la mano", con un machete en la mano y cómo tenía que terminar lanzándolo y que cayera de manera vertical clavado en el piso.

Tengo algunos malos recuerdos de mis primeros momentos, mis primeros tiempos. Era tan insegura en ese tiempo, que el pánico escénico era terrible. Hubo momentos en que llegué hasta a devolver el estómago, o quedarme varada en algún concierto con la presión hasta abajo por el susto, o caerme sobre el escenario cantando, o quedarme completamente afónica por el miedo. Ese miedo, ese pánico era como un sentido de orfandad. Revelaba que siempre tuve miedo de hacer lo que hice. De irme de mi casa, de la nada, del vacío, de no tener una mamá y un papá que me apapacharan. Siempre tuve miedo de perder el sentido del hogar, de lo seguro, del seno materno. En mi infancia hubo grandes vacíos. Hubo una ambivalencia en los afectos de mis padres, una incapacidad para disfrutarnos y entender quiénes éramos sus hijos. Me tocó ver morir a mi padre y mi madre vive todavía. Tiene 78 años y está muy orgullosa de sus hijas. Ahora ella ha reconocido que no me dio el apoyo que yo necesitaba, en el momento en que yo lo necesitaba.

Ese apoyo me lo he ido dando sola, acompañada de muchísimas personas que creyeron en mí, que por alguna razón se cruzaron en mi vida y la marcaron de manera definitoria. Yo creo que una de ellas es Jesusa Rodríguez y otra es Liliana Felipe. Tenemos 16 años de conocernos y de saber ser amigas en las distancias necesarias, en los acercamientos indispensables, en los momentos de extrema fragilidad de mi parte. Ellas me han ayudado a exorcizar los miedos en el escenario. Parte de esos terrores se fueron diluyendo cuando yo empecé a jugar a ser actriz en el teatro El Hábito. Se me fue quitando la sensación de sentirme encuerado arriba del escenario. Ese sentimiento es tremendo y aleccionador, porque tú creces junto con tu público. Ellos ven tus dolores, tus dudas, tus interrogantes. Ven cómo te quedas completamente sorprendida con lo que está pasando. Comparten contigo los momentos mágicos.

Una de las etapas más difíciles de mi carrera fue cuando murió mi papá. A la semana, la pareja de la que yo estaba enamorada me dejó. Reponerme y cantar fue muy duro. Fue terrible. Me cuesta mucho reponerme del dolor amoroso. Pase lo que pase, he tenido que cantar. He tenido que cantar llorando a pesar de tener un problema grave con una persona que ya no es mi pareja, pero con la que tengo relación, porque es el padre de mi hijo. He tenido que cantar con lágrimas, con dolor, enferma. Cantar en esas condiciones es terrible cuando tienes miedo de qué va a pasar. No sabes si tu voz va a aguantar y si vas a poder.

También es terrible cantar en un lugar donde no te quieren. Me ha tocado de todo. Me ha tocado cantar en fiestas y convenciones para las cuales te contratan de una empresa y quienes están allí realmente no son tus *fans*. Es gente que va a una convención y les dan ese *show* y hay veces en que te encuentras con una frialdad terrible. Entonces me hablo a mí misma. A veces sí me dan ganas de decir: "son unos imbéciles". Y otras me siento tan huérfana. Me pregunto, "¿por qué tengo que hacer esto? ¿Por qué tengo que estar en los lugares en donde no debo de estar? ¿Por qué es tan difícil ser artista en México?"

A veces es muy difícil. Porque hay trabajo, pero no el trabajo que quisieras. Y tengo que trabajar, sin considerar en dónde, por pura necesidad. El hambre te forma mucho, te da carácter. Carácter para llegar a tu casa a las cuatro de la mañana de un viaje en carretera después de cantar toda la noche. Carácter para levantarte a las siete porque hay que llevar a tu hijo a la escuela. Es durísimo. No me arrepiento, pero a veces sí me he preguntado, ¿y si me fuera a otro país? ¿Pero a dónde? En el fondo soy muy territorial. Me gusta mucho vivir en México. Pero confieso que ha habido momentos en que he sentido que aquí mi trabajo no tiene la receptividad que quisiera.

Uno de los retos más desconcertante para mí ha sido ser madre, porque yo no quería tener hijos. Pasaron los años y me acerqué a los 40 y yo creía que lo había vivido todo. Pero de pronto me di cuenta que me hacía falta vivir eso. Me cuestioné qué tan dispuesta estaba a aceptar un compromiso así. Y de pronto me solté y me dije: "ya, fuera mis condicionamientos y mis propias justificaciones". Reconocí que era una egoísta, que malentendía mis afectos, que no sabía ni recibir ni dar, que era medio complicada.

Una constante en mi vida ha sido la sensación de fracaso con la pareja. He tenido varias parejas con las cuales he tenido mis momentos de felicidad. Pero he tenido más momentos de soledades, más momentos cuesta arriba. Ha habido pocas ocasiones de tierno pasto en las cuales me siento apoyada y abrazada por el hombro. Creo que he tenido el síndrome de mi padre, el síndrome de "toma la maleta y vete". Muchos años de mi vida han sido de andar con la maleta. Cuando empecé a cantar y formamos el grupo, se hizo un conflicto muy grande en mi casa. La respuesta de mi padre frente a lo que nosotros le pedíamos fue pegarnos. Nos dio una paliza terrible y nos fuimos. Mi papá ya había corrido a una de mis hermanas. La negó casi como hija. Y al año siguiente seguimos nosotras, mi hermana y yo. Estuvimos un tiempo con otra hermana que vivía con un pintor. Fue tiempo de rodar, de trabajar en lo que fuera. Y toda esa experiencia creó un patrón: cuando me sentía muy maltratada, terminaba yéndome y pagando la cuenta además.

La pareja de la que estaba enamorada cuando mi padre muere, me dice que no desea tener ningún niño. Es más, la relación también termina. Pero lo del hijo ya se va volviendo cada vez más presente. Y entonces conozco al padre de Eugenio, mi hijo. Él también asume lo de tener un hijo juntos como un reto, como un "pues va". Ni siquiera nos pusimos a reflexionar si funcionábamos o no; si podíamos ser una buena pareja. Ya después vinieron los platos rotos, cuando nos dimos cuenta de que no teníamos nada qué ver uno con el otro, pero mi hijo ya se había logrado. Y se logró por algo increíble. Fue un proceso muy largo, estuve dos años embarazada porque perdí dos niños antes de Eugenio. Fue tremendo para mí. Fue durísimo. No uno, no otro. Y con Eugenio finalmente vino el parto, se hizo la cesárea y entonces vi una mano larga que apareció y fue como si hubiera conocido a los extraterrestres. Por fin había tocado la luna, algo completamente inédito. Vino de mí misma, vino de mi cuerpo, yo lo hice, yo contribuí para que fuera así.

Después vino lo difícil. Después, cárgalo. Después, dale de comer. Fíjate que se enferma y llora todo el día y toda la noche. Yo que necesitaba dormir 11 horas para cantar, de pronto se redujeron a la mitad. Y además, tenía que trabajar, porque a los tres meses de que nació Eugenio, no había dinero en casa. Tenía que trabajar para proveer la casa y criar a un hijo las 24 horas también, sin la ayuda de nadie. El padre se fue. Pero era ya una situación distinta a mis otros rompimientos. Yo ya no era una maleta que se iba; se iba el otro. Yo ya no era la que se iba con cierta culpa, con dolores, con la orfandad otra vez. No. Se iba el otro porque aquí en esta casa seguíamos trabajando, aquí había que comer todos los días, aquí se luchaba. Yo sentía una fuerza distinta, increíble.

Mi hijo Eugenio tiene mucho de artista. Yo creo que él nos va a dar algunas sorpresitas. No sé por dónde, pero tiene gusto por las artes plásticas. Y como todo niño vive fascinado por el mundo de la caballería y las espadas y los guerreros y las luchas épicas. Todo lo que tiene que ver con los animales que me dan horror —las víboras, las arañas, los insectos— también le fascina. Todos los animales que me dan horror, ésos le gustan más. Como buen hijo único es demandante en algunas cosas. Pero es un muchacho fantástico. Le tengo muchísimo respeto y adoración.

Mi hijo me cambia la vida porque no había de otra. Antes yo podía hacerme a un lado frente a las cosas. Antes podía aplicar la ley del menor esfuerzo. Antes podía recurrir a la pereza y a la cobardía para resolver problemas. Pero ante la contundencia de un bebé que igual se te cae de la cama, entiendes lo que es el sentido de responsabilidad. Aunque esté agotada por haberme dormido a las cuatro de la mañana, mi hijo necesita comer. Punto, no hay discusión. Eugenio me quitó toda clase de marrullerías. Antes si llegaba de la carretera a las cuatro, dormía todo el día. Ahora no, tengo que estar atenta.

Creo que canto de manera distinta por ser madre. Creo que sí ha sido un factor importante, aunque no el único. El camino del autoconocimiento a través del canto tiene su propio cauce, su propia corriente. Todo lo personal te da colores y en mucho eres lo que eres desde que naces. Vas a emitir y vas a cantar de cierta manera, pero los acontecimientos de tu vida pueden dar giros inesperados que afectan tu voz. He visto gente que canta muy bien, con una voz bella, pero que no expresa nada. Es como si no hubiera tenido vida. Ése no ha sido mi caso, al contrario. Si mi voz hablara de mi vida diría, "¡cómo te he soportado!"

Uno de los retos más desconcertantes para mí ha sido la parte empresarial, la necesidad de ser cantante y empresaria al mismo tiempo. Siempre he sido un poco irresponsable con el dinero. Si el espectáculo necesita una fuerte inversión —otras partituras, otra escenografía— la he hecho sin importarme las consecuencias, aunque merme completamente mis ganancias. En pos del espectáculo he gastado o malgastado. No me ha importado y creo que eso no está mal. No soy empresaria pero tengo la compulsión de inventar doscientos mil planes y proyectos y siempre estoy maquinando.

Mi gran sueño como cantante es que mi voz adquiera su madurez total, su plenitud total. Quisiera vivir, aunque sea sólo una vez, un estado de éxtasis en el canto, una revelación casi divina, un milagrito. También quisiera cantar en todos los teatros del mundo. Me emocionan muchísimo los públicos distintos en México, cómo ven tu trabajo, cómo se portan ante un concierto, cómo se acercan a ti, las cosas que te preguntan, pero también me gustaría ser descubierta por un público de otra lengua. Me gustaría volverme familiar para personas que nunca me han visto, cuyas referencias son distintas. Me gustaría entablar diálogos y compartir destinos con otros públicos.

Elijo lo que canto a golpe de oído. Como de amor a primera vista. A veces mi amor por las canciones ha sido paulatino. A veces me he enamorado de canciones que después abandono por alguna razón. A veces he encontrado canciones que me gustan muchísimo, pero que no me van y eso ha sido muy frustrante. Sería imposible hablar de una canción favorita. De repente estoy llorando con una y luego riendo con otra. A veces cuando escucho ciertas canciones siento que soy un ser privilegiado por ser tan melancólica, y de repente empiezo a oír a Alejandro Sanz a las 12 del día y me quiero tomar una cerveza y subir a un carro convertible e irme a Acapulco con unos lentes negros. Con la música, con lo que canto y con lo que escucho, me convierto en muchísimas cosas. Soy totalmente antojadiza y sentimental.

En mi disco nuevo hay una canción que se llama *Morir en paz* que aparentemente se trata de una mala pasión, pero en realidad está hablando del tránsito a la muerte, del destino, del despertar del sueño, de enfrentar el fin del camino. Es algo que tememos tanto, que nos preguntamos tantas veces, ¿cómo va a ser mi momento? Yo más que a la muerte le temo al dolor. Muchísimo. No al otro lado, aunque tenga mis apegos, mi hijo, las cosas que siento que me faltan. Frente a la muerte trato de decir: "bueno, tranquilidad". Es como cuando estás en la cola de los trámites. Es como cuando quemas karma y entonces estás buscando la forma de que tu destino sea más benévolo.

Mi karma ha sido la lucha con el afecto. Mi lucha constante ha sido saber si soy querible. Que no tengo que implorar el afecto. A veces he estado tan atenta a que me quieran, que no he sido justa conmigo, o no he sido justa con el otro, porque le pido cosas que no me puede dar. He exigido que otros me completen, que me libren de los recuerdos, que exorcicen esa idea de "siempre he sido huérfana". Y eso no es posible. No ha aparecido el hombre de mi vida, no ha aparecido el hombre que resarza todas esas ausencias, esas faltas de apoyo, esos dolores. Pero yo he ido descubriendo y reconociendo ese hueco, que cada vez está más lleno, que cada vez está más sereno. Hay momentos en que me siento tan privilegiada, tan agradecida. Allí está mi voz, oficiando su misa. Oigo la voz de Eugenia León y le tengo respeto.

© Rogelio Cuéllar

Mɪs sorpresas en ppt

Alejandra Latapí

Cuando Denise Dresser me invitó a participar en este proyecto junto con otras mujeres y me pidió diez cuartillas, me horroricé y le respondí que ya sólo sabía escribir en *power point*. Coincidimos en los perniciosos efectos de esta herramienta en el lenguaje y en los procesos mentales. Para evitar un NO, Denise me propuso que escribiera mi reflexión en *power point* (PPT).

Quiero aclarar que conocí el PPT a mi llegada a Burson-Marsteller de una manera muy poco grata: debía entregar mi primer proyecto en pocos días ¡¡¡y en PPT!!! Luego de tres años en la agencia, dominé el PPT y dejé que mi capacidad redactora se empolvara para convertirme en experta en sintetizar ideas y propuestas en frases cortas, como si fueran telegramas.

En esa misma agencia de comunicación, capacité a numerosos ejecutivos para manejar sus entrevistas en medios de comunicación y para llevar a cabo presentaciones en público. En cada sesión repetía yo que el PPT es un respaldo visual, NUNCA la presentación en sí. Ha sido difícil a lo largo de mi larga relación con el PPT convencer a mis distintos auditorios de que no hay nada más aburrido que una presentación leída de la pantalla.

Cuando acepté entregar mi participación en este formato, caí en mi propia trampa: no es posible entregar un texto que busque compartir emociones sólo enlistándolas, requieren una mínima explicación.

Utilizo entonces los recursos propios del PPT que cuenta con espacios para dar más elementos al presentador y reforzar lo escrito en las láminas. Para leer esta participación, se sugiere seguir el orden determinado por las viñetas y acudir a las notas para mayor profundización del tema.

Quiero señalar que accedí a la invitación de Denise por su risa al no aceptar una negativa por respuesta y con una audacia de mi parte que hoy me admiro.

Contentido

Estructuro esta presentación en láminas temáticas. Cada una aborda un tema o conjunto de experiencias en las que se han combinado las circunstancias que plantea el cuestionario:

- ¿Qué me ha tomado por sorpresa?
- ¿En qué momento y frente a qué circunstancia me he sentido poco preparada?
- Aquello que ha constituido un reto inusual y desconcertante para mí

En las viñetas señaladas con una bolita se plantean las circuntancias, anécdotas, experiencias; las consecuencias aparecen con una flecha y mayor margen hacia adentro. Las explicaciones, en el texto inferior de notas de apoyo.

La primera

- Un balazo. Dos. Tres… Eran las tardes grises, tristes, de septiembre del 68.

  ➤ Esas tardes definieron buena parte de mi historia. A los siete años comenzó mi rebelión.

  ➤ No entendía. Me quedé sin entender el sentido de la autoridad. De esa autoridad.

Eran esas tardes en la Ciudad de México cuando la zona aledaña a La Ciudadela permanecía prácticamente bajo estado de sitio. Fue el tiempo que definió un giro en la historia autoritaria de México.

Un ejemplo más de mi historia familiar contradictoria: estudiar en el Colegio Francés del Pedregal y vivir en el centro, en avenida Bucareli.

En el Reloj Chino se apostaban los soldados, con los rifles empuñados y la mirada fija al frente; al menor ruido comenzaban los disparos. Ni en la noche en la televisión, ni a la mañana siguiente en los periódicos se informaba de esos días de violencia y represión. Sólo a veces se hablaba de "las bolas", como en la Revolución.

Yo vivía historias fascinantes para mis compañeras de salón. Un día, por ejemplo, mis hermanos y yo tuvimos que salir con mi mamá a llorarle a un granadero que quería llevarse a mi papá. O cuando dejé de ir a la escuela porque no dejaban circular a nadie.

Fue también mi primer contacto con la censura: la directora me pidió no inventar más cuentos y dejar de asustar a mis amigas. Claro, ellas vivían en otra zona, otras historias, otra realidad. Yo, ambas: las del Pedregal y las de Bucareli.

El 68 como mi primer enfrentamiento generacional: mi abuela y yo escondíamos estudiantes en la casa y mi madre —hoy la comprendo— los mandaba a la azotea. Los vi marchando, gritando, perseguidos, ensangrentados, heridos. A los granaderos, los vi también gritar, correr, disparar. Vi a mexicanos enfrentarse, odiarse.

El 68 sí me definió. El 68 me sacó de los planes familiares, me hizo saber en buen momento que existen varios mundos en una sola ciudad, me hizo buscar siempre un segundo, tercer camino. Me hizo rechazar, desde entonces, el ejercicio del poder que no explica, que no convoca, que no respeta, el que impone y abusa.

La más entrañable

- La mirada profunda, gigante, de Lucas a los minutos de nacido, con la frente lastimada y las manitas moradas.

  ➤ La certeza de saberme su incondicional.

- Todas las horas de ausencia y las fotos en las que nunca salgo.

- La sacralizada maternidad.
- Primero, las excusas de la madre-que-trabaja-con-culpa. Trabajar fuera de la casa para no estar en ella, también como evasión. Luego, aceptarme como madre-que-trabaja por necesidad de tener un ingreso propio, un proyecto propio, un espacio propio, citando a Virginia, "una habitación propia". Y las fotos. Al principio, por ser la fotógrafa, después por no estar.

  A fin de cuentas, años de inconsciencia que he buscado compensar tras reconocer la trampa que hay cuando nos contamos que más vale calidad que cantidad. Y es que entendí que para que realmente haya calidad, se necesita cantidad: de tiempo, de paciencia, de observación, de presencia, de concentración; cantidad enorme de orden y organización para construirme los espacios en los que pueda sólo estar ahí y no en varios escenarios a la vez.

Del corazón y el amor

- … el primer chispazo de interés.
- Cruzar el puente Solidaridad a 250 km por hora con *Estopa* de fondo.
- Hoy y cada día que pasa y que sigue con lo que siga…

  ➤ Despertar y pellizcarme para recordar que lo que pasa no es un sueño, sino lo que soñé que pasara.

Una de las mayores sorpresas y, sin duda, el mayor reto de mi vida.

La relación que llega de repente, sin planearse, aunque tantas veces en fantasías imaginadas con estos actores en particular.

Y sí, ni modo, las expectativas, los deseos, las ganas de perfección y de seguridades y certezas que vienen en el mismo paquete y que van atentando cada día contra el desapego y la ligereza del principio.

De los afectos

• La familia, con todo y mi nostalgia y el mito construido cada día.

• Los que nos quedamos y nos hemos reproducido según manda la ley natural.

• Desde siempre, mis amigas, mis cómplices, las primeras en saberlo.

• Por supuesto, también ellos. Y en muchos momentos…

• Éramos cinco en un muégano. La madre, la que aglutina y, en su ausencia, la dispersión. Y yo, todavía extraño las comidas familiares en domingos que nunca hubo para primos y nietos. Me hubiera gustado que Lucas tuviera hermanos, que viviera la familia, que se sienta menos solo.

• A falta de familia grande, mi hermano, mi cuñada, mi sobrino, son el refugio confiable y desinteresado que aportan los lazos afectivos obligados.

• Como única mujer y la mayor de tres hermanos, me quedé con las ganas de una hermana.

Una queja recurrente de mi madre fue la preponderancia concedida siempre a las amigas: por encima de las obligaciones, de los parientes, ¡de los mismos novios!

Mis amigas son siempre uno de mis mayores orgullos, mis asideros emocionales, los refuerzos de mi identidad, las depositarias de secretos, temores, flaquezas, ilusiones, éxitos…

• Y cómo dejarlos fuera. Los hombres, como amigos, como galanes, como admiradores. Los que alimentan la vanidad, los que me ayudan a ordenar prioridades, los que entienden los instructivos, ven la realidad menos complicada, solidarios, afectuosos, confiables.

De los sueños

- Caminar sobre Reforma abrazada por Jeremy Irons.

  ➤ Me reí sola durante una semana entera.

- Que "soylamujerde…" tejiera alfombras de *miquimaus* con tiritas de plástico para su casa llena de porcelanitas.

  ➤ ¿Exorcizando los complejos o sublimando la rabia?

- Su interminable regreso para reinstaurar sus dominios: que no estaba muerta, andaba de-cepcionada.

Sin duda, una fuente permanente de sorpresas, mensajes y revelaciones son mis sueños. Señalo estos tres con especial afecto y por las huellas que dejaron.

- El primero es un clásico. ¡Mira que soñar que tu actor favorito te abrace es una suerte envidiable! Recuerdo haber permanecido como una semana con una sonrisa divertida y traviesa y, todavía hoy, me emociona el beso que me dio de despedida frente a su hotel.

- Una vez sufrí profundamente por los comentarios impertinentes de una elegante y sofisticada señora a quien a los pocos días escuché presentarse como "soy la mujer de…" Como heredera de las conquistas de varias generaciones de mujeres que lucharon por otras mujeres, me pareció incomprensible e, incluso, indignante, que en el tercer milenio todavía haya quien se defina a sí misma por su relación con otra persona. Sin embargo, sus palabras me seguían lastimando en esa zona de inseguridad descubierta no hace mucho tiempo. Soñarla así me permitió remontar algunos complejos y mis sentimientos heridos y saber que ya puedo burlarme del prototipo de mujer que nunca seré, pero porque yo he decidido no querer serlo.

- Un sueño recurrente a lo largo de más de diez años ha sido el regreso de mi mamá a mi propia casa, a la que tengo ahora.

Tras una muerte traumática y luego la distancia paterna, superar la desintegración del muégano no fue fácil. En el sueño, ella regresa porque ha decidido darnos a la familia otra oportunidad. A lo largo del sueño voy descubriendo las distintas maneras en que deja asentada su autoridad y mina la mía, dando órdenes desde cómo guardar la vajilla, fija horarios y permisos, escoge el super y lo que comeremos, etc. Mi rechazo e impotencia van creciendo conforme voy descubriendo que soy yo la que paga las cuentas, pero no la que puede decidir. Pasaron muchos años antes de que soñara que la ponía en su lugar: "si te quieres quedar, será bajo mis propias reglas porque esta casa la mantengo yo". Este sueño no sólo tiene que ver con esa familia que tuve, sino también con la que quise construir. Tiene que ver con superar el divorcio y con decidir ser yo la que escriba mi propia historia.

Lo que siempre agradezco
(sin que me hayan preguntado)

- Los avances de la ciencia.

  ➤ Saber que no soy yo la que tiene "desequilibrios". Son combinaciones de genética y bioquímica, o la segunda adolescencia. En fin… las hormonas.

- La posibilidad de avanzar y/o retroceder.

  ➤ Saber que puedo pasar de ser mi *fan* número uno a mi peor enemiga.

  ➤ Y viceversa, afortunadamente.

- Borrar "la culpa" de mi diccionario personal.

- Hasta hace algunos años me entristecía no haber nacido diez años antes y haber podido ser parte de la onda *hippie*. Creía que me hubiera encantado tanto amor y paz compartidos. Ahora encuentro que me gusta mucho más haber nacido en 1960 y que los descubrimientos sobre el mapa genético y el peso específico en el comportamiento de las sustancias bioquímicas, hormonales, etc. me hayan alcanzado a esta edad, para explicar-me y sobrellevarme mejor en esta etapa de mi vida que algunos especialistas califican como segunda adolescencia.

  Es una liberación maravillosa ya no estar angustiándome —además— por tratar de entender qué gesto de mi madre, anécdota de la historia de mi padre, o fijación sexual en alguna etapa de la primera infancia me provocan a veces ansiedad, desconfianza, inseguridad…

  El problema será la actualización en ciencias naturales y exactas que tendrán que darse los que se dedican a atender desatinos de la conducta.

- El largo proceso para aceptar y asumir la responsabilidad de lo que me toca, me sirvió también para eliminar este heredado e impuesto concepto rector que recibí ¡¡¡desde el bautismo!!! ¡Otra gran liberación!

Desde el dolor y el temor

- La muerte, por supuesto, primero que nada.

- La traición: las pasadas y las que vengan, con el mismo azoro.

- Mis nuevas manifestaciones de inseguridad, mis propios monstruos ingobernables (cuando las explicaciones científicas son insuficientes).

Una larga lista de temores que podría llevarme varios renglones, pero dejo básicamente lo que se refiere a mis reacciones y a la posibilidad de no poder enfrentar sensatamente la realidad, la vida, lo inusual y desconcertante que tanto interés ha generado en Denise Dresser como para convocarnos a tantas para que escribamos desde ahí.

CAJA DE PANDORA

María Rojo

Para escribir este texto, he tenido que abrir dentro de mí una verdadera Caja de Pandora. Porque nada hay más difícil y, a veces más doloroso, que cambiarnos de casa, escribir un currículum o intentar revisar nuestra vida. Parece increíble, pero a la fecha no tengo un currículum. Cuando he intentado escribir uno, en lugar de concretarme a lo profesional me vuelvo nostálgica y empiezo a llorar, recuerdo a los que se han ido, a mis amores, tantas cosas perdidas. Es un poco como cuando te cambias de casa y, entre otras cosas, empiezas por sacar la cajita donde encuentras la carta de tu mamá junto con la pipa de Juan, y entonces mejor dejas en paz esa caja y vas a abrir aquella otra de donde sale la florecita de *Danzón*, y entonces te acuerdas de un mulato, extrañas Veracruz, piensas que últimamente no has podido ir por allá ni siquiera un fin de semana, y mejor guardas la flor de *Danzón*, y te propones empezar a empacar por otro lado. Y la cosa se pone peor para mí, mucho más difícil, si lo intento en un tono festivo. Porque mi vida no ha sido del todo festiva aunque haya "triunfado" en algunos aspectos, es decir, aunque haya gente que crea que he triunfado en algunos aspectos.

Para comenzar, tengo que confesar que todo, absolutamente todo lo que he hecho, todo lo que soy, me ha tomado por sorpresa. Es una sorpresa para mí haber logrado consolidar una carrera como actriz, cuando de niña todo me hacía suponer que no iría más allá de vender jugos en la calle. Es una sorpresa que me hayan dado algunos reconocimientos. Es una sorpresa que me hayan querido mis maridos, con tantas inseguridades y distracciones como he tenido. Es una sorpresa que en la política haya podido hacer dos o tres cosas de las que me siento orgullosa. Es una sorpresa que me tomen en cuenta. Es una sorpresa que me pidan que escriba sobre mí junto a estas señoras a las que respeto y admiro tanto.

Cuando pienso en los hechos cruciales de mi vida, rescato fundamentalmente dos que, valga decirlo, inauguraron para mí la fiesta del teatro y la fiesta del amor.

El primero es, por supuesto, el descubrimiento del teatro. Cuando cursaba el tercer año de primaria en la escuela pública Manuel López Cotilla, la maestra Bertha Prado me pidió hacer el papel de paje en la fiesta de coronación de la Reina de la Primavera. Yo era una alumna muy desigual, aunque era buena en dibujo, para escribir poemas, para actuar y para bailar. Pero en lo académico era un fracaso, pasaba de panzazo porque no ponía atención, además de la dislexia que siempre he padecido (que, por supuesto, no se corregía en aquel entonces y que, creo, ya es tarde para intentar corregirla ahora): "alrevesada", me decían. Eso sí, el 10 de mayo era el único día del año en que yo era la estrella. Era una niña tímida y no me tomaban mucho en cuenta ni en mi casa ni en la escuela: que si tenía la boca muy grande, que si era muy flaca, que mi hermana era más inteligente. El caso es que no era nadie en la escuela hasta que se me conoció como el paje de la coronación que cantaba "Pasa la reina...". Claro que mi frustración real fue no haber sido nunca la Reina de la Primavera, sino sólo su paje. La maestra Bertha que trabajaba por aquel entonces también en el Teatro Fantástico, me llevó a ver *El portal de Belén*, de Enrique Alonso, en la que él mismo protagonizaba al Diablo. Cómo imaginar que unos meses más tarde, apenas a los siete años de edad, estaría con ellos actuando en una obra de teatro profesional en el Teatro del Caballito. La primera obra en la que participé fue *Pinocho y Pipa contra el lobo Tragalotodo*, donde la Caperucita, la estrella, era una niña mucho mayor que yo, como de 14 años. Yo era la "Niña 2" y decía un pequeño parlamento, apenas unas cuantas líneas, que hasta la fecha todavía recuerdo: *El lobo Tragalotodo, duque de los Dientes Largos, se ha encerrado en el castillo del bosque y no lo dejan a uno ni jugar en paz.* Un día sucedió que no llegaba la niña que representaba a la Caperucita. La situación tras bambalinas era verdaderamente dramática por esa mística de los actores de que es materialmente imposible cancelar una función y sólo con el acta de defunción por delante se puede uno ausentar. Por eso, cuando estaban a punto de avisar que no se iba a levantar el telón, y seguramente enternecida por el grado de desconsuelo de Enrique Alonso, con toda timidez me acerqué y le pedí que me permitiera actuar porque yo me sabía el papel de la Caperucita. Al fin, no muy convencido, me consiguió un abriguito rojo de una niña del público porque ni la capa de Caperucita me quedaba. Yo, que me sabía el parlamento perfectamente —el cual, por cierto, tampoco era mucho más largo que el mío propio y apenas decía frente a la abuelita del cuento: *de leche una botellita, un tarrito de crema fresquita y de miel una tortita*—, hice muy bien el personaje, hasta lloré y grité asustada cuando el lobo me iba a comer… porque en verdad me asusté. Cuando se cerró el telón, Enrique Alonso me abrazó y dijo:

—Hoy nació una actriz. Yo no le quito el papel a nadie pero te prometo que voy a hacer una obra para ti.

Ahí empecé a creerme actriz, lo que es casi un apostolado, y tan me lo creí y lo asumí, que sigo llegando puntual a todas partes aun si me propongo lo contrario, pues sé que el telón se levanta a la hora anunciada; que a papel sabido, no hay mal cómico; que sólo muerto se falta a una función, y eso si no hay otro remedio; que no hay papel pequeño, sino actores pequeños. Como decía Dolores del Río, antes de la tercera llamada me siguen temblando las piernas.

Ése sí fue el descubrimiento de mi vida. Saber que había algo más que la grisura de la clase media en la que yo vivía. Porque creo que la situación de la clase media en México es triste, en ocasiones peor que la del proletariado; la clase media puede ser mezquina, mediocre. No son pobres pobres y, sin embargo, sus pretensiones siempre están más allá de sus posibilidades. Ésa era la grisura que se vivía en mi casa, aunada a la tristeza de mi hermana mayor enferma de poliomielitis, las cortinas de cretona, una madre a la que la había dejado el marido, el rechazo de mi padre porque dizque nací antes de tiempo…, en fin, tan triste que mi canción favorita era *La muñeca fea*.

Mi abuela, en cambio, era lo más positivo de la familia para mí porque decía que yo bailaba bien, que tenía la gracia de Rosita Fornés, me vestía de Lucha Reyes y me cantaba *Borrachita de tequila, El soldado de levita* y todas esas canciones. Mi abuela, y el cariño que me tenía, eran la parte bonita de mi vida: ella, mi abuela, fue mi primera espectadora, la única *fan* que tuve en la familia. Mi mamá, por el contrario, pertenecía a esa vieja izquierda mexicana para la que todo lo bonito, lo lujoso, lo frívolo, lo creativo, era malo. Si a mí me gustaba el perfume "Ramillete de novia" —que, por cierto, usaba la mamá de Angélica María, que me parecía guapísima— o pintarme las uñas, a mi mamá le resultaba horrible. Se escandalizó cuando le dije que quería ser rumbera del cine nacional. Pedro Infante le parecía vulgar, pero le gustaba Jorge Negrete dizque porque tenía educada la voz; a mí en cambio me encantaba Pedro Infante, lo mismo que Lola Flores y su *Pena, penita, pena*, o las radionovelas. En mi casa no podías decir una grosería o reírte fuerte. Por eso a escondidas vi *Rebelde sin causa*, tomaba Coca Cola (las aguas negras del imperialismo, claro) y bailaba *rock and roll* también a escondidas. A mi madre sólo le faltaba la mascada para parecer *matrushka* rusa. Walt Disney, le parecía fascista, nos leía el periódico antes de la comida, casi como si cumpliéramos el ritual de persignarnos y dar gracias antes de los alimentos, y nos contaba cómo habían matado a tantos niños en Hiroshima. En el comedor teníamos colgado el retrato firmado de María Tereza Montoya, que yo nunca supe si era mi madrina, una tía, o quién. Porque a pesar de todo, para mi madre el teatro era primordial. Ir al teatro era un acontecimiento. Todos los años, sin falta, íbamos a ver *Don Juan Tenorio*. En mi casa podía no haber dinero para lujos, pero había para el cine, para el teatro, para ir a la sinfónica. En realidad, a esa estricta educación también le debo una férrea disciplina que a veces hasta me sorprende, pero que me ha permitido hacer lo que he hecho, y una moral que me ha protegido en un medio donde las tentaciones están a la orden del día.

Entonces a mí, la distraída, a la que todo se le olvidaba, la que tenía la boca tan grande que cuando hablaba casi se iba a morder las orejas como decía mi mamá, a mí me habían propuesto un papel en el teatro profesional. Yo sabía que servía para algo y finalmente lo descubría. Además, al poco tiempo, Enrique Alonso le habló a mi mamá para invitarme a trabajar en el programa de Teatro Fantástico que iban a transmitir en vivo por televisión, en lo que sería el primero de una serie que duró cerca de 18 años. Me proponían el papel de Chiquirritica, la dueña del muñeco Cachirulo. Por supuesto, mi mamá le dijo que no, que si yo no me podía memorizar ni la tabla del dos, ella no se iba a responsabilizar de que me aprendiera el papel. Si cuando me pedía sus chanclas, al ir por ellas ya se me había olvidado qué es lo que me había pedido. Yo le hacía señas, estaba desesperada, la tabla del dos no pero el cuento de Chiquirritica sí que me lo podía aprender, gritaba yo. (Por cierto, a la fecha, la tabla del dos ya me la sé, la del siete me cuesta trabajo y la del nueve ni la intento.) Así, desde muy niña, me hice sumamente responsable. Tanto que, aunque estudiábamos toda la semana y ensayábamos el sábado para aparecer en vivo —y sin apuntador— el domingo, me tranquilizaba para salir al aire diciéndome que al fin, si yo hacía el ridículo o se me olvidaba el papel, pues me suicidaba y ya, total, para que el lunes no me viera nadie. Todavía recuerdo las "mariposas en el estómago" y cómo me sudaban las manos cuando se oían los primeros acordes de la rúbrica que anunciaba el principio del programa. Nadie en mi casa podía creer que las palabras que yo decía mal en la vida real, por causa de la dislexia, no las equivocara a la hora de actuar. Cuando mi mamá me veía en *La mala semilla*, la obra de teatro que hice después, gracias a la recomendación de Enrique Alonso, pedía que la pellizcaran, no podía creer que su hija, la que no tenía mayor chiste, a la que se le olvidaba todo, la tímida, fuera capaz de llevar el papel protagónico en la obra. Cuando mi mamá y mi abuela leían lo que Armando de Maria y Campos, Basurto y otros habían escrito sobre mí, casi lloraban de la emoción. Qué extraño, decían, que una niña por la que no daban un quinto, que solita hizo las cosas, fuera esa actriz. La sorpresa de mi mamá y mi abuela era mayúscula.

El descubrimiento del teatro me hizo dejar de ser invisible en la escuela y en una casa con la enfermedad de Carmela, mi hermana mayor, y los problemas de mi mamá, quien seguía metida en los movimientos magisteriales de Othón Salazar, el Partido Comunista, en cosas por las que yo, la verdad, no tenía el menor interés en ese momento. Conservo una foto de ella, muy orgullosa, con Lázaro Cárdenas. Por eso me resulta otra sorpresa estar ahora metida en política. Yo entré al PRD cuando ya había muerto mi madre. A lo mejor si no hubiera muerto ella, no habría sido sensible a la invitación de participar en política, aunque, claro está, estoy segura de que nunca hubiera pertenecido a un partido que no fuera de izquierda, cosa que, por lo demás, ya me habían ofrecido en otro momento. Si mi mamá viviera, la más asombrada de que yo estuviera metida en política sería ella. A veces pienso que esta parte de mi vida, se la debo a Aguedita, mi madre. Cuando me empecé a involucrar, me di cuenta de que la política —sobre todo la política— también requería creatividad e imaginación. Ésta es la parte bonita de la política, porque lo demás es espantoso. Al principio en la Cámara de Diputados me sentía como si sólo estuviera interpretando el papel de diputada, me vestía como diputada, actuaba como diputada.

El teatro, entonces, me cambió la vida: ahora, como actriz, se me veía, se me consideraba, era reconocida y me sentía querida. Ya ganaba dinero y ayudaba de manera importante en mi casa. Se puso el teléfono, nos fuimos a Acapulco, me compraron una bicicleta, pintamos la casa. Creo que a veces, de niña, ganaba más que mi mamá. La actuación me sirvió hasta para enamorar. El primer galán que tuve se fijó en mí porque yo era la niña del cuento. Estaba tan segura de ser fea que creía que sólo siendo actriz se podían fijar en mí. A lo mejor, efectivamente, si no hubiera sido por la actuación, ni siquiera me hubieran amado como me han amado. Pero junto con las comodidades vino la responsabilidad. Por la actuación he sido capaz de hacer lo que no me permito en la vida real: montar a caballo, subir alturas cuando padezco vértigo, lo que sea. Mi vida se ha basado en la actuación. No sólo porque es lo que me da de comer y gracias a ello saqué adelante a mi hijo, sino que aportó seguridad, sentido e intensidad a mi vida, además de los reconocimientos, los que ni siquiera he estado tan segura de merecer.

A propósito, el tema de los reconocimientos es uno de los más espinosos para mí. A veces creo que soy una saboteadora de mi trabajo profesional. Cuando fuimos al Festival de Huesca con *La tarea*, el día de la premiación, muy segura de que no ganaríamos nada, me fui a buscar unas almendras garapiñadas que le gustan a mi hijo. Al regresar me encontré a todo el equipo, con caras largas, a la entrada del hotel.

—No ganamos nada, ¿verdad? —les pregunté.

—El premio a la Mejor Actriz, pero no estaba ella para recibirlo— contestaron furiosos.

Jaime Humberto Hermosillo estaba francamente enojado.

Del Festival de Cartagena de Indias, a donde fuimos con *María de mi corazón*, me volví un día antes de la premiación, y al entrar en mi casa me enteré por la noticias de la televisión que me había ganado el premio a la Mejor Actriz. Supongo que me da miedo el éxito. De hecho no creo en el éxito, mucho menos en el de las mujeres. La mujer pierde hasta cuando gana. Es como una carrera en la que las mujeres siempre vamos a perder, sobre todo si "triunfamos". En nuestra sociedad todo hace suponer que algún día va a llegar un acreedor a recordarte que hay que pagar los reconocimientos que tuviste —repito, sobre todo si eres mujer—, los triunfos, los personajes que interpretaste, los hombres que amaste y que te amaron, todo lo bueno. Por eso, con resquemor he ido a recoger mis arieles, con resquemor recibí el premio a la Mejor Actriz del Año, etc. Es como si siempre estuviera temiendo que la vida algún día me cobre lo mucho que me ha dado.

Haciendo psicología barata, porque nunca me he psicoanalizado, pienso que a lo mejor estos miedos son producto de mi salud y vitalidad frente al sufrimiento de mi hermana, que enfermó de poliomielitis cuando yo tenía apenas dos años y medio. Recuerdo que, cuando se manifestaron los primeros síntomas de parálisis en sus piernas, mi mamá, sollozando, me sacó de la cuna para llevarme de la casa y alejarme de un posible contagio. Permanecí en casa de mi tía Coyo cerca de un año. Hasta que un buen día me vistieron de terciopelo, me lavaron los codos, me emperifollaron y me peinaron muy bien porque mi papá iba a venir por mí para llevarme a ver a mi hermana Carmela al hospital. Claro que no alcancé a verla: desde el piso de abajo, con el sol en los ojos, mi papá me señalaba la terraza donde se asomaba Carmela que me gritaba: "María de la pata fría, caliéntame la mía que la tengo muy fría". De esta escena me vine a acordar a los 14 años cuando tuve que ir de nuevo a ese mismo hospital a llevar al hijo ciego de la sirvienta. De nuevo volteé la cabeza hacia la terraza y un golpe de sol me impactó como en aquella primera ocasión. Súbitamente perdí el conocimiento y al despertar recordé la escena de más de diez años atrás. Algo diría Freud de esto, porque seguramente en ese momento reviví la frustración de aquel entonces, cuando no logré ver a mi hermana, y sólo vislumbré a una extraña niña pelona que me cantaba aquello de "María de la pata fría...", mientras yo me aferraba a la mano de un padre que me rechazaba.

Mi vida se ha ido haciendo de sorpresa en sorpresa y gracias a unas ganas enormes, y a veces incomprensibles, de enfrentar aun aquello que me asusta. No quiero arrepentirme después de lo que pudo haber sido y no fue, como dice el bolero de Consuelito Velázquez, que de alguna manera ha sido el *leitmotiv* de mi vida.

Nunca fui una niña normal. Mi familia tampoco era común y corriente; de hecho yo sentía que había que esconderla. Cuando vi las series como *La familia Monster* o *Los locos Adams*, sentía que así debía verse mi propia familia. Por contraste, lo que sí hice fue tomarme muy en serio y con mucha responsabilidad la actuación, pues sabía que era mi tablita de salvación, que de no ser por ella de veras iba a acabar vendiendo jugos en un puesto ambulante.

A pesar de que no estudié formalmente actuación, tenía mi propia técnica que siempre me ha sido útil. Nunca, jamás, me he sentido suficientemente preparada para hacer lo que he hecho, ni en el teatro ni en la política, pero siempre he intentado creer —y creerme— profundamente lo que hago. Soy actriz sin haber tomado una sola clase de actuación y soy diputada sin estar licenciada en nada. De chica, cuando empecé a actuar, me subía yo sola a la azotea a estudiar los papeles y repetía los parlamentos hasta que me los creía a pie juntillas. Mi técnica es la sinceridad. Si tengo que llorar, lloro; de ninguna manera finjo un sollozo, porque me da pena a mí misma hacer el ridículo y actuar lo que no creo. A veces, me dicen:

—María, no tienes que llorar de nuevo. Si quieres te ponemos gotas.

Pero a mí me da una vergüenza horrible mentir. No entiendo actuar como mentir, y lo digo como deficiencia de una técnica, no como mérito. Cuando la película vale la pena, hacerla y estar enamorada es casi lo mismo, sientes las mismas cosas. Uno se enamora de su película y de su personaje. En *María de mi corazón*, efectivamente me sentí enloquecer por lo que estaba viviendo en ese momento, en *Danzón* de veras me enamoré. Por eso, cuando terminó la filmación de esta última, bailé mi danzón más triste, se acabaron el embrujo y el encantamiento, dejé de ser una invención, un soneto de Villaurrutia, un personaje de película —pero de mi propia y personal película—, una mujer vestida de rojo, caminando por los muelles del puerto, pero que no era yo, y me encerré en mi coche a llorar por mi mulato amado.

Y, sin falsa modestia lo digo, no es que me ufane de mi falta de técnica, de mi necesidad de creerme los papeles. Porque estoy segura de que habría sido mejor actriz si hubiera apoyado mis cualidades innatas con una buena técnica actoral. Yo no he tomado clases formales de teatro. Cómo iba a hacerlo si siempre tuve que vivir de la actuación, no tuve tiempo de estudiar. Eso sí, nunca, por dinero, acepté un papel que no quisiera (por eso, mi aprendizaje se lo debo a los grandes directores con los que he trabajado: Salvador Novo, Fernando Soler, Jaime Humberto Hermosillo, Manuel Montoro, Arturo Ripstein, Luis Alcoriza, Alejandro Pelayo, María Novaro, Ignacio Retes, Paul Leduc, Felipe Cazals, Rafael Banquells, Jorge Fons, entre otros). No me defiendo más que viviendo de verdad las cosas. Pero eso tiene su costo: las emociones se desgastan y en ocasiones casi me salgo de la realidad. Por eso no soy pareja, constante en el teatro, por eso prefiero hacer cine donde puedo dar una buena actuación, vivirla intensamente, y ahí queda para siempre, aunque no vuelva a ver la película.

Mi vida ha valido la pena por lo que me ha dado mi trabajo. De hecho mi vida ha quedado mezclada con la ficción. Cuando has trabajado con la actuación desde niña, como yo, difícilmente puedes separar la ficción de lo cotidiano. Para referirme al año en que me separé de un compañero, se murió mi marido, o nació mi hijo, tengo que recordar la película que estaba filmando en ese momento. No he aprendido a vivir de otra manera. Me temo, por lo visto, que he vivido a ritmo de "bolero" y de "cine nacional". Por eso, cuando subía a la azotea y repetía y repetía el parlamento hasta creérmelo, no me importaba si el director pensaba que era verosímil o no, yo misma tenía que creerlo. "No bajas hasta que lo creas", me decía a mí misma. Después supe de Stanislawsky y su técnica.

Por la actuación logré todo, tener un lugar en mi familia, que me quisiera la gente. Hasta logré que el príncipe de Blanca Nieves me hiciera caso siendo yo el enano del cuento… y el enano chico, por cierto. Así llegó Juan de Dios a mi vida.

Ése es el segundo hecho importante que me transformó, que inauguró la fiesta de vivir. Conocer a Juan fue importante, no nada más porque fue mi primer enamoramiento y por haber tenido un hijo de él, sino porque con él aprendí a gozar la vida y a verla de una manera diferente.

Yo vivía desde los 17 años con un joven a quien había conocido en la prepa 4 y a quien le dije que me casaba con él si me compraba una casa en Satélite que, para mí, entonces, era como el país de la ilusión al que llegaba Dorotea siguiendo el camino amarillo: "Mira, mira, Ciudad Satélite a la vista", decía el anuncio promocional que a todos encantó. Y no porque me interesara el dinero ni la casa en sí, sino porque yo quería una familia, un hogar, una casa con macetas, un antecomedor —símbolo de estatus— donde tomar el jugo de naranja por las mañanas: ésa era para mí la imagen de la felicidad. No conocía lo que era eso. En mi casa todo era un desastre: la hermana enferma, mi mamá que nunca tenía dinero y lloraba cuando le cobraban la renta o compraba nuestros vestidos en abonos; tomábamos café con leche, pero la leche poquita porque era muy cara, y huevos una vez a la semana porque también eran caros. Cuando cumplí 15 años mi mamá me regaló *Platero y yo* que, con todo el respeto que me merece Juan Ramón Jiménez, me parecía cursi y aburrido o *Así se templó el acero*, donde a aquel pobre hombre se le congelaban los brazos en el invierno de Leningrado. Cuando yo, en cambio, quería leer *María* de Jorge Isaacs. Encima de mi cama había una fotografía de un periódico donde se veían niños muertos por la bomba de Hiroshima. Era la mística de una izquierda mexicana horrorosa que a mí me hizo alejarme de mi casa a los 17 años.

Pero un día llegó Juan a hacer de príncipe azul al Teatro Fantástico. Era un joven guapísimo que, supuse, nunca se iba a fijar en mí. Yo estaba haciendo Blanca Nieves, en el papel de enano como decía, y la protagonista era la bonita del cuento. Un día me llevó a mi casa y en el camino me preguntó por qué estaba casada con un tipo como ése.

—Porque si no es él, quién se iba a casar conmigo— le respondí.

Y Juan, seco, me contestó que él se casaría conmigo. Le dije que me casaba si él se atrevía a decírselo a mi marido, porque a mí me daba pena. Y lo hizo. Así de simple fue el diálogo entre nosotros. Yo estaba leyendo *El ángel sin cabeza* de Vicki Baum, en la que el protagonista es un criollo divino del que todas se enamoran. Al fin, yo también tenía mi criollo, al que lo único que le faltaba era platearse las pestañas y el pelo, algo así como mis zapatos rojos con diamantina que usaba para interpretar a Dorotea.

Juan era el hombre más guapo que yo había visto. Además, vivía en otra dimensión, era un trasgresor de todo lo establecido. Me decía que me quitara mis lentecitos y el abrigo de mi tía Julietita y me dejara de peinar con un chonguito ridículo. Me repetía que no tenía que sentirme fea por tener una boca grande y que dejara de tapármela cuando me reía.

—¿Tú crees que yo iba a andar con una vieja fea?— me decía.

Un día hasta me tiró a la basura unos zapatos que le parecían anticuados y se fue a robar unos divinos, franceses, marca Jourdan, de El Palacio de Hierro. Estaba absolutamente loco, pero también le ponía un encanto maravilloso a la vida, un encanto como yo no había encontrado nunca. Era simpatiquísimo, se le hacía un hoyito en la mejilla, tenía la barba partida y sus cejas cerradas a lo Frida Kahlo.

—Mamita—, me decía Juan—, hay que vivir todos los días de *weekend*.

Por aquel entonces, nos fuimos de gira con *Mujercitas* y pasamos por Xalapa. Juan me dijo que ya bastaba de que yo fuera la niña del cuento, que tenía que estudiar y hacer teatro en serio. A mí, en cambio, me seguía interesando tener varios hijos con las pestañas de Juan y una casa con muchas macetas. Mi idea de la felicidad seguía siendo la casa llena de niños y macetas.

—Y para qué quieres eso que puede tener cualquier hija de vecino— decía Juan, —si tú puedes ser una de las mejores actrices de este país.

Mientras conseguíamos algo en Xalapa, empecé a aceptar cualquier papel para sobrevivir. Hacía *sketches*, comerciales, la chica *a go-go* que baila dentro de una jaula, cualquier cosa. Pero con Juan el dinero se gastaba así como entraba. Yo le decía que la vida tenía que ser tomar café con leche y pan aunque fuera, como yo lo tomaba en mi casa. No que un día desayunáramos como ricos y tres días no tuviéramos para comer.

Finalmente, nos llamaron, de Xalapa, Manuel Montoro y Billy Barclay para hacer *Marianita Pineda*, donde necesitaban a un hombre guapo para hacer el papel de Pedro Sotomayor, que por supuesto interpretó Juan, y yo hice, gracias a Ana Ofelia Murguía, la amiga de Marianita. Con ellos, en la Universidad Veracruzana, aprendí disciplina y lo que sé de técnica teatral y de análisis de personajes, y empecé a ver cine de arte. Después de trabajar cerca de cuatro años por allá, decidimos volver al Distrito Federal donde nació nuestro hijo y yo empecé a tener cierto prestigio como actriz.

Juan me despega, materialmente, de la vida. Me dio seguridad, me dio cariño. Cuando se iba a trabajar —es decir, las pocas veces que trabajaba— me tiraba encima, sobre la cama, la chamarra borrega que había sido de su papá, y me decía:

—Quédate dormida, mamita, descansa hasta que quieras.

Para mí ésa sigue siendo la máxima prueba de cariño. Nunca más me lo ha vuelto a decir un hombre. Era muy bueno. Por eso no pudo durar mucho, por eso no pudo ser real, por eso vivía en otra dimensión, por eso no se podía convivir con él, por eso todo mundo lo engañó. Él no era como mi mamá con eso de que apaga la luz porque la gastas, no desperdicies el combustible en bañarte diario, no comas un huevo de más. Con Juan, enfundado en su gabardina de Humphrey Bogart y su inseparable caracol, todo era en grande. Su familia había sido dueña de la hacienda pulquera de Chimalpa, en Apan, Hidalgo. Pero cuando lo conocí, él ya no era dueño más que de una locura descomunal.

Con él compartí una de las experiencias más fuertes de mi vida, la tarde del 2 de octubre de 1968, en la Plaza de las Tres Culturas. Estábamos en la segunda fila del mítin cuando comenzó la balacera y corrimos a refugiarnos en el cubo de la escalera del Edificio Chihuahua. Con su ingenuidad característica —como cuando me hizo que lo acompañara a esperar la llegada de los marcianos en una banca del Parque de los Berros en Jalapa—, Juan me decía:

—No te preocupes, mamita, son balas de salva.

Pero de ahí lo sacaron y lo subieron al tercer piso, golpeándolo escalón por escalón porque lo confundieron con uno de los líderes, dizque nomás porque usaba barba. Lo llevaron al Campo Militar Número 1 de donde lo fuimos a sacar todo golpeado, lleno de cicatrices.

Finalmente así ha sido todo en mi vida. Pero, en defensa propia quiero dejar asentado que todo cuanto he hecho lo hice con convicción y sinceridad, como cuando de niña me subía a la azotea a aprenderme un papel hasta creerlo. Nada intento sin haberlo creído primero. Cuando me metí en política, sinceramente creí que con ello iba a servir y ayudar a los demás, a mi gremio, al cine, a mi gente. No es que me haya faltado sinceridad. Pero, ahora, después de nueve años en la política, me parece que hasta es ingenuo pensar que de verdad desde aquí puedes hacer todo lo que quisieras por los demás. Sin embargo, ese escepticismo no me impide querer seguir dando la lucha día a día, mañana a mañana, en ésta o en cualquier otra trinchera.

Quiero concluir con una imagen que es fundamental para mí y que resume lo que necesito hoy más íntimamente. Lo que me haría falta ahora para enfrentar la vida diaria es la chamarra borrega de Juan sobre mi cama, ese cariño incondicional, a toda prueba, con el que alguien me diga:

—Sigue durmiendo, mamita, descansa hasta que quieras.

SORPRESAS

Mariclaire Acosta

Tengo frente a mí unas preguntas que, nos sugiere la editora, podrían ser el hilo conductor de nuestros respectivos textos. Llevo semanas y días cavilando en ellas: ¿Cuántas situaciones sorpresivas he tenido en mi vida? ¿Cómo las he enfrentado? ¿Estuve alguna vez preparada para ello? ¿Qué retos inusuales y desconcertantes he tenido que afrontar? No es que las preguntas que me hago sean exactamente las sugeridas. Más bien son las que yo me estoy haciendo a partir de ellas. Son el resultado de un ejercicio fascinante que, de repente, le ha dado una dimensión insospechada a los acontecimientos que han conformado mi existencia.

Había llegado a la conclusión de que prácticamente todos los eventos que han configurado el curso de mi vida fueron, de alguna manera, sorpresivos, cuando sucedió lo imprevisto, y me llevé, ahora sí, una auténtica sorpresa.

Sucedió hace apenas un par de días y aún no me puedo recuperar. De hecho me está costando mucho escribir sobre ello, aunque al mismo tiempo me hace bien. Tengo que desmenuzar ese bulto de angustia que se me ha instalado en el pecho desde entonces y apenas me permite respirar. Y es que fui atacada a navajazos en la calle, a unos cuantos pasos de mi casa, por dos jóvenes, seguramente bajo el efecto de alguna droga o del alcohol. Uno de ellos me alcanzó el brazo, a la altura de la muñeca, y acabé en el hospital donde me cosieron la herida con nueve puntadas. En realidad, una experiencia bastante común y corriente en nuestro México actual, pero no por ello menos devastadora.

La violencia siempre te toma por sorpresa, aunque creas que estás preparada para ello. Aún no me puedo recuperar de esa sorpresa. Estoy invadida por esa sensación, y revivo siempre ese instante cuando, con el rumor de una ola que rompía sobre nuestras cabezas, se nos echaron encima, a mi acompañante y a mí, atacando por la espalda, justo cuando emprendíamos la cuesta que conduce a nuestras casas.

No pudieron vencernos. Nos defendimos con una fiereza que me sorprendió casi más que el ataque en sí. Nunca imaginé que pudiera reaccionar así. Cierro los ojos y me invade la imagen de mi atacante, acechándome, navaja en mano, con los ojos brillantes y una mirada de odio absoluto. Y yo, contra la pared, arremetiéndolo a bolsazos, cual guerrera medieval. Mientras tanto, mi cuñada lanzaba unos gritos espeluznantes cuyo efecto, también sorpresivo, fue el de infundirme más valor a la par que ahuyentaba a nuestros juveniles agresores.

En suma, una experiencia horrible. Después vino la carrera enloquecida por unas calles ciegas y mudas, hasta llegar al establecimiento, aún abierto, de una amiga de la infancia que nos acogió con ternura y se hizo cargo de nuestro terror. Lo que sigue es rutinario. Lo he vivido muchas veces. Me he pasado muchos años de mi vida acompañando a otros, ya sea en persona, o vicariamente a través de las organizaciones de derechos humanos de las que he formado parte, a la agencia del ministerio público a denunciar los hechos y pasar revista médica para certificar las heridas, pero sobre todo a armarse de una paciencia infinita para soportar con dignidad el letargo indiferente de los funcionarios de turno, cuyo desgano es casi tan ofensivo como el delito en cuestión. La noche esa aún me guardaba otra pequeña sorpresa, esta vez divertida. Si hubiera tenido más fuerza seguramente me habría sonreído cuando la agente del ministerio público me preguntó con toda seriedad si llevaba conmigo tres fotocopias de mi identificación para, de esa manera, darle la formalidad debida a mi denuncia. Lo demás me lo sabía de memoria: el mohín despectivo del comandante de la policía judicial cuando me preguntó que qué hacíamos dos mujeres solas en la calle a esas horas. Casi le contesté que ése no era asunto de él, pero por supuesto que me contuve, y hasta le relaté con lujo de detalle, pero quizá con un leve tono de desafío, todo lo que habíamos hecho esa noche.

Lo curioso de todo este incidente, que por cierto me ha cambiado la vida, es que me ha hecho revivir otros eventos similares por lo traumático, y también sorpresivo. De repente aprecio mi existencia de otra manera. Como una serie de tramos entre sorpresa y sorpresa, de catástrofe en catástrofe, siempre elaborando, siempre reparando, y, por supuesto, nunca preparada para lo que va a suceder, pero al mismo tiempo sacando fuerzas de flaqueza para salir adelante. Por lo menos hasta ahora.

Se lo comenté a mi hermano, quien me dijo que en efecto las cosas eran así. Nuestra abuela se lo había dicho hace mucho tiempo. "Las desgracias y los golpes siempre te van a llegar, no los puedes evitar", le advirtió. "Lo importante es saberse recuperar, rebotar hacia arriba después de la caída, y volver a hacer tu vida…"

Se lo debe haber dicho después de su accidente. A los nueve años mi hermano fue baleado, aparentemente en forma accidental, por un vecinito amigo que sacó la pistola del padre para mostrársela. En realidad, ésa fue la primera sorpresa de mi vida, de nuestras vidas más bien, pues hasta entonces estaban indisolublemente unidas.

Otra escena inolvidable que aún se me aparece es la de mi hermanito tendido en el piso de una recámara, con una palidez mortal emitiendo unos ruidos estentóreos que le salían de alguna parte de la garganta. Nunca he corrido tanto y tan fuerte, por todas partes, buscando ayuda. Por fin llegó una ambulancia a la que fuimos a dar los tres niños de la familia Acosta. El pequeño herido y sus hermanas. Yo, la mayor, destinada desde entonces a ser la cuidadora de los demás, y la pequeña de cinco años que aún no atinaba a entender —como yo tampoco— qué sucedía exactamente.

Cuando llegamos a la Cruz Roja, y un poco después al regazo protector de nuestros padres y abuelos, supe que se trataba de un balazo. Me mostraron la pistola al bajarme de la ambulancia, cuando me percaté de que no llevaba zapatos, pues todo había sucedido cuando yo hacía la tarea de la escuela, cómodamente instalada en el sofá de mi casa.

¿Algo o alguien me preparó para, a los 11 años, hacerme cargo de la situación y llevar a mis hermanos, en ausencia temporal de mis padres, a un lugar seguro? No lo sé. Nunca me había ocurrido nada que lo hubiera siquiera insinuado. Todo lo contrario. Yo era una niña más bien distraída. Absorta en mi mundo interior, incapaz de cuidar siquiera a sus muñecos. Pero por otra parte, supe lo que había que hacer. Lo había leído cientos de veces en mis novelas policiacas y de aventuras infantiles. Además, mi abuela era enfermera, y había estado en la guerra civil española. Mis primas y yo la emulábamos, y hacíamos hospitales de campaña en el jardín donde dábamos atención médica a nuestros hermanos, soldados republicanos heridos por el enemigo.

Lo cierto es que, en realidad, no estaba preparada para afrontar las consecuencias del accidente de mi hermano. Para vivir con el sentimiento aquel de angustia y zozobra que se instaló en nuestra casa desde entonces, y que me llenó el alma de una sustancia espesa y gris que me cortaba el aliento y me llenaba de desesperanza. Ninguna novela, ningún relato familiar, nada tenía yo a la mano para entender lo que había pasado, y ayudarme así a reconstruirme interiormente y volver a ser como antes. La violencia por él vivida y su larga convalecencia, nos separaron irremediablemente. Me quedé sola. A cambio de eso mi familia tejió la leyenda de mi heroica actuación y mis dotes de salvadora.

Pese a todo, creo que el suceso me ayudó a entender que la violencia y el dolor son inevitables, que existen y que no hay que temerles. Eso me ha ayudado mucho en la vida, incluso para mi posterior ocupación, la de defensora de los derechos humanos, a la que habría de arribar después de muchas vueltas.

¿Qué significa eso de estar preparada? Estímulo intelectual nunca me faltó. Experiencias vitales tampoco. Tuvimos una educación esmerada. Mis padres pusieron un enorme empeño en hacer de nosotros personas independientes, autosuficientes. Siempre leí lo que quise, sin cortapisa alguna. Además, nos mandaban de viaje desde pequeños en compañía de otros, prescindiendo de los mimos y cuidados de la casa para de esa manera templar nuestro carácter. Aprendimos a valernos por nosotros mismos y a adaptarnos a cualquier sitio. Pero nadie nunca me enseñó a sentir, y mucho menos a entender aquello que sentía.

Esa parte de mi formación corrió por mi cuenta. Lo logré muchos años después, al cabo de repetidos descalabros sentimentales y profesionales. Requerí del trabajo paciente de muchos amigos y terapeutas. Saber lo que sientes y por qué lo sientes, te conduce a saber quién eres y qué quieres ser. Te permite hacer y hacerte. Pero además de mis limitaciones de origen, el haber nacido mujer tampoco me ayudó demasiado.

Al principio no entendía muy bien qué era eso de ser mujer. No me disgustaba ser niña. Todo lo contrario, me encantaba. Sobre todo cuando me vestían de blanco y me llevaba mi abuela a ofrecerle flores a la Virgen. Eso de arreglarse y verse bonita era muy divertido. Siempre he sido coqueta y me encantaban los hombres. Tuve muchos pretendientes infantiles en la escuela. Pero cuando entré a la pubertad, las cosas empezaron a complicarse demasiado. La primera sorpresa me la llevé cuando, en forma terminante, mis padres me prohibieron encontrarme en el cine con un compañerito de la escuela que "se me había declarado" unos días antes. Lloré y supliqué. Me enojé. Me emberrinché. Sin resultado.

La insistencia del chico fue grande: su madre habló con la mía. No hubo remedio. No les gustaba lo que estaba sucediendo. Querían que terminara la relación. Eso me enfermó de vergüenza y de dolor. "¿Por qué, por qué, por qué?" No había respuesta que me satisficiera. Ninguna tenía sentido. Por fin cedí, y resignada, me quité la pulsera de esclava con el nombre de mi noviecito para devolvérsela al día siguiente, a la hora del recreo. Aún me veo, sentada en la cama, con la cabeza contra las almohadas, tratando de accionar el complicado mecanismo de la pulsera en cuestión. En ese momento atisbé algo que aún no alcanzaba a comprender del todo, pero que me llenó de tristeza y desaliento. El amor era elusivo, algo que jamás hubiera imaginado. Fue un descubrimiento profundo, doloroso. Selló mi salida de la infancia.

Pero faltaba la sorpresa definitiva, la que de verdad me cambiaría la vida y me colocaría irremediablemente y para siempre, entre los débiles y vulnerables. Una soleada mañana de vacaciones, cuando me aprestaba a salir a la calle con mi bicicleta en compañía de nuestros perros, mi madre me llamó a su habitación. Cerró la puerta, me indicó un asiento y comenzó una larga, y para mí lúgubre, explicación sobre la fisiología femenina y sus implicaciones. Supe entonces que algún día, no muy lejano, empezaría a menstruar. Que cuando sucediera, ningún varón, ni siquiera de la familia, debía enterarse, pues era una especie de secreto vergonzante entre mujeres, y que todo lo que tuviera que ver con los cuidados del cuerpo durante el inevitable sangrado, debía de hacerse con el mayor sigilo. Por añadidura, comenzar a sangrar significaba estar en condiciones de ser violada y hasta quedar preñada. Eso sólo me colocaba en una situación de gran riesgo. Alguien podría interesarse en mí para querer hacerme daño. Los hombres eran peligrosos, y por lo tanto me pedía que no volviera a salir sola con mi bicicleta.

Quedé estupefacta y un poco incrédula. ¿De dónde había venido todo eso? Nunca había imaginado algo así. Nadie me lo había dicho. Ninguna maestra, ninguna compañera de escuela, ni siquiera mi prima mayor a quien le otorgaba toda la autoridad. También me aterrorizó. De golpe se acababa la inocencia y con ella la libertad. A partir de entonces, empezaría a adquirir una nueva identidad: de mujer. Frágil, vulnerable, sobre todo, culposa. Yo llevaba en mí, por el solo hecho de portar un cuerpo femenino, la semilla del mal. La de la tentación pecaminosa. No importaba que yo no hiciera nada para atraer la maldad. Bastaba con andar sola por la calle. Ahora sabía dónde estaban los límites, y qué me podía suceder si los traspasaba. La conclusión lógica de todo aquello era que había que acogerse a la protección masculina para poder vivir en paz.

Me rebelé, naturalmente. Pero, en cierta forma, fue fútil. Uno no puede cambiar su condición. Puede, sí, asumirla de diferentes formas. Y vaya que a lo largo de mi vida he dado la pelea. Nunca he renegado de mi feminidad, pero los atributos convencionales que van con ella me son ajenos. Por momentos he creído haber escapado de ellos para ser, o por lo menos sentirme así, simplemente una persona. Pero no es tan sencillo. Siempre eres mujer antes que otra cosa. El asalto violento de la otra noche, el navajazo en el brazo, indican que esa condición de mujer existe objetivamente. Traspasamos los límites. ¿Qué estábamos haciendo dos mujeres solas en la calle, a esas horas? Invitando a la desgracia. La ironía de la situación es que yo vi a nuestros agresores acechando en las sombras aledañas. Presentí el ataque. ¿Entonces por qué no hice nada para prevenirlo? Pudimos haber seguido de frente hasta llegar al establecimiento de mi amiga y de ahí llamar a casa, o tomar un taxi. ¿No será que, sabedoras de nuestra trasgresión, en alguna parte oculta de nosotras, nos resignamos al castigo de la violencia inminente? Nunca lo sabré, pero lo cierto es que pasará mucho tiempo antes de que yo vuelva a tener el valor de salir sola de noche.

No todo lo relacionado con la identidad femenina tiene que ser trágico ni violento. A veces simplemente provoca contrariedad. Porque eso de ser mujer se me aparece en los lugares y en los momentos menos esperados. Casi siempre me toma por sorpresa, para bien y para mal. Un ejemplo reciente me lo puso de relieve: me encontraba en una reunión de trabajo con quien fungió brevemente como mi jefe, el actual canciller Luis Ernesto Derbez. Discutíamos algún asunto en el que teníamos un desacuerdo. De repente, sin más, se levantó y abrió la puerta de su despacho, indicándome la salida, al tiempo que exclamó: "¡conmigo vas a sufrir mucho, muchachita!" Le respondí, pero me dejó perpleja. Estoy segura que tenemos más o menos la misma edad. Por más que quisiera, ya no tengo aspecto de joven. Entonces, ¿de dónde vino sino de su necesidad de descalificarme lo de "muchachita"? Estoy segura de que a un varón jamás le hubiera dicho así. Pero a las mujeres respondonas todavía nos pueden convertir súbitamente en menores de edad cuando es necesario, y hay que estar preparadas para eso.

Tengo la impresión de que este texto está adquiriendo un tono lúgubre, como de denuncia. Quiero evitarlo, aunque me temo que mi formación profesional me traiciona. No quiero dejar la impresión de que mi vida ha sido un conjunto de situaciones desagradables o tristes. Todo lo contrario. Muchas han sido enormemente gozosas, sobre todo las relacionadas con mi trabajo, que siempre ha sido una fuente de enorme placer para mí. Pero quizá la situación más gozosa de todas haya sido encontrar el amor. Descubrir de repente que alguien te está mirando como mujer, pero no para denigrarte o someterte, sino para amarte. Ésa es la mejor de las sorpresas y puedes o no estar preparada para ella, pero el chiste es responder como si lo estuvieras.

Yo tuve la fortuna de poder hacerlo así. Por suerte supe reconocer en mí la respuesta a aquella mirada. No sé exactamente qué fue lo que pasó, pero lo hice y no me arrepiento. Ciertamente vivir el amor ha sido el reto más grande de mi vida. No ha sido fácil, pero cada día me sorprende descubrirlo nuevamente.

Valle de Bravo, diciembre de 2003

EMILIO QUERIDO

Carmen Aristegui

Todavía no inicio la escritura y tengo ya lágrimas en los ojos. Te quiero tanto como me dueles.

Pasa el tiempo. Creces. Descubres el mundo y, sin más, vas por él curioseando. Pequeñito, en el filo de tus cinco años, empiezas ya con las preguntas. Paso por paso te veo. No me canso. Miro tu rostro y me maravillas. Termino pensando que en ti descansa lo infinito.

Vas construyendo ese lenguaje que te conduce a las ideas, al pensamiento y a una identidad que se perfila. Cada día, un hallazgo. Cada minuto, una sorpresa. Frente a ti, todo esté por aprenderse.

Cada interrogante que te asalta acaba siendo un regocijo para mí.

¿De qué color es Chiapas? ¿Para hacer el gris, pongo primero el negro o primero el blanco?... ¿Cuántos años tiene mi abuelito?... ¿A dónde va el agua de la coladera?...

Aunque sé que no es cierto, digo que te conozco de memoria. Supongo yo que si me preguntaran, podría reconocer cada uno de tus dientes, tus rodillas o cualquier plieguecito de tu piel. Llegué a imaginar que podía adivinarte en cada una de tus respuestas y que el universo de tus palabras lo conocía entero. Nada más lejos de la verdad. Cada día te encargas de desmentirme. Tus piernas se alargan y aparecen nuevas luces en tu mirada. Vienen de la mano de las frases y las palabras que vas estrenando y que en tu pequeña boca me resultan extraordinarias. Lo que pasa todo el tiempo, en todos lados y con millones de niños que crecen, aprenden y se divierten resulta único y excepcional al tratarse de ti. Supongo que los equilibrios del mundo tienen que ver, justamente, con esos sentimientos universales que, en la carne de cada quien se vuelven irrepetibles. ¿Cuántos millones de ojos han observado en la historia a millones de niños gatear, caminar y correr con la firme convicción de presenciar algo inaudito? ¿Cuántos lunares como los tuyos se han contado con la certeza absoluta del descubrimiento?

Contigo estoy claramente frente a ese espejo en donde se refleja aquello que nos reconcilia. Donde se descubren las cosas que justifican buena parte de nuestra existencia y con las que se deben encontrar los nuevos espacios de las prioridades. Ahí donde se disputa ferozmente la batalla infame por cada minuto de los tiempos disponibles. Lo que demanda nuevas fórmulas para no abandonar las aspiraciones de querer ser, estar y contar en el mundo que uno eligió a cambio de una nueva existencia demandante como la tuya.

En tu corta estancia en esta vida has cambiado de cabo a rabo la perspectiva de las cosas. Lo que antes era ineludible, hoy puede esperar un poco. Lo que antes era fundamental hoy puede ser reconsiderado. Me enseñas que, sin renunciar a nada, todo es reclasificable.

Te voy observando en tus pesquisas por el mundo y veo, en el transcurrir del tiempo, cómo te aproximas. Observas, comparas y me mides. Tengo miedo. Pienso en el día en que se quiebre esa risa que nunca te abandona. Me asusta la crueldad de otros niños.

Emilio, te quiero tanto como me dueles.

Sé bien la pregunta pero no la respuesta. ¿Mami… y mi papá? ¿Quién es… dónde está? ¿Por qué no está? Me corre un escalofrío y ensayo respuestas sin convencerme.

Imagino tu carita con curiosidad y un aroma de reclamo. Me descubro hablándote de un largo viaje…o inventando la muerte para cerrar la ventana. Me detengo porque sé que nada sirve en la mentira. Quiero contarte. Encontrar las palabras que describan tu llegada. La esperanza de tu encuentro. Las visitas mensuales con el médico. Hablarte de aquel cartel en la pared del consultorio que mostraba la evolución de un feto que para mí, por supuesto eras tú. De ultrasonidos, dietas y vitaminas. De tu presencia involuntaria entre micrófonos y entrevistas. De cómo te convertiste en aquel espacio para recargar los periódicos y revistas de la mañana. Quiero hablarte de nuestra familia solidaria. De sus silencios. De su respeto a mis decisiones.

Quiero contarte todo. Explicarme para explicarte. Ofrecerte una respuesta que alcance tu alma. Que sepas en dónde estás parado y cuánto amor te rodea. Te contaré de las cosas que creía grandes y resultaron pequeñas. Y de cómo las pequeñas resultaron indispensables. Te contaré con detalle de las ausencias y las indecisiones. De ese tiempo que era tuyo y que no te fue dado.

Habrá, Emilio, horas y vida para contarnos.

CUANDO ME VOLVÍ MORTAL

Carmen Boullosa

El terremoto del 1957 en la Ciudad de México tumbó de su columna al Ángel de la Independencia. La estatua dorada de Nike, diosa de la victoria, las enormes alas, el torso desnudo, cayó de lo alto de la Columna de la Independencia, y se estrelló en la Avenida Reforma. También se desplomó un edificio en construcción que era propiedad de Cantinflas, nuestro Chaplin. El monumento que celebra la fundación de la Nueva Nación

Mexicana, y el edificio del cómico que sacralizó al Pelado con el agua bendita de la risa, cayeron: ¿malos o buenos augurios para mi generación? Los que nacimos en los cincuenta crecimos bajo la sombra de esta "tragedia". Durante meses, si no es que durante años, se le recordó como la muy-memorable-gran-embestida de la cruel Naturaleza.

Ese estrellón del Ángel evoca una idílica Ciudad de México. Era la de *Los olvidados* de Buñuel, cierto, pero ahora es la de secuestros en los taxis y *Amores perros*. El terremoto del 57 dejó cuatro muertos, el del 85 tres mil. Los dos fueron de la misma intensidad y casi la misma duración. Varió el tipo de trepidación, pero es una variable considerablemente más importante que el estilo del baile, el hecho de que la macrópolis se haya bebido en las últimas décadas sus cimientos líquidos. Si un día la ciudad reposó en tres lagos, decenas de riachuelos y ríos y pantanos, ahora la macrópolis está fincada sobre arena hueca. También se ha bebido los ríos vecinos; su sed es responsable del campo seco poblano, que ha expulsado mano de obra agrícola a la ciudad donde vivo ahora, Nueva York. Tú bebe, México, que aquí las cocinas se llenan de los tuyos.

El del 57 es para mí un acontecimiento fundador. Tenía tres años. Era de noche, dormía profundo y en un principio desperté sólo a medias, puede ser que por eso las paredes del cuarto hayan quedado impresas en mi memoria con un tono rojizo, como si fueran de ladrillo expuesto. Pero no eran de ladrillo expuesto, porque tengo recuerdos diurnos de ese cuarto, y eran blancas.

La cama se balanceó, despertándome. Papá, rezando el Padre Nuestro que estás en los Cielos, santificado sea tu nombre, venga a nos tu reino, cruzó la puerta, lo vi venir como a un salvador, como a un ángel a prueba de todo. Pasó frente a la cama de mi hermana y se sentó en la esquina de la mía, a mis pies, a mi costado derecho. Perdona nuestros pecados así como nosotros perdonamos a los que nos ofenden, continuaba su invocación y su aplomo le daba el aura del Cristo: él representaba al Padre Nuestro, al que todo lo puede hacer. Para la hija, serenidad, la mayor certeza. Le clavé el ojo. Mirarlo me sostenía. Para saberme segura lo que tenía que hacer era mirar. Todo era un ojo. Seguía temblando. La tierra literalmente tronó, rugió. La voz de papá —inigualable, voz de actor o de cura—, respondió al rugido temblando a su vez. Con un pie en el territorio del sueño, y el otro bien plantado del lado de la vigilia, presencié una metamorfosis digna de Ovidio. Apenas terminó el rugido de la tierra, mi papá, con voz de pánico, dijo: "Ya nos llevó la chin...". Parpadeé. El Todopoderoso se convertía en un pobre diablo. Volví a parpadear. Su tamaño se redujo. Abrí los ojos, para ver bien lo que claramente veía en las tinieblas. Al hacerlo, sentí la intensidad del temblor. Quise creer que papá meneaba mi cama, meciéndola como una cuna, pero admití de inmediato que desde antes de que él se me acercara, ya se meneaba. Comprendí con toda claridad que él no tenía poder para evitar el bamboleo. Con la lucidez que da el mundo de los sueños, reconocí que la figura del que todo lo puede, la del todopoderoso Padre, sufría un golpe mortal. El padre de allá en los cielos y mi papá terrenal eran derrocados de sus poderes por el terremoto. Un momento sentí que me faltaba el aire. Ningún Padre controlaba al trueno, ni tampoco era firme la tierra. Todo era, como yo, parpadear. A mi cuarto entraban los espíritus desatados por el caos celeste, el caos previo al Padre. Como se mece el barco en el piélago —según describen los poetas—, yo, en el más seguro de los más seguros puertos (de mi casa mi habitación, de mi habitación mi cama, oh puerto de puertos), acompañada por el pilar que tenía que haber sido el padre, me bamboleaba, con todo y cama y habitación y casa y ciudad, y padre. Estábamos bajo una tormenta de las de mar abierto, de nada nos servía el doméstico refugio.

Varias revelaciones fundadoras me ocurrieron esa noche. La primera es la manera en que quedé ligada a papá. La conciencia era el ojo y el parpadeo, y en el temblor nos imprimía juntos en una placa. La imagen capturada estaba movida. El zangoloteo del terremoto parodiaba en nuestros dos cuerpos fotografiados juntos una emulación del acto carnal, así yo no supiera entonces que existía la copula. Al mismo tiempo, la voz del rezo y la maldición bendecían nuestra unión. El incesto se realizaba metafóricamente, y se imprimía sobre la película rojiza del muro, una película materna, color nacimiento, fundación, comienzo. Matriz. Estábamos juntos en un lecho que era vientre, principio, origen.

En cuanto a mi mamá, ésta salía del cuadro. No estaba en nuestra imagen. Seguía en el vano de la puerta, sin entender que de nada nos servía que siguiera con él "como nosotros perdonamos a todos los que nos ofenden". Se moría de miedo. Se detenía con las dos manos, los brazos extendidos a los dos lados del marco de la puerta. No había prestado ninguna atención a los chingados de mi papá. No entendía qué pasaba, no sabía que mi papá, como he dicho, se había reducido, que no había padre con capacidad protectora. Como el padre perdía poderes (los grandes poderes que debe tener El Padre: hacer valer el orden de la Ley Social), y como también la tierra insegura se zarandeaba, el orden cósmico se desmoronaba. Las estrellas dejaban de estar fijas. Los planetas podían cambiar en cualquier momento sus órbitas, si no es que ya lo estaban haciendo. El Universo no estaba fijo, no había algún puño que en realidad pudiera sujetarlo. Mi padre rezaba al Padre Único, pero el Padre Mayor no escuchaba al padre menor, porque toda la institución Paterna se nos deshacía a ojos vistas. Mamá no sabía lo que estaba ocurriendo. A ella la sostenía su miedo.

El temblor seguía. Si mi papá se había quedado sin poderes y se había empequeñecido, yo, como respuesta, me le emparejaba. Éramos la pareja original. Aquí con ansiedad, corrí por todas las edades. De niña, pasaba a niña mayor, a adolescente, a joven, a madura, a vieja. La flecha no se detuvo. Ese vientre que nos contenía a los dos no estaba inmóvil. En cualquier momento podría arrojarnos. Nos daría luz a la muerte. Seguía temblando. La tierra crujió por segunda vez, y papá volvió a dejar el rezo y pronunció la chingada. Fue en ese momento que me volví mortal, porque no supe anteriormente que yo lo era. El temblor nos acercaba al final de nuestras vidas, a la posibilidad del final de mi vida. La lógica es muy simple: si por un pelo yo podía morir, era porque había llegado ya el fin de mi vida, *ergo* yo ya no era niña ni joven. Mi padre y yo éramos pares, el temblor nos había emparejado la edad. Las escrituras se rescribían, procaces. Ya nos llevó la chingada suplía al acto de contrición, al rezo.

El temblor terminó como había venido, muy de pronto. Papá se levantó de la cama, caminó a la puerta, abrazó a mamá, y continuó andando hacia su cuarto, llevando a mamá en sus brazos. No la cargaba, casi la arrastraba. Oí sus cuatro pies rasgando el piso, los de ella deslizándose, los de él golpeando con los talones, daba pequeños pasos. No giraron ni a mirarme.

Creían que yo, como mi hermana, estaba dormida. Yo no había abierto la boca frente a ellos porque toda la experiencia no era verbal. Ahora la pongo por primera vez en palabras, la leo, la interpreto. Le doy algo más que la repetición del Padre Nuestro, la paso al zapateo del ahorcado, describo el camino que recorre para llegar a la frase Ya nos llevó la chingada. Fue una experiencia en el silencio, del silencio. Cuando los oí llegar a su cuarto y recostarse en su cama, tuve miedo. Ovillé el cuerpo. Con serenidad envidiable, mi hermana seguía durmiendo. Me pasé a su cama, y ella, ni en cuenta. No era la primera vez, a menudo me despertaba en las noches, me pasaba a su cama, y para conciliar el sueño, emparejaba mi respiración con la suya. Así terminaba, si era persistente en imitarla, por dormirme. Esta noche su serenidad me perturbó. A mis ojos lo suyo no era la calma del sueño. Le hablé, pero no respondió. La zarandeé, y tampoco. Estaba más allá del bien y del mal. No la vi dormida sino mortal, la vi pareciendo una muerta. Me salí de su cama de un salto y regresé muriéndome de miedo a la mía. El efecto Sansón no tenía vuelta de hoja. Las paredes del templo se habían venido abajo. Repito lo que había pasado: la institución paterna se había derrumbado, papá y yo habíamos quedado benditos en una unión, me volví mortal, y la mortalidad entró a mi casa.

Algo más había ocurrido con el temblor: lo próximo y lo distante habían compartido el mismo lugar. Una tormenta de mar abierto se había desatado en mi recámara. Sin moverme, había viajado, como el aventurero, como el descubridor. Lo que estaba adentro, estaba afuera, los peligros del exterior estaban adentro. Al día siguiente, la familia entera se reunió en casa de la abuela a la hora de la comida. Sólo se hablaba del temblor. A nadie le había pasado nada, ni a sus pertenencias —excepto el reloj de péndulo del comedor, visiblemente mareado— pero todos tenían la alegría nerviosa del sobreviviente. En una de esas vueltas obsesivas al tema, me preguntaron si había sentido el temblor. Aquí tuve otra revelación: supe que tenía que mentir. Por varios motivos. Primero, porque tenía que cubrir, tapar, disfrazar lo que había pasado la noche anterior entre nosotros-dos. Debía tender un manto sobre el incesto. Pensé en decir "no, no lo sentí", pero supe que también necesitaba hacerme de algo confiable: debía tener algo sólido a que agarrarme, algo que fuera mío y que nadie pudiera poner a temblar. Así que a su condescendiente "Carmelita, ¿sentiste el temblor?", contesté: "claro que lo sentí", y de un hilo me explayé: que si papá se había sentado en la esquina de mi cama, que si mamá se había quedado rezando en el vano de la puerta, que si los dos a coro el Padre Nuestro, y ellos dijeron "sí, sí, estaba despierta", "¿cómo no nos dimos cuenta de que estaba despierta?" Dijo papá, "porque la tarabilla no habló", le contestó mamá, arrancando risas. A las risas yo contesté con más detalles, que si papá había dicho una peladez ("no la repitas, Carmelita", chilló el culpable), que si la tierra había rugido dos veces, y que si se le había salido un pedazo a la pared de mi cuarto, "pac", especifiqué, "se botó un pedazo así —señalé con las manos el tamaño—, desde mi cuarto se ve perfecto la sala". Qué imaginación la de esta niña, comentaron, festejando mi audacia, porque les había sorrajado una mentira gorda como María Conesa. Nadie me dijo "no digas mentiras".

Comencé otra vez mi narración, y la repetí de principio a fin un par de veces, cada vez más rápido, sin que me faltara energía verbal para aumentar detalles, hasta que, sin que yo entendiera que ya me había pasado de la raya, que ya casi nadie me escuchaba, que ya era yo un fastidio, mi mamá me ordenó: "ve a que te den tenmeacá en la cocina". Ésa fue su respuesta. Un tenmeacá, pero no un "deja de decir mentiras". Me mandaron a la cocina a que la cocinera me serenara con otras. ¿Qué tenmeacá me dio? Mi recuerdo se disuelve. Regresa varios años después, a otra cocina, al momento en que, mirando el cajón de los cubiertos, descubrí la humillación del "tenmeacá". Me habían enviado decenas de veces a que me callaran la boca y me entretuvieran, sin que yo cayera en la cuenta. Nunca he visto más brillantes a los cuchillos, ni más acomodadas a las cucharas, ni más claro su origen de menos inofensivas armas. Lo recuerdo perfectamente. Al descubrir el sentido humillante de la palabra "tenmeacá", los cubiertos me parecieron humanizados, y mi persona una cosa de tan idiota, un narciso que veía reflejada en el metal su tontería.

Regreso a la mesa de casa de la abuela. Falté ahí a la verdad, pero aderecé mi mentira, para hacerla más convincente, con detalles verídicos.

Me había hecho de un poder, de mi propio Sansón. Como todos los sansones, tenía la facultad de destruir por su propio gusto el templo. Todos se subían a mi barco, uno que, así no fuera más sólido que el subsuelo de México, no corría ningún riesgo de que en el próximo temblor nos dejara Naturaleza tres mil muertos. Este barco, a prueba de cualquier inclemencia y también a salvo de cualquier puerto, era hijo de la trasgresión de la primera ley social: el incesto.

Mentía para tener un punto de apoyo: mi voz, mi articulación a la mentira. Yo era la creadora de lo que convencía a los que estábamos alrededor de la mesa. Yo nos restauraba una fe. Yo nos regresaba a una posible tierra firme confiable. Mentía para ser mi propia simiente, mi hacedora, mi padre y mi madre. Por otra parte, mi mentira tenía una verdad literaria exacta. Representaba con precisión lo que me había ocurrido. Yo mentía para tener el sartén por el mango porque había descubierto que estaba a punto de caerse.

Alguien debía controlarlo. Alguien debía hacerlo para no morir. Mentía, entonces, para que el mundo comenzara en mí.

Mi barco-mentira era para la fuga y para el retorno, para el encuentro y para la huida. Era para la supervivencia. Era metáfora de la caída del templo de la Ley. Era representación de la fractura, de la quebrazón del poder de dios, del poder del padre. Era verdad mi mentira: las paredes se habían roto. Cumplía puntualmente con sus deberes: proteger mi secreto, representar la situación, regalarme algo sólido para sortear la persecución de la muerte.

Así la certeza que deben dar el Padre de los Cielos y el Padre en la Tierra se hubieran desmoronado para mí, así hubiera descubierto que era mortal, así trasgrediera la primera ley social con el incesto, yo tenía el poder de rehacerlo todo mintiendo.

Esta fractura tenía un correspondiente inmediato: tenía la facultad de romper con la ley de la realidad. Yo podía decir que no estaba ocurriendo lo que estaba ocurriendo, podía rescribir el pasado, hacer a mi capricho los hechos, fijarlos en la página de mi imaginación como a mí me diera la gana. Tan podía hacerlo, que cuando mentí, me festejaron, en lugar de llamarme a cumplir con la verdad. Y cuando los hastié, me nortearon con otra mentira.

¿Me había convertido en fabuladora? ¿Ése fue el nacimiento de mi vocación literaria? A saber. Tardé 13 años en comenzar a practicar el oficio, y 33 en terminar mi primera novela. Creo que sí fue ahí, en ese momento, en ese temblor, cuando cayó el edificio de Cantinflas y el Ángel se vino abajo, que yo fui picada por el oficio. Y tuve impresa no sólo mi vocación, sino mi poética, el deber ser de mi narrativa: Recuperación y traición del pasado, utilización de la historia aceptada como escenario, fractura de las distancias, exposición en el área pública de lo privado e imposición del tono reservado a la conversación privada en el área pública, y la certeza de que contar historias, fabular, es imprescindible, el único vehículo para llegar y para huir, para comprender y para hacerse más preguntas. El único sólido, el único fidedigno.

El mejor para ver, entender, capturar. El que rompe con toda ley social para entender la ley social. El que falta a la primera: dar por cierto lo que a ojos de la comunidad es cierto.

Pero regreso atrás, a la infancia, el único lugar sin retorno. Hago con palabras el viaje que nos convierte en Orfeo y Eurídice. No podemos volver. Regresamos con la memoria para traernos a la infancia, pero mirarla es dejarla irremediablemente atrás. Mirar nuestra infancia nos hace adultos.

Inmediatamente después del terremoto del 57, quedé con la necesidad de restaurar y proteger las heridas, la mayor, la de la mortalidad, pero también las otras. Mi primera reparación fue con el juego. No recuerdo ningún juego anterior al temblor. Fue a partir de esa noche que he descrito que el juego jugó a ser fijado en la memoria. Debió cambiar la naturaleza del juego, o mi relación con éste. O eché a andar el músculo de la memoria porque me supe mortal. No tengo la menor duda de que jugué antes, como lo hace el oso o el felino: repetir sin sentido ninguno un movimiento o el acomodo de un objeto, ese anticipo del lenguaje que es el juego animal, ese ejercicio de gratuidad. Golpear la sonaja mil y un veces contra el borde de la mesa, tirar el trozo de pan desde la periquera, aventar objetos, saltar, subir y bajar sin ton ni son cien veces los mismos escalones... Anticipación de la lengua, pero también oposición, porque el juego del cachorro humano o animal es un lenguaje sin gramática. Es simple y total gratuidad, así pueda ser útil para afinar el músculo, la vista o la lengua.

El terremoto me dio una madurez, creo, que no tenía yo antes. Supongo que mis juegos adquirieron gramática, el sentido que rige el juego, su ávida adquisición de reglas, su remedo de ley. Las reglas del juego rebasan su mero funcionamiento. El que pisa raya, pisa su medalla es la prohibición estrictamente lúdica, y es también del orden estrictamente simbólico y del estrictamente mágico. También es algo que no empata con ninguno de estos sentidos estrictos. No es mágico, porque no pisar raya no repara nada, estirando mucho la liga puede ser visto como un talismán para evitar males tal vez irreparables, pero puede bien no serlo. Y no es simbólico, porque no contiene símbolos precisos, es simplemente el anuncio de la capacidad simbólica en el niño. Si el juego del cachorro es el lenguaje sin gramática, el juego del niño es la gramática sin lenguaje. Como todo niño, jugué en el juego a ser dios, porque el niño, como un diocesillo, rehace y reordena el cosmos cuando echa a girar la canica sobre el piso. Está en contacto directo con lo que gobierna a los mecanismos, con lo que escapa a la voluntad y a la ley, así que sólo puede ser practicado con voluntad y respetando reglas. El juego busca restaurar el orden en el universo. Busca reparar las cicatrices del terremoto.

A partir de ese momento, jugué y tengo memorias. Voy a dos, las dos con cuerpos humanos, o con simulaciones de cuerpos humanos. Elijo estos juegos por anómalos y por literarios. Jugaba con las muñecas Michelet. No sé si ustedes las recuerden. Anteriores a las Barbies, no tenían cuerpo de mujer sino de niña. Eran refinadísimas, modernísimas, elegantísimas. Mi hermana, un año y medio mayor que yo, era dueña de las muñecas. Yo era demasiado pequeña para tener una Michelet. Me habían prometido una para mi cumpleaños de cinco. Pero jugábamos juntas con ellas. Las desnudábamos, y las vestíamos. Más precisamente, las dos las desnudábamos, y Lolis sola las vestía, porque era muy complicado para mis manecitas. Intentar vestirlas me desesperaba, me enseñaba mis limitaciones, me hacía de nueva cuenta pequeña. Para mí la parte agradable era que les quitábamos la ropa y las poníamos en nuestros regazos. Sus cuerpos no eran cuerpos, eran tan lisos como pelotas de plástico. Y tenían pelo, un pelo abundante y brilloso, que remedaba a la perfección el cabello natural, por lo menos el mío que era muy grueso y abundante, casi idéntico al de plástico de las Michelet.

Cuando Lolis no estaba, yo tomaba las Michelet, las desnudaba, y jugaba a algo muy diferente con ellas. Les comía el cabello. Me metía su cabeza en la boca, y les roía el pelo. Era mi juego predilecto. Me sellaba. Alejaba de mí al mundo. Volvía a un tiempo previo al terremoto donde todo en mí era boca. No entraba el ojo, el parpadeo, la destrucción. No estaba la memoria. Todo en él era algo parecido al placer, sin cerebro, sin palabras. Tenía un defecto: el enfado de mi hermana. Pero tenía varias virtudes. Al volverme a un tiempo previo al terremoto, me liberaba de toda mortalidad. No era yo un Cronos comiéndose a su hijo. Metía la muñeca en la boca y la giraba a un lado y el otro, como una paleta pero llena de muy delgados dedecillos, y no era un Cronos. Mi acción carecía de tic-tac. Mi acción era ajena al tiempo, ajena al ojo, pura boca. Mi acción me llevaba al limbo de la pasividad. Me regresó a un tiempo previo a la caída del padre, previo al padre y su ley: el tiempo sin tiempo de la madre. Cierto que hacía algo que nadie esperaba que yo hiciera, algo que no tenía reparación, algo que me separaba de todo, pero aunque fuera así me daba una satisfacción completa. Casi mágica. Tomaba lo de la muñeca lo que se parecía a mí. El juego me hacía inmune, me llevaba, cómo explico, a otro nivel. Jugar así era mejor que mentir. Diría yo que era un juego casi perfecto. Perfecto sería, pero transitorio. Porque conforme yo dejaba calvas a las muñecas, las calvas desaparecían de la vista, y eran repuestas por nuevas Michelet. A éstas las acomodaban en un estante que yo no alcanzaba. Llegó el momento en que sólo me quedó la contemplación. No había al alcance una sola de las Michelets que yo había herido, despojándolas de su cabello. Las nuevas Michelet eran todas inaccesibles. Las veía, y no me bastaba. Mi boca quedaba vacía, y con ella vacío el espacio de la satisfacción, de la liberación de ansiedad, del silencio, de la inmunidad. Llené el vacío, elaboré un suplente mental.

El suplente mental estaba en la escalera de casa de mi abuela. Era el otro cuerpo al que hice referencia, uno que nunca pude tocar. De alguna manera no hacía falta tocarlo, porque ya estaba desnudo, o casi desnudo y porque ya había pasado por otra boca. Su cuerpo era mucho más cuerpo que el de las Michelet. Tenía músculos, omóplatos, y era definitivamente hermoso, el primer cuerpo adulto que conocí desnudo. Era un crucifijo con su Cristo. Mi juego, como el que me quedaba con las Michelet suplentes de las calvas, sólo consistía en verlo y en adorarlo. Porque yo lo adoraba. No por su calidad divina, sino porque, como expliqué, era suplente de las Michelet. Un suplente que también era su contrario. Su cuerpo era todo como el cabello de las muñecas, era verdadero, parecía un cuerpo humano. Fue el primer cuerpo que aprendí a amar. Jugaba a adorarlo y con sus poderes me aprendí, antes de cumplir cinco años, los primeros versos de mi vida (No me mueve, mi Dios, para quererte/ el cielo que me tienes prometido/ ni me mueve el infierno tan temido/ para dejar por eso de quererte/ tú me mueves, Señor. Muéveme el verte clavado en esa cruz y escarnecido, etc.). (Mi papá me pagaba a peso el verso aprendido, por cierto). (También en esto le debo a papá dedicarme a la literatura: pervirtió mi relación con la palabra. Un pago por cada verso. El dinero colgando del brazo de lo gratis por excelencia).

Por una parte, con los versos mi boca acariciaba a mi Cristo. Como a las Michelet, pero sin término, lo devoré. Con la extensión de mi boca que eran esas palabras aprendidas de memoria. Recuerdo sus dos omóplatos, sus bellos brazos extendidos, el largo sin fin de sus muslos. Su conmovedora belleza. Literalmente lo devoraba al invocarlo, y al hacerlo me sellaba. El Cristo me daba ese espacio, yo no lo hería, como había hecho con las Michelet: el Cristo era un premordido, estaba sin que yo lo sacara de su nicho en mi boca. Otro que no era yo lo había ya roído. Raspado, herido. Ya otros lo habían destrozado, estaba herido, maltratado. Se exponía, perpetuando el acto de comer cabello, para ser simplemente adorado. Mostraba que había pasado por otros dientes. No era remplazado, no necesitaba remplazo.

Como dije, tenía una utilidad: bastaba invocarlo para que yo ganara a las estatuas de marfil, una dos y tres así, y años después a los quemados. A su lado todo era mío. Era mi talismán. Yo lo invocaba, y le ganaba a mi hermana, a mis primos, a quien fuera. Era un talismán infalible. Si no ganaba, me echaba la culpa a mí: estaba segura de que lo había invocado erróneamente. El Cristo no fallaba, me daba la victoria. Yo era la que a veces no sabía traerlo en el momento preciso o con la devoción perfecta.

El cuerpo de la Michelet me regaló, sospecho, alguna diarrea. Yo las desnudaba para siempre de su cabello humanoide, ellas me regalaban una manera de inmunidad, como el Cristo. Con los dos cuerpos jugaba a algo que escapa al juego. Mi relación con los dos era literaria. Con el Cristo, por los versos, y en tanto que era un talismán, un escudo, un aliado infalible que me daba el control, la victoria. Con las Michelet, además, por el canibalismo. El novelista es en efecto algo parecido a un caníbal.

¿La literatura como juego? En el sentido en que es dueña de una gramática posterior a la verbal, sí. Sus hechos están cargados de un sentido que revela la verdad que esconde la mentira. En el sentido en que obliga al escritor a relacionarse con lo amado a través de los dientes, obligándolo a una relación de destrucción, también. Destruir mientras se ama. Y amar lo destruido para trabajar con ello la construcción del texto.

¿La literatura como juego? Yo me salgo un palmo del tablero. Retiro todas mis fichas. Les regreso los dados y mi bola de goma: soy mortal. No juego. Mi único remedio para esta condición es fabular. Para evitar hoy la llegada de la muerte, para que haya sentido, para derrocar la neurótica insistencia de la ley en gobernarnos.

ASTRONOMÍA Y AMOR

Julieta Fierro

En la época reciente me ha sorprendido descubrir que puedo ser deseada por jóvenes guapos y listos. Eso para mí ha sido una gran sorpresa porque en mi época se estilaba que las mujeres éramos feas y tontas. Las inteligentes eran horribles y les iba mal en la vida. Era imposible que te tocara todo. Y si se tocaba algo bueno tenías que pagar un precio terrible. Lo que me ha tomado por sorpresa en la vida es que puedes tener muchas cosas padres al mismo tiempo y no te pasa nada espantoso por ese motivo.

Creo que muchas mujeres comparten el sentimiento de ser castigadas si es que todo les sale bien, por la cultura en la que nos hemos desarrollado. La cultura mexicana favorece a las mujeres sufridas, abnegadas, que les va mal en la vida. No favorece a las mujeres exitosas. Y creo que es una falla cultural, porque sí te puede ir bien en muchos aspectos de la vida y ojalá fuera el caso de muchas mujeres.

He asumido la sorpresa de sentirme deseada con mucha felicidad. Me siento contenta. Resulta que puedo tener un trabajo estimulante, sentirme bien físicamente y tener un galán al que amo. Esa combinación es muy agradable y a mí no me había tocado tanta fortuna. Había tenido una vida muy difícil, sobre todo de niña. Mi padre era un hombre muy difícil, muy neurótico.

Cuando tenía 13 años murió mi mamá y yo tenía hermanos chicos, uno de un año, con síndrome de Down. Mi papá quería que mi hermana y yo nos quedáramos en la casa a cuidar a los hermanitos, que era lo usual en mi generación. A mí eso me dio una rebeldía espantosa y fue una época muy difícil hasta que hui de mi casa. No hui antes porque mis hermanos eran muy pequeños. Me fui ya grande, como a los 20 años. Y digo que ya grande, porque cuando he ido a dar talleres a niñas de la calle, por ejemplo, me encuentro con niñas que a los siete se van de su casa. Pienso: qué valientes, porque saben que necesitan salvarse a sí mismas.

De los 13 a los 20 años mi vida fue espantosa. Me volví sobreviviente. Y una de las características de los sobrevivientes es la creatividad. Una vez, una mujer que estaba haciendo su tesis doctoral sobre personas muy inteligentes en México me pidió una entrevista. Y recuerdo que me ponía a hacer una serie de exámenes después de los cuales acababa exhausta. Además acababa frustrada en la noche con las preguntas y los problemas que no había pedido resolver y me preguntaba ¿por qué no? Después ella me dijo que de todas las personas que había entrevistado, yo era la más creativa y eso me sorprendió.

Creo que aprendí a ser creativa frente a las maneras que mi papá tenía de castigarnos. Nos ponía a escribir quinientas mil veces que éramos lo peor del mundo. A veces ya llevaba un mes encerrada escribiendo y no podía salir ni a comer; me llevaba la comida al cuarto. La manera que tenía de sobrevivir fue empezar a escribir todo a máquina, porque ya me lo sabía de memoria. A veces escuchaba el radio y cuando ya me dolían las manos de tanto teclear, leía. En esa época leí *Quo Vadis*.

Mi papá tenía cosas padres. Como cualquier gente neurótica y muy lista, tenía cosas fantásticas. Había muchos libros en la casa, y nos llevaba a museos y platicaba rico sobre la ciencia. Yo estaba en un colegio francés y sacaba siempre cero en francés y siempre diez en matemáticas. Nunca tuve duda que iba a ser científica. Pensaba siempre en los números. Estudié física en la UNAM porque mi hermana grande me dijo que yo era tontita y que mejor estudiara algo aplicado, como la física en lugar de las matemáticas. Y como ella era la figura fuerte, le hice caso, pero al principio no me gustaba mucho. Sin embargo la astronomía me encantaba.

La astronomía es fascinante. Me emociona todo. Cuando leo cosas de astronomía —sobre todo del cosmos— siento placer. Es como comer chocolate o hacer el amor. Se siente bien cuando sale un artículo publicado; se siente bien cuando vas a un congreso y presentas algo y se ve que lo que hiciste valió la pena. He publicado mucho pero lo que más he hecho ha sido divulgar la ciencia. Allí creo que he hecho una diferencia. Como investigadora nunca fui la gran cosa, pero como divulgadora he sido muy fuerte.

Creo que esto se debe a varios motivos. En primer lugar, el tener hermanitos chiquitos, sobre todo uno con discapacidad, me hizo desarrollar técnicas para enseñarle a alguien a quien le cuesta trabajo aprender. Segundo, yo tuve muchas dificultades en la escuela con el francés. Sé que hay gente a la que le cuesta trabajo aprender, pero también sé que se puede aprender. Es cosa de dedicarle tiempo y entusiasmo y reconocer que hay otras maneras de explicar la realidad. Finalmente las matemáticas siempre me fascinaron. Y como desde chiquita inventaba otra manera de demostrar los teoremas, entonces sé que hay otras maneras de enfrentar un problema que podría parecer difícil. Esta combinación de ingredientes ha sido lo que me ha hecho buena divulgadora. Entiendo la ciencia y la sé platicar de manera sencilla. En la radio hablo de lo que leo. Leo revistas de ciencia y cuando encuentro algo que me gusta a mí, parto de la base de que les va a gustar a los demás.

Para mí ha sido un reto inusual y desconcertante ser buena directora y entender el juego del poder. Eso ha sido muy difícil. Me da una gran frustración no conocer las reglas de la política y poder adaptarme a ella. Ha sido sumamente duro. Tengo una idea muy idealizada de lo que es un director. En mi opinión un director es alguien que facilita el trabajo de los demás, y los demás trabajan porque les gusta y porque son entusiastas. Uno tiene que facilitar y de vez en cuando dar una serie de líneas generales. Pero he aprendido —siendo directora— que hay que saber hacer otras cosas que ni se me ocurren. Como directora la regué mucho.

Me cuesta trabajo ser un *team player*, jugar en equipo e insertarme en el mundo. Vi una película fantástica con Jack Nicholson —*As Good as it Gets*— sobre un hombre neurótico que vive solo. Vi esa película y me vi a mí misma. Creo que eso viene de mi infancia. Nunca aprendí las reglas de la convivencia social y me parecen totalmente ajenas. Ya no soy directora general por no saber jugar con lo político. Y fue una cosa espantosa porque tenía el trabajo de mis sueños, un trabajo que yo pensé que estaba hecho para mí y, al mismo tiempo, tenía un jefe con el que no me entendía. Fue una tragedia espantosa. Había cosas de manejo político que yo desconocía. Creo que soy demasiado sajona, lo cual viene de mi madre estadounidense.

También me equivoqué casándome con un marido como mi papá. Logré tener dos hijos lindísimos y que fueran a buenas escuelas y tener una casa de cinco pisos y la muchacha y todo como debía de ser. Pero no estaba contenta; estaba siempre en conflicto. Dizque trabajaba y dizque era ama de casa y dizque era mamá y todo lo hacía mal y de malas. La sociedad me educó para que me casara con un muchacho mono, que por ahí iba la cosa. La sociedad me dijo que divorciarse era imposible. Estuve casada creo que como 20 años, no sé. Finalmente me di cuenta que mi vida era un infierno que yo me había construido solita. Porque el neurótico es neurótico. Y bueno, me divorcié.

Otra de mis grandes sorpresas fue descubrir, después de mi divorcio, que mi neurosis se fue junto conmigo. Y qué pena con el ex marido al que le echaba yo la culpa de todo y resulta que mi neurosis me ha acompañado sistemáticamente por la vida. Ahora estoy más alivianada. Pero sí me atormento. He leído muchos libros sobre eso y dicen que un poquito de neurosis no hace mal, porque si eres ligeramente compulsivo, eso te lleva a lograr cosas. Entonces los *achievers* son un poco atormentados. Viene una cosa con la otra.

Dada mi historia personal, abogo mucho por la causa de las mujeres. Porque me doy cuenta perfectamente de que a mi edad —con los hijos ya grandes— es cuando las mujeres tienen tiempo y tienen todas las puertas cerradas. Ya no pueden ir a la escuela porque qué pena. Ya no les dan trabajo porque no sé qué y es una idiotez. Además, se vuelven invisibles, porque no son guapas. Es una tontería, porque a mi edad es cuando tienes tiempo, energía, ganas, inteligencia, experiencia de vida. Ya aprendiste. De manera informal o equivocándote, pero ya sabes hacer cosas.

Cuando enseño, trato de combatir muchos mitos que se han construido en torno a las mujeres. Cuando vivió Galileo era la época en que se inició el protestantismo y una de las cosas que se cuestionó fue la virginidad de la Virgen. Cuando les doy a mis alumnas la clase de Galileo, rápidamente les platico: eso fue un problema de traducción. Que en arameo no dice que la Virgen se casó virgen. Dice que se casó embarazada, lo cual es lógico. Se embarazó de un señor y se casó con otro. Pero ese problema de traducción nos ha costado a las mujeres años siglos de represión brutal; siglos de escuchar que tienes que llegar virgen al matrimonio y que la virginidad es lo máximo. Pues yo les explico que eso fue un error de traducción.

Siempre trato de hablar un poquito de evolución y hablo también de La Malinche, porque su figura es otro gran estigma sobre las mujeres mexicanas. Han hecho muchos experimentos con animales diferentes y han demostrado que en realidad el óvulo es el que elige al espermatozoide. El óvulo lo fecunda y escoge al más distinto precisamente para garantizar la diversidad. Además las hembras siempre eligen al macho alfa, al que garantice que la comunidad tenga comida y esté en las mejores condiciones. Así es que La Malinche escogió al diferente y al mejor. Ella hizo lo que la naturaleza considera que es lo bueno. La naturaleza no tiene ética ni moral. No dice: vas a ser feliz.

Estoy escribiendo un libro: *El manual de la amante perfecta*. Probablemente lo voy a tener que publicar cuando esté muy viejita, porque lo estoy escribiendo como va y hay muchos personajes que están vivos. Creo que ese libro puede ayudar a muchas mujeres a ser más libres, a hacer cosas más divertidas en su vida y a dejar atrás tanto prejuicio y tanto sufrimiento innecesario. En él escribo sobre todas las cosas que hago y que se me van ocurriendo para tener contentos a mis amores. Escribo sobre lo que creo que hay que hacer en la vida. Por ejemplo: hace poco estaba con mi galán en la casa y contraté a un violinista que vino a darnos un concierto. Es una bobada, pero la música es una de las cosas que los psiquiatras dicen que llegan directo al inconsciente. Es una manera de decirle al otro que lo quieres mucho. Eso del violinista es una cosa tradicional, pero se me ocurren muchísimas otras cosas que hago para que nos divirtamos, para que sea sorprendente cuando nos vemos. Un día colgué rosas del techo; otro día compré pintura para el cuerpo. Parte del problema de una relación de pareja es que cuando se hace muy rutinaria, se pierde el factor de la novedad, el factor de la sorpresa. Al final, a uno se le olvida que se enamoró del otro y que parte de ese enamoramiento implicaba descubrir a la pareja.

En el libro también describo lo que no hay que hacer. Un día, por ejemplo, compré globos con helio en forma de corazón y llené el techo con ellos. Me costó transportarlos porque muchos se rompieron a la mitad del camino. Luego inflé uno y me explotó en la cara, y me quedó morada. Fue horrible. Entonces en el libro hago sugerencias sobre cómo cargar los globos y la mejor manera de inflarlos. Es un manual en forma. Y por eso voy a tener que publicarlo mucho más adelante, para que mis colegas en el mundo de la ciencia lo interpreten como un acto de locura senil. No es un manual de sexualidad, pero sí pongo que el sexo no es sucio aunque nuestra cultura lo haya ensuciado.

Algo que siempre me sorprende es que en México soy muy conocida, porque los medios inflan a la gente. Soy la figura clásica a la que pueden inflar: mujer, científica, articulada. Soy famosa porque los medios dicen que soy famosa. Como te hacen famosos, te invitan más, y entonces practicas más y lo haces mejor y cada vez te invitan a foros más interesantes y cada vez tienes más prestigio y más seguridad en lo que haces y vas avanzando sin ningún problema. Ahora, también implica trabajo y cierta audacia. Cierta audacia de decir: "yo voy a hacer cosas que otros no han hecho y a ver si funcionan bien". Siempre que doy pláticas voy con una maleta llena de cosas y no me da pena. Mis amigas se sorprenden de que voy a Australia con un chango y una campana y una piedra.

En las filas de los que se inscriben a la UNAM, les preguntan qué científicos mexicanos conocen y he sido la única que ha sobresalido estadísticamente hablando. O cuando les preguntan a los astrónomos jóvenes por qué estudiaron astronomía, muchos dicen que porque leían mis libros o me veían en la televisión. Y cada persona me imagina. Como ellos se imaginan que soy un ser extraordinario, creen que comparten parte de esa cosa extraordinaria. Desde hace años nunca he salido a la calle, a un lugar público sin que alguien me reconozca, o me pida un autógrafo o me dé un regalo. Diario, un regalo. Eso es muy bonito. De todo. Un kilo de tortillas. Mil cosas. Recuerditos. Unas cosas tremendas. Todo porque uno les da conocimientos. Uno regala entendimiento, que es un placer finalmente.

Pero a fin de cuentas, lo que más me importa es que me recuerden bien mis hijos. Y quisiera que me recordaran a través de la forma en la que viven sus vidas. Porque los hijos aprenden por imitación, entonces yo quisiera que imitaran lo que yo considero valioso: la dedicación al trabajo, el entusiasmo por la vida, el saber reírse, el placer del conocimiento, que sean buenos maestros, que sean amantes apasionados, que sean buenos padres. Lo que todos queremos, yo creo.

MI INFANCIA EN CUBA: *CAMOUFLAGE*

Nina Menocal

Cuando tenía cinco años fui con mi mamá a una selección de baile que estaba preparando mi primer colegio, Las Esclavas del Sagrado Corazón. Era el colegio para las niñas más elegantes, o dicho de otra forma, las que pertenecían a las mejores familias de La Habana. Yo quería participar en ese baile. Todas las aspirantes subimos al escenario y nos pusimos a bailar. Iba muy bien hasta que me di cuenta que se me habían desamarrado las agujetas de los zapatos. Sabía que Mami me miraba y no me atreví a hacer un alto para abrocharlas de nuevo. "¡Agáchate y abróchalas!", me gritaba yo misma desde el alma. Pero el miedo inmenso me había sorprendido. "Mejor sigo bailando, pero lo haré muy mal", decidí, mientras los pies perdían sus zapatos. Iba en un tipo de descenso *non stop*. Mami no dijo nada cuando me eliminaron. Un cuchillo se me clavó en el pecho.

Dos años después, ya mi papá me había sacado de Las Esclavas porque decía "¡No hablas ni una palabra de inglés!". Entonces me mandaron al Merici que estaba por el Country Club, mucho más cerca de mi casa y que también era un colegio muy *"in"*. Hacía mi vida entre el colegio y la casa en la 5ta Ave., entre Gran Boulevard y 3ra, (hoy se llama Calle 21 entre Avenidas 146 y 150, en Cubanacán), donde montaba en bicicleta y jugaba con las pandillas de la cuadra, todos primos o emparentados: Guillo Aguilera, los Fanjul, los "Viriaticos", Miguel Mariano, José Miguel y Cristina, los Mestre, los Sosa y los Dusaq. Yo era la sombra de Teo, mi hermano mayor, y participaba en el vandalismo que a él se le ocurriera. Tenía miedo de que Teo me encerrara en el cuarto de máquinas del garaje, como hacía con Luis, el menor, quien por más que gritaba, nadie se enteraba hasta la noche. Los sábados y domingos iba con mis hermanos y padres al famoso Havana Yatch Club. Un día se preparó una competencia náutica para los niños, donde había que trepar unas cuerdas bajo agua, llegar al muelle, brincar obstáculos, avanzar dentro de unos barriles y, finalmente, hacer un clavado al mar para nadar hasta la orilla. Era una prueba de tiempo.

"¡En sus marcas, *Get set*, *Go!*" y salí disparada desde la arena. Ahora que acabo de estar en el Yacht Club, Sindicato Julio Antonio Mella, me parecía que la playa de entonces había sido tanto más amplia, tanto más brillante. Volví a ver todo aquello desde cierta perspectiva. Tío Charles vestido de blanco, impecable, con una flor blanca en la *boutonnière* del saco blanco de lino. "¿Cómo? ¿Está muerta Mamacita?", le pregunté espantada. "No, Ninucha, es que Mamacita no es mi mamá." Nadie me explicó. Pero después vi a tío Guillermo con una flor roja en su saco blanco de lino. Supe que Mamacita, ese 10 de mayo, sí estaba viva, porque tío Guillermo también era hijo de Mamacita. Charles era hijo de Tía Caridad, ya muerta, y hermana de Mamacita y, Tío Guillermo y Abuela eran hijos de Mamacita, mi bisabuela. Es decir, todos eran hermanos, y primos hermanos.

Estábamos corriendo por las terrazas del Yatch o patinando sin respiro. Vi a Teo en la clase de boxeo. Y a Mami hablando a carcajadas —ella era encantadora—, justo en la parte de afuera del bar redondo. Había unas semiventanas que se abrían por donde Daniel el cantinero nos pasaba las hamburguesas. Adentro, en el bar, todos los hombres gritaban y fumaban tabacos después del almuerzo. Ahí estaba mi abuelo (Papaluis Menocal), calvo y gordo con anteojos redondos; él nos regalaba billetes de cinco pesos (eran dólares) cada vez que nos veía. Nosotros pensábamos que era tremendo millonario.

El día de la competencia iba preparada a ganar un buenísimo lugar. Muy pronto me enredé en las cuerdas de la primera prueba. Tal fue mi sorpresa, tan profundo mi apabullamiento, que cuando llegué al muelle a la prueba de obstáculos decidí fallarlas todas. Iba muy despacio, dolorosamente despacio. Me caía. Cuando al fin me tiré al mar, los demás concursantes me habían pasado hacía rato. Ya en el mar medio nadaba, tragaba mucha agua, me sumía hasta casi ahogarme. No llegué en último lugar, sino en penúltimo.

Tenía entonces siete u ocho años y además del cuchillo que ya traía clavado, sentí un machete que esta vez me doblada en dos. Anduve con el machete y el cuchillo durante toda mi infancia en Cuba.

Después de esa competencia náutica supe que no tenía que competir jamás. Y entendí otra cosa: que tenía que "borrarme", hacerme invisible, porque mi mamá me iba a comer.

Ella era la mujer más hermosa de La Habana, según yo la veía. Mami tenía la tez muy blanca y el pelo largo, ondulado, negro. Siempre se reía alto y decía cualquier cosa que le venía a la mente. Tenía mucha gracia y todos la celebraban. La estoy viendo ahora, arrastrando los vestidos de tafetán por las escaleras de granito negro de mi casa. Yo me sentaba hasta arriba; oía el crujido del vestido y miraba a mi madre reflejada en el espejo del descanso de las escaleras, como reina. Ahí me quedaba rezando, pues las monjas decían que las señoras que lucían grandes escotes se iban al infierno.

Pienso que Mami sí era la más hermosa. Hace unos meses en Filadelfia, Enrique Menocal —papá de María Rosa Menocal, la famosa intelectual de Yale y autora del libro *The Ornament of the World*—, me contó que había tres bellezas en Cuba: mi mamá "la más linda por una milla, tenía la figura y el tamaño y ese cutis de porcelana. ¡Ave María!". Dice Enrique que Rosita Coll, la esposa de "Chiri" Mendoza venía en segundo lugar y Peggy Freyre, prima hermana de mi mamá, en tercero. Peggy había sido Miss "algo" en una fiesta en el Hotel Nacional donde se vendieron *war bonds*, durante la guerra.

Ahí están las famosas fotos de Mami y Papi disfrazados, ella de Madame Butterfly y él de Mr. Pinkerton; Mami de aldeana española con bordados en hilo de oro. Ahí está la pintura al óleo de Mami como Scarlett O'Hara, con la pamela y el fabuloso vestido verde que se puso Scarlett para la fiesta en "Tara". Creo que mi mamá gozó mucho de su belleza —de la cual decía que era como la de Blanca Nieves— y se recordaba del novio inglés aquél, en uniforme de la RAF, a quien mataron en la guerra. Mami siempre guardó la pulsera de Mappin & Webb que él le había regalado, con dijes de Blanca Nieves y los 7 Enanitos.

Desde la competencia en el Yatch Club casi no hablé más. Cuando íbamos a Varadero, a veces me tocaba dormir con Mami. No me movía y no respiraba para que ella pensara que yo estaba dormida. Eran noches temibles, interminables.

Entré en un sistema de letargo personal. Había creado una "amnesia" selectiva. No retenía casi nada.

No estudié más. Hubiera sido imposible de todas formas, pues a los nueve años me sacaron del Merici y me pusieron en Las Teresianas, en el pueblo de Ciego de Ávila, adonde nos habíamos mudado. Mi papá tenía las arroceras cerca de Ciego y él también era una figura imponente. Muy alto y muy guapo, con quijada de mucha determinación, era al mismo tiempo un hombre dulce. Andaba por el pueblo con botas, la camisa sudada semiabierta y Toby, el topo, siempre lo acompañaba parado encima de su revólver. Como todo el mundo conocía a mi papá, las monjas me mandaban al recreo la mayor parte del tiempo.

Yo era feliz en Ciego —a pesar del cuchillo y el machete clavados en el pecho— pues iba al colegio en carruaje con Luis, mi hermano, y el cochero Santiago, quien no tenía dientes y a quien le robábamos el caballo en cada ocasión. Teo, quien era el consentido y "heredero" por ser el mayor, ya se había ido al colegio en Estados Unidos –el pobre, se fue a los 11 años. Yo lo adoraba por su ángel, pero era mejor tenerlo lejos. Quedábamos Luis, Carlos y yo. Los fines de semana íbamos a Yarigüá a montar a caballo con los hijos de los campesinos y nos lanzábamos con lianas al río. Nadie sabía dónde andábamos hasta que aparecíamos a las siete de la noche. Había que rezar el rosario con Tía Lidia y oírla recitar poesías: "Margarita está linda la mar, y el viento, lleva esencia sutil de azahar; yo siento en el alma una alondra cantar; tu acento: Margarita, te voy a contar un cuento:…"

Al cumplir el año en Ciego de Ávila, mi papá rugió otra vez: "¡No hablas ni una palabra de inglés!" Me mandó a La Habana a vivir en una mansión francesa con mis abuelos Johnson y Mamacita, en la calle B, del Vedado.

Ahora sí me pusieron en la mejor escuela de Cuba, que era americana, la Rouston Academy. Mi abuelo, el doctor Johnson, era rector de la Universidad de las Américas, donde había un mural de Siqueiros con las imágenes de dos volcanes. De un volcán salía la cabeza de Martí y del otro, la de Lincoln. El doctor Johnson, era también presidente del Patronato de Rouston.

Yo era una niña de 11 años. Durante el viaje de Ciego a La Habana ya había tenido mi primera regla sin saber por qué. Me acuerdo que me sentía mal y paramos en una gasolinera. Estaba sola con mi papá. Empecé a gritar en el baño pues vi la sangre. Mi papá me dijo que no era nada y seguimos hasta llegar. "Mira, ponte esto", me había dicho mi abuela y me dio un kótex y un elástico. Me lo puse sin panties. Al día siguiente me fui para la Rouston con dolor de abdomen. Ahora había mucha sangre y se me escurría por las piernas.. Cuando regresé a la calle B tiré el kótex por la ventana del baño. El jardinero lo encontró ya muy tieso, al día siguiente.

Me había hecho muy solitaria, no tenía amigas –más que a mí misma, eso sí— y me decía: "no te preocupes, tú eres Nina y algún día se sabrá quién eres".

—Pero no quiero que me vean.

—Sólo yo te veo, querida.

—No quiero que piensen que puedo.

—Piensan que no puedes…Pero yo sé que sí.

—Mami dice que la más inteligente es Elenita Martínez; la más bonita, Corinita Mendoza y la más rica, Maguita Miranda.

—Pero yo a quien quiero es a ti, Ninuchita linda.

—No quiero que sepan quién soy.

Y me decía otra vez: "no te preocupes, tú eres Nina y algún día se sabrá quién eres".

Todo me cansaba. Solo soñaba en volver al campo y a Yarigüá, la finca del mejor ganado criollo de Cuba, donde, por fin, yo era invisible de verdad. Esa finca estaba en la provincia de Oriente, por Manatí. Tenía a mi caballo Ligero y me iba con él todo el día y hablaba con mi amiga "única" sobre quién iría a ser yo en la vida.

No sé qué hacían Mami y Papi cuando estábamos en Yarigüá, porque casi no los veía. Ahora sólo recuerdo a Tía Lidia y a Tío Julio por las noches, al aire libre y bajo las estrellas, cuando "Margarita, está linda la mar, y el viento…" y a Tony Mendoza , mi primo mayor, quien era cruel, y le daba los pollitos a Bruno,el perro Doberman Pinscher, para que se los comiera vivos. Tía Lidia se ponía a chillar y llorar.

Duré poco en la Rouston. Mi abuelo decidió que era mejor mandar traer a los profesores para que me dieran clases en la sala de la casa. No aprendí nada. En esa época almorzábamos todos los días Mamacita, Papaonso (el abuelo Johnson), Abuela y yo en el comedor, sin hablar ni una palabra. Me acuerdo del gran gobelino que había traído Papaonso de Europa y del *patissièr* francés que salía con el sombrero alto y blanco para presentarnos los postres. Me acuerdo también de unos cuentos de misterio que me repetía Jesús León, el chofer de toda la vida, acerca de la trágica desaparición en el mar de la Tía Caína —hermana de Tío Charles y media hermana de Abuela—, junto con sus tres hijos. Abuela tenía una miniatura de ella en su mesa de noche. Cuando pregunté un día quién era Tía Caína, Abuela fue severa: "jamás te atrevas a mencionar ese nombre".

Eran las vacaciones de Navidad y había pasado un año desde que yo vivía en La Habana. Habían venido Teo y mis hermanos. Primero pasamos unos días en Ciego de Ávila, pero la cosa estaba que ardía. Rebeldes y los mismos terratenientes quemaban ingenios y fincas. En mi casa, Digna, la cocinera negra, no sólo envenenó a Toby, el topo, sino que también agarró un machete y se puso a destruir los muebles. Nos fuimos para La Habana en carro y vimos incendios y accidentes en el camino. Muchos soldados corrían sin dirección. Pero cuando llegamos a la Calle B, todo parecía un espejismo. Mami y Papi se fueron a las fiestas de Fin de Año y Tío Guillermo, quien era senador de la República, se fue a Palacio. El primer día del Año Nuevo, Teo y yo amanecimos con la fiebre de la mayoría de los cubanos. Ondulábamos las banderas del 26 de julio por las calles del Vedado. Fue la única vez que vi a Papaonso furioso. "Ésta es la Revolución Francesa" decretó: "ustedes, niños, no saben lo que hacen".

En ese año, 1959, terminaba mi infancia en Cuba. Mi mamá puso casa en Palm Beach, Florida, para mis hermanos y para mí. Un año después llegaron mi papá e Ilia, la más chiquita, quien tenía sólo un año de edad.

Desde entonces, claro, me quité el machete de encima y el cuchillo, poco a poco.

A manera de epílogo

Querida Denise:

¡Ya terminé mi narración y todavía me quedan tres páginas para ti! En ellas contesto tus preguntas. Ahí te van.

¿Qué te ha tomado por sorpresa?

Diría que casi nada. Desde siempre he sabido que nada es seguro y que nada es "verdad". La realidad no existe pues depende de cómo la vemos. Para mí todo es como un sueño.

¿En qué momentos y frente a qué circunstancias te has sentido poco preparada?

Ay, Denise, nunca he estado preparada para nada y siempre para todo. Cuando mis dos únicas hijas, en ese momento, se accidentaron juntas, tuvimos que enfrentar la situación. Tanto Joel como yo pudimos hacerlo. Emilia iba al kínder y Alina, que era bebita, no debía salir de la casa sin permiso mío. Pero en ese instante estaba llorando, así que la nana se la llevó. Era temprano por la mañana en la Ciudad de México cuando un buen samaritano presenció cómo el chofer se estrellaba —sin aparente razón— directo, "smack" contra un árbol de Reforma Lomas. Ayudó a sacar a las niñas del coche y fue a nuestro departamento a avisarnos que "la niña", según entendimos, estaba en la Cruz Roja. Te imaginarás la inmensa confusión, el dolor, la sorpresa y la incomprensión de Joel y mía cuando nos encontrámos no sólo a una, sino a nuestras dos hijas en la Cruz Roja.

No hicimos caso de los consejos caóticos de nuestros padres. Tomamos las decisiones que pensábamos eran las mejores para las niñas. Yo tenía 24 años y las niñas se morían. Emilia tenía cuatro años y se había partido el cráneo en dos. El doctor González Mariscal le rehizo el cráneo y Emilia estuvo grave durante más de 40 días. Después, pasó un año y medio antes de que la dieran de alta. Alina tenía diez meses. Le hicieron tres operaciones de cerebro en México y Estados Unidos. Le pusieron una válvula Hakim que iba del cerebro al corazón. Estuvo a punto de la muerte en varias ocaciones. Sufrió mucho y luchó por su vida. Joel y yo y las niñas pasamos largas temporadas en The Children's Hospital, en Boston. Todos salimos fortalecidos de esa circunstancia. Sobre todo yo. Mi vida cambió completamente hacia lo mejor.

En lo que a mí me toca, creo que no estoy preparada para la gran suerte de tener una familia tan maravillosa. Joel y yo tuvimos a una tercera hija, Carolina. Seguimos juntos después de más de 30 años. Joel es excéntrico pero noble y honesto. Mis hijas son brillantes, las tres, y trabajadoras. Pienso que yo no les doy el tiempo ni el valor que merecen, pues he centrado mi vida en la galería.

¿Qué ha sido aquello que ha constituido un reto inusual y desconcertante para ti?

Desde hace 14 años, la Galería Nina Menocal. Esto sí que es una historia gruesa, así que no te la cuento. Pero el mundo del arte contemporáneo es muy duro, me encanta y no me quejo. Todos los días es una sorpresa, todos los días empiezo de nuevo junto con mi equipo, todos los días veo arte diferente, todos los días tengo que cambiar o, de lo contrario, perder. Y se sufre mucho perdiendo. Es mejor luchar.

SOBREVIVIENTE

Denise Dresser

Me despierta el olor de la gasolina. El aullido de la ambulancia y los gritos de los hombres que buscan, que me buscan. Las linternas hurgando dentro del carro que se ha convertido en un ataúd. El quejido suave, bajo, apenas audible de mi padre en el asiento delante del mío. Le toco la frente. Y no vuelvo a verlo jamás.

Un policía me saca, me carga a mí y a mi piyama de franela rosa, con la pierna lastimada y preguntas en los ojos. Un policía me deposita en el regazo de su esposa y empiezo a hablarle sobre mi vida perfecta de niña de siete años. Le cuento de mi hermana a la que llevaba mucho tiempo esperando, la que recibí por haberle pedido un deseo y sobado la panza del Buda en la puerta de un restaurante chino en San Francisco, la que está en algún lugar de ese carro apachurrado, la que llegó para que yo dejara de ser hija única, solita. Le cuento de la casa nueva a la que nos vamos a mudar. Le cuento de mi padre que me da el mundo, todos los domingos con el globo terráqueo sobre la cama y las historias que lo acompañan. Le cuento de la princesa Denise que pelea contra los minotauros en la isla de Creta. Le cuento de mi madre mexicana que carga a su país consigo dondequiera que va.

El hombre que maneja la ambulancia no me deja mirar atrás y yo quiero hacerlo. Allí viene mi familia y no me deja mirar y yo necesito hacerlo. Voy sentada a su lado, convertida en piedra, odiando a ese hombre cuervo y a las ambulancias y su estridencia desde entonces. En el pequeño hospital oigo el llanto incesante, ininterrumpido de un bebé, de mi hermana a la que le pusieron el nombre de Luisa Genoveva porque así se llamaba una tía vieja. Y de pronto deja de llorar. Y no vuelvo a verla jamás.

Pasan horas y horas y días y días y pido ver a mi familia. Hay tanto que contarles, tanto que enseñarles: la bata de hospital con florecitas rojas como las que cortamos en la isla de Capri, la pierna vendada sobre la cual no me puedo apoyar, los juguetes que me han regalado las enfermeras que me miran con conmiseración y no responden a mis preguntas. Finalmente el encuentro con mi madre: una momia enyesada, una figurita de palo, una mujer cascarón, una mujer valiente que me habla del conductor ebrio de aquel camión que nos embistió, de los árboles californianos —majestuosos pero letales— que nos llovieron encima.

Me dice que no hubo tiempo para despedidas pero que me imagine el cielo y allí estarán: él y ella, ella y él. Me dice que no sufrieron y yo no debo hacerlo tampoco. La miro y le digo seria, seria: "no te preocupes; yo te voy a cuidar." Y allí mismo, en ese momento, dejo de ser niña de siete años. Me convierto en otra cosa: mujer-armadura, mujer-acorazado, carro blindado.

Porque aprendo a estar sola. Aprendo a leer para desaparecer. Aprendo a leer para existir. Aprendo a leer para dejar de hacerlo. Me convierto en pirata, en explorador, en heroína de cien batallas, en la más valiente, en la más sagaz. Me convierto en Marco Polo, en Phineas Fogg, en Guinevere, en Dorothy, en Juana de Arco, en Nancy Drew, en Sarah la princesita, en Sandokan, en Ricardo Corazón de León, en El Cid, en el Quijote, en Helena de Troya. Adopto padres y hermanas y países y causas. Desenvaino espadas y enarbolo banderas y encabezo batallas. Me erijo en líder de quienes no tienen poder pero deberían tenerlo.

Me enseño a mí misma a memorizar, a convertirme en Funes, a emular al personaje memorioso del cuento de Borges. Voy catalogando todas mis memorias para no olvidar, para no olvidarlos. La textura de los pantalones de lana gris de mi padre, el olor acre de su chamarra de piel café, la caminata por las calles de Pompeya y la expedición juntos al Vesubio. Las tardes andando en bicicleta doble, yo sentada sobre sus hombros, en mi trono favorito, dueña del mundo. Las tardes nadando en el río, persiguiendo salamandras. Las noches sentados alrededor de la fogata, y el repiquetear de los grillos. Archivo a mi Luisa Genoveva, mi muñeca, aprendiendo a gatear sobre la alfombra del estudio lleno de sol. Dormida en una canasta debajo del árbol de Navidad, el mejor regalo. Guardo mi paraíso privado al que me doy permiso de visitar, solo de cuando en cuando, cada par de años, cuando nadie me ve.

Guardo la voz de mi padre cantando *Cielito lindo* en honor a mi lunar. Guardo la risa de mi hermana cuando la sacaba de la cuna en las mañanas porque era mía. Guardo lo poco que queda: el álbum familiar, las corbatas de seda, la bufanda azul con franjas negras, la carta en la que mi padre me explica —con una lógica impecable— por qué no es una buena idea tirar las albóndigas debajo de la mesa aunque no me gusten, el disco con canciones que compuso para mí, la biblioteca, los libros, las ideas. Guardo todas: el imperativo de la originalidad, el valor de la creatividad, la importancia de la curiosidad, el amor a los libros y las verdades esenciales que contienen, la vida sin miedo a los más fuertes, la vida como una gran aventura.

Mi madre herida y yo regresamos a México, a un departamento pequeño en la calle Pedro Luis Ogazón, a la ciudad en que nací pero no he vivido desde entonces, a la ciudad que me abruma, me atosiga, me encierra. No la entiendo ni me entiende. Me grita en español y yo no lo hablo aún. Me llena de olores y sabores y globeros y carros y silbidos y bulla. El concreto me hace extrañar los árboles, el encierro dentro del departamento me hace extrañar el aire libre al cual crecí. Me enseño a hablar español trazando, con el dedo índice, las palabras que veo en los espectaculares sobre la palma de mi mano. Me enseño a hablar español leyéndolo. Y poco a poco, dejo entrar a la ciudad. Poco a poco empiezo a conocerla, a explorarla, a quererla, a sentir que me pertenece aunque yo no le pertenezco. Porque no pertenezco.

Ese año me va mal en la escuela. No acabo de entender los acentos y las eñes y las esdrújulas y los gerundios y los maestros mexicanos frente a los cuales uno tiene que ponerse de pie. No acabo de entender por qué enseñan a los niños a obedecer en vez de cuestionar. No acabo de entender por qué hay que colorear tantos dibujos de héroes mexicanos muertos y aprender tantas historias de agravios. Cuando llega mi primera boleta calificaciones repleta de sietes, decido que no puedo vivir con la humillación y empaco mis maletas para irme de casa. Paso la tarde en un lote baldío, mirando el atardecer y aventándole piedritas a un ratón —también perdido— que me observa con azoro. No sabe qué está haciendo allí una niña flaca, de trenzas largas, a la cual le acaban de poner lentes para que se integre al mundo, en vez de sólo leer obsesivamente sobre él.

Comprendo a los siete años (ya sólo cronológicos) que nada será fácil ni dado ni otorgado ni heredado. Que no hay dinero ni la libertad que conlleva. Que no hay otro mapa más que mi mente, ni más motor que mi voluntad. Que esa vida que quiero –la de los libros y los viajes y las ideas y la música y el arte y el mundo– tendré que ganármela. Que esa vida que empecé a tener y que he perdido en el kilómetro 73 de aquella carretera tendré que construirla: paso a paso, año tras año, beca tras beca, grado tras grado, escollo tras escollo. Que si quiero estudiar en Princeton, como siempre he soñado, tendré que estudiar más y mejor, trabajar más y mejor, pensar más y mejor.

Me convierto en bala, en flecha, en locomotora. Soy un dardo con destino y prisa. No pienso parar nunca ni para nadie. Y no lo hago. Pasan años y décadas de premios y publicaciones y conferencias y entrevistas y columnas. Pasan años y décadas de abrir brechas, de construir espacios, de apilar metas, de cumplir objetivos, de tropezar con amores que no debieron serlo. Pasa toda una vida de múltiples éxitos y múltiples soledades. De ser peligrosa porque no tengo nada que perder. De llorar en cada película en la cual un padre regresa después de una larga y desesperada ausencia. De reír cuando siento que el mío me mira y me cuida. Porque sé que lo hace.

Y finalmente un hombre bueno –de esos que mandan los dioses— se sube a mi tren imparable sin que yo me dé cuenta. Se mete por una ventana chiquitita y decide (quién sabe por qué) quedarse allí. Me hace reír, quita mi pie del acelerador, me enseña a parar y a contemplar el paisaje, me da una buena sacudida, me exige que juegue en la vida en vez de sólo analizarla. Llena el vagón de niños y me salva.

Otros también. Los amigos que me miran de frente y bailan a mi lado; los colegas que comparten el pasillo y la pasión por la política; los cómplices que insisten —obcecada y testarudamente— en cambiar a México e inventar un país mejor; los alumnos que me enseñan más de lo que yo sé; aquellos que me leen y a quienes leo; aquellos que me hablan y aquellos que me escuchan; los que eligen viajar conmigo aunque a veces sea pantera y a veces sea puercoespín; quienes son Florentino Ariza y para quienes soy Fermina Daza; las personas que todos los días me rescatan como lo hiciera esa noche aquel policía. Quienes hacen mi vida posible.

Han pasado 33 años, pero con frecuencia sueño el mismo sueño. Voy caminando por un gran mercado al aire libre, un enorme bazar turco o egipcio. Y de pronto, entre las telas que se mecen al aire, entre los marfiles y las estatuillas de bronce, entre las montañas de frutas exóticas y los *kilims* de colores, entre los turbantes y la turba, veo a mi padre. El pelo chino, la nariz recta, las manos finas, la frente amplia, la mirada seria, los ojos cafés. Me abraza. Me besa. Y me dice que nunca murió, que tuvo que irse lejos porque así es la vida, pues. Me despierto feliz. Y lo soy.

Biografías

Patricia Reyes Spíndola
Actriz. Debutó en el cine en 1972, con *El señor de Osanto*. En 1974 comenzó su carrera teatral en una versión de la obra *Naná*. En los ochenta debutó también como dramaturga y directora con *Los malvados planes de Microbión*. En televisión ha aparecido en algunas telenovelas, como *El extraño retorno de Diana Salazar* (1988) y *Teresa* (1989). Entre sus trabajos cinematográficos destacan *Los motivos de Luz*, *La reina de la noche* (en ambos premiada con el Ariel) y *La mujer del puerto*. Dirigió las telenovelas *Siempre te amaré* y *La intrusa*.

Elena Poniatowska Amor
Periodista y escritora. Fue becaria del Centro Mexicano de Escritores de 1957 a 1958. Inició su carrera en el ejercicio del periodismo y ha publicado obras de distintos géneros. Ha escrito numerosas novelas, colecciones de cuentos y libros de entrevistas. Entre sus obras se encuentran *La noche de Tlatelolco*, *Hasta no verte Jesús mío*, *De noche vienes*, *Tinísima* y *Todo México* (diez volúmenes). Ha sido acreedora de múltiples doctorados de universidades de Estados Unidos y Europa, y premios como el Premio Nacional de Periodismo, siendo la primera mujer en recibir esta distinción y, el más reciente, Premio Alfaguara 2001 por *La piel del cielo*, que también obtuvo el Premio a la Mejor Novela de América Latina en China.

Martha Ortiz Chapa
Gastrónoma, restaurantera y editora. Directora y creadora del concepto del restaurante Águila y Sol, considerado por la crítica especializada como uno de los diez mejores restaurantes de México. Ha recibido varios reconocimientos incluyendo el Premio Catadores a la mejor carta de vinos y Revelación del año 2003. Coautora de ocho libros de cocina. En 1992 fue ganadora del Premio Benjamín Franklin que anualmente otorga el Printing Industries of America por el libro *Sabor a eternidad, cocina de Tlaxcala*. En el 2000 ganó el premio Quórum por *Cocina, nutrición y salud*.

Marie-Pierre Colle Corcuera
Periodista y editora. Inició su carrera en Nueva York como editora para la publicación americana de la revista *Vogue* y trabajó para Condé Nast Publication por más de 30 años. En 1964, desde Madrid, asumió la corresponsalía de *Vogue* en París. Autora de *Casa poblana, Artistas latinoamericanos en su estudio. El recetario del cine mexicano* fue acreedor del premio de la Cámara Nacional de la Industria Editorial Mexicana como mejor libro de cocina del año en 1997. En coautoría, *Casa mexicana, Las fiestas de Frida y Diego* con Lupe Rivera, *Balthus, Las tres hermanas,* con sus dos hermanas, y *Guadalupe en mi cuerpo como en mi alma,* cuyas imágenes estuvieron exhibidas en las Rejas del Bosque de Chapultepec, es su última creación. Desde el año 2000 es miembro fundador de la Academia de Gastronomía Mexicana.

Laura Esquivel
Escritora y guionista. Acreedora al Ariel en 1991 al mejor guión por *Como agua para chocolate*. En 1993 fue reconocida como la Mujer del Año. En 1994 recibe el premio ABBY otorgado anualmente por la American Book-sellers Association, convirtiéndose en el primer escritor extranjero que ha recibido este premio. Sus últimas obras son *Tan veloz como el deseo* y *La ley del amor*.

Rossana Fuentes-Berain
Periodista. Licenciada en ciencias de la comunicación con maestría en periodismo internacional. Profesora e investigadora del Departamento Académico de Estudios Internacionales del Instituto Tecnológico Autónomo de México. Autora de *Los medios como factor de cohesión social* y *¿Estamos Unidos Mexicanos?,* entre otros. Especialista en medios, política internacional y globalización. Subdirectora de la revista *Foreign Affairs en Español*.

Jacqueline Peschard
Socióloga. Maestría en ciencia política y doctorado en ciencias sociales. Ha sido profesora en la Facultad de Ciencias Políticas y Sociales de la UNAM e investigadora del Centro de Estudios Sociológicos de El Colegio de México. Dentro de sus publicaciones se encuentra *La cultura política democrática*. Se desempeñó como consejera electoral del Instituto Federal Electoral donde presidió las comisiones de Prerrogativas, Partidos Políticos y Radiodifusión, y de Comunicación Social. Actualmente es profesora de la Facultad de Ciencias Políticas y Sociales de la UNAM y editorialista de *El Universal*.

Guadalupe Loaeza
Periodista y escritora. Publicó su primer trabajo periodístico en el diario *unomásuno*, y lo continuó en *La Jornada* y *El Financiero*. Su obra va desde ensayos como *Las niñas bien* y *Las reinas de Polanco* a la literatura, con publicaciones como *Miros-*

lava. Escribe para el periódico *Reforma*, y para la revista *Kena*. Dirige en Radio Red el programa *Detrás del espejo*. Su obra más reciente es la novela *Las yeguas finas*.

María Amparo Casar
Politóloga. Licenciada en sociología con maestría y doctorado en ciencia política por la Universidad de Cambridge, Inglaterra. Profesora e investigadora del Departamento de Estudios Políticos del Centro de Investigación y Docencia Económicas (1979-2000) y secretaria general del CIDE (1989-1993). Especialista en sistemas presidenciales y estudios legislativos. Autora de numerosos artículos académicos sobre ciencia política y política mexicana contemporánea. Ha sido colaboradora del periódico *Reforma* y la revista *Nexos*. Autora, entre otros, de *Gobernar sin mayoría* (2002, con Ignacio Marván). Actualmente es coordinadora de asesores del secretario de Gobernación.

Helen Escobedo
Escultora. Becada por el Royal College of Art de Londres y por la John Simon Guggenheim Memorial Foundation. En 1978 diseña y supervisa junto con cinco colegas, el Espacio Escultórico de la UNAM. Ha sido directora del Departamento de Museos y Galerías de la UNAM y del Museo de Arte Moderno de la Ciudad de México. Es autora de aproximadamente 30 obras urbanas y se dedica a hacer instalaciones efímeras basadas en problemas urbanos y ecológicos. Ha presentado numerosas exposiciones en México y el extranjero.

Julieta Campos
Novelista y ensayista. Doctora en literatura por la Universidad de La Habana. Desde 1955 reside en México donde ha trabajado como traductora en el Fondo de Cultura Económica. También dirigió el Pen Club de México y la revista *Universidad de México*. Tiene un profundo interés en los temas indígenas lo que la ha llevado a publicar varios libros sobre estas comunidades como *El lujo del Sol*. También ha escrito textos en los que analiza la producción de textos literarios como *Tiene los cabellos rojizos y se llama Sabina* que le valió el premio Xavier Villaurrutia. Recientemente publicó la novela *La forza del destino*.

Gaby Vargas
Empresaria. Fundadora de las empresas Diseño Facial Spa e Imagen Ejecutiva. Imparte conferencias sobre superación y comunicación no verbal en Estados Unidos, México y otros países de Latinoamérica. Miembro honorario del International Woman's Forum y del Fashion Group International. Participa en el noticiero *Monitor MVS*. Columnista de los periódicos *Reforma*, *Mural*, *El Norte* y en 16 periódicos de la República. Es presidenta de la Fundación APAC. Es autora de seis libros. El más reciente es *Cómo triunfar en el trabajo*.

Fátima Fernández Christlieb

Comunicóloga. Maestría y doctorado en sociología. Profesora e investigadora en la facultad de Ciencias Políticas y Sociales de la UNAM. Fundadora de la Asociación Mexicana de Investigadores de la Comunicación. Autora de *La responsabilidad de los medios de comunicación*. Hasta el 15 de marzo de 2004 fue titular de la Dirección General de Normatividad de la Secretaría de Gobernación.

Ana María Olabuenaga

Publicista. Licenciada en comunicación con estudios de posgrado en letras y en política mexicana. Acreedora de numerosos premios de publicidad a nivel nacional e internacional. Nombrada mejor directora creativa mexicana de 1994 a 1999. En 1996 desarrolla la multipremiada campaña publicitaria "Soy Totalmente Palacio" para El Palacio de Hierro. Actualmente es presidenta de D'Arcy, vicepresidenta de la Asociación Mexicana de Agencias de Publicidad y consultora del Consejo Nacional de Autorregulación Publicitaria.

Patricia Mercado

Política. Integrante de la Contraloría Social de la primera instancia gubernamental para las mujeres post-Beijing, 1995-2000. Fundadora de Foro Nacional de Mujeres y Políticas de la Población, integrante de la Red de Mujeres Líderes de las Américas. Fue presidenta de la Asociación Civil Mujeres Trabajadoras Unidas. Entre sus publicaciones se encuentran *Mujeres y políticas públicas*, *Lucha sindical y antidemocracia feminista*, entre otros. En 1992 recibió la beca de la Fundación McArthur. Actualmente es presidenta del Partido México Posible.

Magdalena Carral

Economista. Se ha desempeñado en los sectores público y privado. En el ámbito empresarial, además de ser fundadora de dos empresas, llevó a la agencia Edelman a ser considerada una de las 500 compañías más importantes de México (revista *Expansión 2001*) y ha participado en diversos consejos de administración. En el sector público, ha trabajado en las secretarías de Educación y Relaciones Exteriores y actualmente es comisionada del Instituto Nacional de Migración. En el año 2001 fue elegida vicepresidenta del Capítulo México del International Women's Forum.

Adela Micha

Periodista. Ganadora del Premio Nacional de Periodismo Rosario Castellanos. Fue reportera y conductora de los noticieros *Seis en punto*, *Notivisa* y de diversos programas del Sistema Internacional de Noticias en Español Eco, entre otros. Ha conducido varios programas de radio y ha colaborado con algunos diarios y semanarios de distribución nacional. Actualmente es conductora del noticiero radiofónico *Panorama informativo* y productora ejecutiva del noticiero *En contraste*.

Beatriz Paredes

Política. Licenciada en sociología. Ha sido diputada local, diputada federal, gobernadora del estado de Tlaxcala, senadora y secretaria general del Comité Ejecutivo Nacional del PRI. En la administración pública se ha desempeñado como subsecretaria de Gobernación, presidenta de la Comisión Nacional de Desarrollo Integral y Justicia Social para los Pueblos Indígenas, subsecretaria de Organización Agraria en la Secretaría de la Reforma Agraria, y secretaria general de la Confederación Nacional Campesina. También ha sido embajadora de México en Cuba y presidenta del Parlamento Latinoamericano. Ha recibido diversas condecoraciones nacionales e internacionales.

Lourdes Arizpe

Antropóloga. De 1991 a 1994 fue directora del Instituto de Investigaciones Antropológicas de la UNAM. Fue secretaria de la Academia Mexicana de la Ciencia. Dentro de su participación internacional ha sido presidenta de la Unión Internacional de Ciencias Antropológicas y Étnicas, comisionada de la Comisión Mundial para la Cultura y el Desarrollo, así como asistente del director general para la cultura en la UNESCO. Actualmente es investigadora en la UNAM.

Carla Rippey

Artista plástica. Licenciada en humanidades por la Universidad Estatal de Nueva York. Ha sido integrante del grupo de arte experimental Peyote y la Compañía y Forms y fue encargada del taller de grabado de la Facultad de Artes Plásticas de la Universidad Veracruzana. Actualmente enseña gráfica alternativa en la Escuela Nacional de Pintura, Escultura y Grabado La Esmeralda. Sus exposiciones incluyen individuales en el Museo de Arte Moderno, en el Museo Carrillo Gil, y en el Museo de Monterrey. Es miembro del Sistema Nacional de Creadores, del Fondo Nacional para la Cultura y las Artes.

Sara Sefchovich

Socióloga e historiadora. Investigadora en la UNAM y comentarista en radio y prensa. Autora de *La suerte de la consorte*, *Demasiado amor* (llevada al cine) y *La señora de los sueños*. Pertenece al Sistema Nacional de Investigadores de México. Ha obtenido, entre otros, la Beca Guggenheim, la Leona Gerard Endowed Lecture y los premios Plural de ensayo y Agustín Yáñez-Planeta de novela.

Marta Lamas

Antropóloga. Participa desde 1971 en el movimiento feminista. Pertenece al consejo del Programa Universitario de Estudios de Género de la UNAM. Profesora de género y política en el ITAM. Es directora de la revista *Debate Feminista*. Fundadora del Grupo de Información en Reproducción Elegida y del Instituto de Liderazgo Simone de

Beauvoir, A.C. Pertenece al Consejo Directivo de la Sociedad Mexicana Pro-Derechos de la Mujer, A. C.,"Semillas". Su libro más reciente es *Cuerpo: diferencia sexual y género* (Taurus, 2001). Es editorialista en *Diario Monitor* y colabora en la revista *Proceso*.

Katia D'Artigues
Periodista. Fue reportera de espectáculos y columnista política del periódico *El Financiero*. Se ha destacado como entrevistadora y columnista del periódico *Milenio*, así como por su participación televisiva en *Visión AM*. Sus entrevistas se caracterizan por ahondar en los hombres y mujeres que dirigen el curso del país. Autora del libro *El gabinetazo*. En televisión ha participado en los programas *Círculo rojo*, y *Milenio*. Actualmente conduce junto con Andrés Roemer el programa *Entre lo público y lo privado* en el Canal 13 y escribe la columna "Campos Eliseos" en el periódico *El Universal*.

Nina Zambrano
Directora de museo. Realizó estudios de diseño en la ciudad de Monterrey. De 1971 a 1992 vivió en Puerto Rico. En 1992 regresó a vivir a Monterrey, donde participa activamente en varios consejos de ayuda social como Compromiso Social por la Calidad en la Educación, Consejo de Amigos de la Lengua. Preside Compartamos Nuevo León, institución que provee microcréditos a mujeres. Es la presidenta del Consejo del Museo de Arte Contemporáneo de Monterrey y su actual directora. Encabezó los festejos del 400 aniversario de la ciudad de Monterrey y durante cuatro años escribió una columna semanal en el periódico *El Norte*. En 2003 publicó su primer libro: *Más allá de las palabras*.

Guadalupe Morfín
Promotora de los derechos humanos. Licenciada en derecho. Ha sobresalido como académica en materia de derechos humanos a nivel nacional e internacional, publicando numerosos escritos especializados. Ha sido presidenta de la Comisión Estatal de los Derechos Humanos del Estado de Jalisco, y ha participado en la Comisión Ciudadana de Estudios contra la Discriminación. Es miembro de la Academia de Derechos Humanos. Funge desde octubre del 2003 como Comisionada para Prevenir y Erradicar la Violencia Contra las Mujeres en Ciudad Juárez

Consuelo Sáizar
Editora. Licenciada en ciencias de la comunicación. Cursó estudios de ciencias políticas y de administración pública, en la Universidad Iberoamericana. De 1983 a 1990 fue gerente general de Editorial Jus. En 1991 cofundadora de Hoja Casa Editorial. Actualmente es directora general del Fondo de Cultura Económica.

Olga Sánchez Cordero

Ministra de la Suprema Corte de Justicia de México. Licenciada en derecho y doctora Honoris Causa. Es la primera mujer en la historia del Distrito Federal que ha sido notaria. En 1995 fue nombrada ministra de la Suprema Corte de Justicia de la Nación. Ha escrito más de 30 publicaciones y ha sido profesora en distintas instituciones. Entre los premios que ha recibido se encuentra el de Distinguida Abogada de las Américas otorgado por la Barra Interamericana de Abogados. Actualmente es presidenta de la Primera Sala de la Suprema Corte de Justicia de la Nación.

Sabina Berman

Dramaturga, prosista y directora de teatro. Ha recibido cuatro veces el Premio Nacional de Dramaturgia del Instituto Nacional de Bellas Artes, cinco veces el premio de la crítica a dramaturgia, y tres veces a dirección escénica, y un Ariel de la Academia de Ciencias Cinematográficas. Recibió con Isabelle Tardán el Premio Nacional de Periodismo por la serie *Mujeres y poder.* En 1999 se le otorgó el Premio Nacional María Lavalle Urbina por sus aportaciones a la cultura.

Rosario Robles

Política. Economista con maestría en desarrollo rural por la UNAM, investigadora, articulista y autora de libros dedicados a la situación del campo mexicano y asuntos de pobreza y de género. Participó en la fundación del Partido de la Revolución Democrática en 1989. Ha sido diputada, secretaria de Gobierno del D.F., presidenta nacional del PRD y jefa de Gobierno del D.F.

Eugenia León

Cantante. Considerada una de las mejores voces femeninas de México. Inicia su carrera en los setenta con diversos grupos. En 1982 se inicia como solista y graba sus primeros discos. Ha trabajados sobre diversas raíces y ha mezclado distintos géneros de la canción popular latinoamericana e iberoamericana. Su repertorio incluye obras de compositores como Armando Manzanero y José Alfredo Jiménez. En 1985 triunfa en el festival OTI en Sevilla, España. En 1998 el gobierno de Veracruz le otorga la Medalla Agustín Lara y en diciembre del 2003 es homenajeada por tres décadas de trayectoria artística. Su disco más reciente se titula *Tatuajes.*

Alejandra Latapí

Comunicóloga. Licenciada en comunicación con los diplomados "Ciudad de México" y "Opinión pública y procesos electorales". Ocupó diferentes cargos en la administración pública y asesoró campañas políticas en el D.F. Fungió como coordinadora general de la Conferencia Permanente de Partidos Políticos de América

Latina y el Caribe y como directora de cabildeo en Burson Marsteller México. Ha realizado funciones de enlace político del Consejo Coordinador Empresarial con la Cámara de Diputados de 2000 a 2003. Actualmente es consejera lectoral del IFE.

María Rojo
Actriz. Debutó en el cine a los 13 años en la película *Besos prohibidos*. Ha participado en más de 50 películas a lo largo de su carrera, dentro de las que destacan *Rojo amanecer*, *María de mi corazón* y *La Tarea*. Como diputada federal impulsó la Ley Federal de Cinematografía en beneficio del cine mexicano, así como la Ley de Fomento a la Lectura. Fue jefa delegacional en Coyoacán. Actualmente es diputada local por el PRD presidiendo la Comisión de Cultura de la Asamblea Legislativa del D.F.

Mariclaire Acosta
Promotora de los derechos humanos. Socióloga con estudios de posgrado en ciencia política. Acreedora de diversos premios por su actividad y defensa en la promoción de los derechos humanos. Es fundadora, junto con reconocidas personalidades, de la Academia Mexicana de Derechos Humanos, en donde se desempeñó como secretaria general y directora ejecutiva. Fue presidenta de la Comisión Mexicana de Defensa y Promoción de los Derechos Humanos y subsecretaria de Relaciones Exteriores para Derechos Humanos y Democracia de la Cancillería mexicana de 2000 a 2003.

Carmen Aristegui
Periodista. En el ámbito electoral, fue consejera electoral del Instituto Federal Electoral en las elecciones capitalinas de 1997. Fue parte del área de noticias de Multivisión y conductora del programa *Círculo rojo* en Televisa. Actualmente es conductora del programa *Hoy por hoy* en W Radio, columnista en el periódico *Reforma,* y participa en el programa de análisis *Primer plano* del Canal 11.

Carmen Boullosa
Novelista, poeta y dramaturga. Autora de las novelas *Son vacas somos puercos*, *Cielos de la Tierra*, *Antes*, entre otras, y de los libros de poemas *La bebida*, *La salvaja*, *La Delirios*. Recibió el Premio Xavier Villaurrutia en 1990, el Liberaturpreis de la Ciudad de Frankfurt por la versión alemana de *La Milagrosa* en 1997 y el Anna Seghers que otorga la Academia de las Artes de Berlín por toda su obra en 1998. Ha sido becaria de la Fundación Guggenheim, del Center for Scholars and Writers de la New York Public Library, profesora distinguida en Georgetown University y San Diego State University. Ha impartido la Cátedra Andrés Bello en NYU y la Cátedra Reyes en la Sorbonne. Es profesora visitante en Columbia University. Está por aparecer su novela *La otra mano de Lepanto* (FCE en México, Siruela en España).

Julieta Fierro

Astrónoma. Ha dedicado la mayor parte de su actividad profesional a la divulgación de la ciencia. Ha colaborado en artículos, libros, museos, programas de radio, televisión y conferencias. Ocupa la silla XXV en la Academia Mexicana de la Lengua. Actualmente es directora de Museos de la Dirección General de Divulgación de la Ciencia de la UNAM y fue directora general de la misma entidad académica. Ha recibido numerosas distinciones entre las que cabe destacar el Premio Nacional de Divulgación de la Ciencia, la Medalla Primo Rovis del Centro de Astrofísica de Trieste, el Premio Kalinga de la UNESCO, la Medalla al Mérito Ciudadano de la Asamblea de Representantes, el Premio Klumpke-Roberts y la Mujer del Año 2003.

Nina Menocal

Galerista. Nació en La Habana, Cuba. Reside en México desde 1965 y es ciudadana mexicana. Es directora de la Galería de Arte Contemporáneo Nina Menocal, fundada en la Ciudad de México en 1990. Es licenciada en historia universal por la Universidad Iberoamericana e impartió clases de historia de México en la misma universidad. Recibió el Premio Nacional de Periodismo en México en 1983, otorgado por el Club de Periodistas de México, A.C, por la serie titulada "Caciquismo en el muladar", publicada en *El Universal*. Formó parte del equipo de periodistas que cubrió la campaña electoral de Miguel de la Madrid Hurtado a lo largo del país (1981-1982). Es autora del *bestseller* político *México: Visión de los ochenta*, publicado por Editorial Diana.

Denise Dresser

Politóloga. Licenciada en relaciones internacionales de El Colegio de México con maestría y doctorado en ciencia política de la Universidad de Princeton. Profesora e investigadora del Departamento Académico de Ciencia Política del ITAM, y autora de numerosos artículos académicos sobre política mexicana contemporánea y relaciones México-Estados Unidos. Ha sido profesora visitante en la Universidad de California, Berkeley y la Universidad de Georgetown. Fue conductora del programa *Entre versiones* en el Canal 40. Hace un comentario semanal titulado "La frontera de cristal" con Javier Solórzano en W Radio. Es editorialista del periódico *Reforma* y columnista de la revista *Proceso*.

Gritos y susurros, de Denisse Dresser
Esta obra se terminó de imprimir en **marzo** del 2005 en
Litográfica Ingramex, S.A. de C.V.
Centeno 162-1, Col. Granjas Esmeralda
México. D.F.

Certificado No. 02-2082